U0906438

中国国家领土主权与海洋权益协同创新中心
中国学术期刊综合评价数据库（CNKI）来源集刊
《中国周边外交学刊》获得复旦大学《学术期刊质量提升支持计划》
（复旦大学文科“双一流”建设项目）资助立项

Journal of China's
Neighboring Diplomacy

中国周边外交学刊

2016年第二辑　(总第四辑)

复旦大学中国与周边国家关系研究中心　编

社会科学文献出版社
SOCIAL SCIENCES ACADEMIC PRESS (CHINA)

目录

CONTENTS

卷首语 …………………………………………………………… 祁怀高 / 1

周边外交综述

从融入到共同体建设：中国亚太战略回顾与展望 ……………… 吴莼思 / 9
历史上陆海复合型国家的战略转型及其对中国的启示 ……… 秦立志 / 24
亚太自贸区建设的实现路径分析 …………………………… 周士新 / 52

"一带一路"研究

"一带一路"倡议与东盟发展战略对接：从"边界上"合作走向
"边界后"合作 ………………………………………………… 赵江林 / 83
中菲共建"一带一路"的基础、挑战与可能路径 …………… 林勇新 / 101
中国"一带一路"与印尼"全球海洋支点"
战略的对接分析 ……………………………………………… 何永朋 / 114

东北亚次区域研究

俄罗斯的朝鲜半岛政策与中国的应对 ………………………… 徐 博 / 133

东南亚次区域研究

日本对东南亚外交中的非政府组织及其
对中国的启示 ……………………………………… 包霞琴 黄 贝 / 149

印尼海洋经济发展及其与中国海洋经济合作政策思考 ……… 吴崇伯 / 165
东盟经济共同体及其外国直接投资效应 ………………………… 李皖南 / 181
澜沧江—湄公河合作机制：新合作、
新共同体与新挑战 ………………〔泰〕曾安安 皮缇·斯里桑兰 / 202

南海问题研究

菲律宾“南海仲裁案”的背景、实质分析：
从中美日海权博弈的视角出发 ………………………………… 高 兰 / 215
南海问题持续发酵的线索与特征：以 2015 年
国际舆论的角度 ………………………………………………… 鞠海龙 / 235

会议综述

“南海共同开发：欧洲经验与澜湄启示”学术
研讨会会议综述 ………………………………………………… 陈妙玲 / 257
“东盟共同体发展与‘一带一路’倡议的对接”国际
研讨会综述 ……………………………………………………… 张 群 / 264
“中菲关系发展的前景与挑战”研讨会综述 ……… 刘青尧 李红梅 / 278
“中国西北周边局势与‘丝绸之路经济带’建设：挑战与进展”
研讨会综述 ……………………………………………………… 马 斌 / 288

附 录

国家领土主权与海洋权益协同创新中心简介 ……………………… / 301
复旦大学中国与周边国家关系研究中心简介 ……………………… / 303
《中国周边外交学刊》征稿启事 ………………………………… / 305

Contents

Preface *Qi Huaigao* / 1

Comprehensive Studies on China's Neighboring Diplomacy

Retrospect and Prospect on China's Asia-Pacific Strategy: From Integration to Construction of a Community *Wu Chunsi* / 9

The Strategic Transformations of the Land-Maritime Complex Powers in History and Their References to China *Qin Lizhi* / 24

An Analysis on the Paths to Achieve the FTAAP *Zhou Shixin* / 52

"The Belt and Road" Research

The Coordination of "The Belt and Road" Initiative with ASEAN Development Strategies: From "on the Border" to "beyond the Border" *Zhao Jianglin* / 83

The Foundations, Challenges and Feasible Paths for China and Philippines to Jointly Build "The Belt and Road" *Lin Yongxin* / 101

Possible Integration of China's "The Belt and Road" and Indonesia's Strategy of "Global Maritime Fulcrum" *He Yongpeng* / 114

Sub-Regional Studies on Northeast Asia

Russia's Policy towards the Korean Peninsula and China's Response
Xu Bo / 133

Sub-regional Studies on the Southeast Asia

The Roles of NGOs in Japan's Diplomacy towards Southeast Asia and the Implications for China *Bao Xiaqin*, *Huang Bei* / 149

The Development of Indonesia's Marine Economy and Its Implications for the Policy of China-Indonesia Cooperation on Marine Economy
Wu Chongbo / 165

ASEAN Economic Community and Its FDI Dimension *Li Wannan* / 181

Lancang-Mekong Cooperation: New Cooperate, New Community, New Challenge *Patcharinruja Juntaronanont and Piti Srisangnam* / 202

Studies on the Issues of South China Sea

The Background and Nature of the Philippines-Initiated Arbitration Case on South China Sea Issues: From the Perspective of the Game between China, Japan, and U. S. for Maritime Power *Gao Lan* / 215

The Clues of Events and the Characteristics of the South China Sea Issues: From the Perspective of International Media in 2015 *Ju Hailong* / 235

Reviews on Symposiums

A Review on the Symposium of "Common Development of the South China Sea: The Experience of European Coal and Steel Community and the Reference from the Joint Development of Lancang-Mekong River" *Chen Miaoling* / 257

A Review on the International Symposium of "Integration between the ASEAN Community and the 'The Belt and Road' Initiative" *Zhang Qun* / 264

A Review on the Symposium of "the Prospect and Challenges of the Relations between China and the Philippines" *Liu Qingyao and Li Hongmei* / 278

A Review on the Symposium of "Peripheral Situations of Northwest China and the 'New Silk Road Economic Belt'" *Ma Bin* / 288

Appendix

Introduction on the Collaborative Innovation Center for Territorial Sovereignty and Maritime Rights (CICTSMR) / 301

Introduction on Center for China's Relations with Neighboring Countries (CCRNC) / 303

Notice Inviting Contributions to the Journal of China's Neighboring Diplomacy / 305

卷首语

祁怀高

2016年，中国周边形势面临严峻挑战，但和平发展的大环境得以基本保持。美国2016年总统大选使其对华政策趋强示强；美国在南海进行军事演习和军事巡航，力压中国放弃在南沙群岛的岛礁建设；日本对华战略竞争面持续增大，中日关系仍敏感脆弱；朝鲜的核导试验引发东北亚局势新一轮紧张；“南海仲裁案”仲裁庭做出裁决前后的一段时间，南海局势敏感、紧张、复杂。但上述挑战对中国总体周边环境的影响有限，热点问题没有引发大的冲突和动荡，中国周边地区和平发展的大环境得以基本保持。

2016年中国周边外交的核心任务是缓解周边安全形势，并为全面建成小康社会和“十三五”顺利开局营造有利的周边环境。据此，中国周边外交采取了多种手段缓和南海争端，对朝鲜半岛核问题综合施策，加大“一带一路”倡议的落实力度。

本辑学刊收入13篇学术论文，将从多个角度展现对2016年周边外交方方面面问题的观察、评估和展望，希望能够引起大家的关注和评点。

“周边外交综述”栏目刊载了3篇论文。吴莼思的《从融入到共同体建设：中国亚太战略回顾与展望》认为，20世纪80年代以后，中国亚太外交经历了一个重新融入地区一体化建设的过程。在此过程中，中国与东亚国家不仅在经济、社会建设方面取得了巨大进展，而且逐渐对以和平发展合作塑造地区安全环境达成了共识。然而，自2010年美国大力推行再平衡战略以来，亚太地区的安全环境发生了重大变化。中国与东亚主要力量的关系不约而同地受到磨损，东亚地区的区域合作陷入停滞。在此情况下，中国不得不超越以往的地区融入战略，以更加积极的姿态推动地区共同体建设。其主要内容包括：重新以发展合作来界定地区议程，强化本地区的利益融合和共享机制，以及与此相对应的，推动亚太地区形成符合时代特征和亚洲特点的新型观念意识，比如多元共生意识、亚洲主体意识、同享共担意识等。

秦立志的《历史上陆海复合型国家的战略转型及其对中国的启示》认为，历史上陆海复合型国家的大战略取向转型有四种表现形式，即战略重心、攻防政策、制衡倾向、联盟战略，其中，战略重心的转型居于主导地位。影响陆海复合型国家战略转型的要素有六个：战略地理结构、攻防平衡、地缘威胁、资源汲取、战略学说、战略决策。作者依托上述六个因素，分析了德国（1890～1918 年）与苏联（1962～1982 年）的战略转型成因和历史经验教训。该文在分析了中国战略转型面临的主要挑战和限制后认为，中国的战略转型最容易克服的可能是技术革新，最难克服的是战略决策和威胁判断。该文对中国提出的政策启示是：要保持经济建设与国防投入、内政与外交、海权与陆权、大战略手段和目的等之间的平衡协作，注重防御性和威慑性的战略取向，加强危机管控，兼顾海权的国际公共安全产品属性。

周士新的论文《亚太自贸区建设的实现路径分析》认为，从目前来看，亚太自由贸易区（FTAAP）建设主要有四种政策途径：促进亚洲太平洋经济合作组织（简称“亚太经合组织”）机制，单独依赖区域全面经济伙伴关系（RCEP）或跨太平洋伙伴关系协定（TPP），整合 RCEP 与 TPP，实现茂物目标。但上述四种政策途径都面临着相当大的挑战，甚至会出现 FTAAP、TPP 和 RCEP 共同存在的可能。该文的结论是，从趋势上看，FTAAP 建设正融入亚太经合组织的议程讨论和议题落实的过程中，并随之不断推进而进入更具体的政策实践中。

“‘一带一路’研究”栏目刊载了 3 篇论文。赵江林的《“一带一路”倡议与东盟发展战略对接：从“边界上”合作走向“边界后”合作》认为，“一带一路”与东盟发展战略对接是过去双边经贸关系发展的结果，也是未来双边经贸关系深化的方向，是双边经贸关系从“边界上”合作迈向“边界后”合作的质的飞跃，必将为双方未来的经济发展与共同繁荣做出新的贡献。“边界上”合作是指两国或多国之间为促进产品、资本、人员等跨界流动而采取的消除各种障碍的措施，如降低关税、消除非关税壁垒、免签证等。“边界后”合作既包含两国或多国制度建设的一致化，两国或多国之间在国内制度层面上实行一致化，又包含两国或多国发展战略的一体化，即两国通过利用各自优势从发展战略思想、发展战略目标及计划等方面开展一体化建设。该文建议，未来中国和东盟需要把基础设施、自由贸易区升级版、海洋经济、人文交流作为合作框架，将中国—东盟合作从“边界上”合作向“边界后”合作转型，为中国—东盟战略伙伴关系的发展创造新的动力。

林勇新的《中菲共建“一带一路”的基础、挑战与可能路径》认为，阿基诺三世执政时期，中菲南海争议、菲“南海仲裁案”导致的两国政治互信不足和战略误判致使菲律宾对“一带一路”倡议的理解和认知不足，猜疑有余，中菲在政策沟通、民心相通等方面的合作明显滞后。近期，菲律宾新政府关于在南海争议上可以同中国协商谈判的表态和拉莫斯的香港之行为中菲关系的改善及两国共建“21 世纪海上丝绸之路”带来了契机。中菲建交以来达成的诸多共识、中菲贸易的逆势提升，以及两国进出口贸易的优势互补、中菲人文交流逐渐恢复和地方友城交往，为中菲开展“21 世纪海上丝绸之路”合作提供了政治、经济和人文基础。但同时，中菲合作也面临政治互信不足、美日掣肘、菲律宾国内政治文化和高涨的民族主义情绪的不利影响。该文的结论是，中菲开展“21 世纪海上丝绸之路”倡议下的政策沟通、基础设施和产业园建设、海洋事务、风险评估等领域的合作符合两国的发展战略需求，符合中菲关系的长远发展。

何永朋的《中国“一带一路”与印尼“全球海洋支点”战略的对接分析》认为，印度尼西亚作为东南亚地区大国，其提出的“全球海洋支点”战略在内涵、目标上存在与中国“21 世纪海上丝绸之路”（以下简称“海上丝绸之路”）倡议的契合点。“海上丝绸之路”与“全球海洋支点”之间存在对接的可能性、可行性和必要性。双方之间的对接可以从互联互通、渔业合作及安全合作三条路径中寻找可能的突破。该文指出，关于对接的风险评估也是中国必须审慎对待的问题，需要注意中国自身的主体地位和政治账与经济账之间的平衡，注意印尼国内治理不健全和大国平衡带来的可能风险。该文的结论是，中国与印尼的对接固然存在诸多挑战，但是对接的成功不仅能够促进双边关系的发展和中国地区环境的改善，更会带来战略意义上的突破。

“东北亚次区域研究”栏目刊载了 1 篇论文。徐博的《俄罗斯的朝鲜半岛政策与中国的应对》认为，俄罗斯作为“六方会谈”的成员之一，朝鲜半岛局势的发展和变化与俄罗斯的国家利益息息相关。“萨德”系统的部署成为影响俄韩关系的新变量。俄罗斯判断朝鲜半岛不会出现“硬着陆”，希望降低朝鲜半岛局势的紧张度。当前，俄罗斯对半岛的政策是平衡、对等和独立接触。俄罗斯一方面回应朝鲜的安全关切，另一方面扩大与韩国的经济合作。该文的结论是，中国对于俄罗斯的半岛政策不宜寄予过高期望，半岛问题的解决仍然需要以中国为主，引导俄罗斯在半岛问题上发挥相应的积极作用。该文鼓励俄罗斯与朝鲜加强经济合作，并就“萨德”系统和边防问题与俄罗斯展开沟通和协调。

“东南亚次区域研究”栏目刊载了4篇论文。包霞琴和黄贝的《日本对东南亚外交中的非政府组织及其对中国的启示》认为，作为一个拥有成熟公民社会的发达国家，日本在海外有着为数众多、分布广泛的非政府组织（NGO）。其中，东南亚是日本NGO进入时间最早、活跃程度最高的地区之一。日本NGO在东南亚地区的活动不仅对当地社会各个领域产生了影响，还在一定程度上对日本的东南亚外交起到推动作用。该文提出，中国政府应从日本的案例中得到重要启示，应为中国NGO的海外活动提供资金支持，并尝试让NGO参与对外援助项目；中国外交部门应加强与中国NGO的联系，对它们的发展进行指导，对它们的海外活动提供安全上的保障，并获得它们提供的信息和建议；中国政府应鼓励中国“网络型NGO”的发展。

吴崇伯的《印尼海洋经济发展及其与中国海洋经济合作政策思考》分析了近些年印尼为推动海洋经济发展而制定的6个方面的政策措施：加强水产养殖，促进渔业可持续发展；力推造船成为竞争性产业；重点推进海洋油气资源的开发；大力发展海岸旅游，做强做大海洋旅游业；大力发展港口基础设施建设，改善海上运输物流系统；加强海洋开发的国际与地区合作。同时，该文还指出了印尼发展海洋经济、打造海洋强国面临的5个方面挑战，包括海洋油气资源的勘探、开发、利用遭遇多个瓶颈；渔业设备落伍，渔民人力资源素质低；基础设施建设资金不足，港口设施老化，公路、铁路等配套设施缺乏；对维护海洋利益采取前所未有的强硬立场，引起地区关系紧张；印尼军费增加可能导致亚太地区新一轮的军备竞赛。该文的结论是，中国和印尼应以联合开发海洋油气资源、海洋渔业、船舶制造、内海航运及相关产业为重点，深化两国的海洋经济合作。

李皖南的《东盟经济共同体及其外国直接投资效应》考察了东盟经济

共同体的发展与外国直接投资的流入趋势，探讨了东盟经济共同体是否实现了成为具有竞争力生产基地的目标。该文指出了东盟经济共同体建设过程中可能存在的阻碍因素，包括东盟经济体间的多样性和巨大的发展差距，开放地区主义与“面条碗”效应，缺乏政治意愿与结构性失能等。该文的结论是，建立一个包含2.6万亿美元国内生产总值（GDP）和6.22亿人口的单一市场和生产基地的目标从长远来看值得期待。

泰国学者曾安安（Patcharinruja Juntaronanont）和皮缇·斯里桑兰（Piti Srisangnam）的《澜沧江—湄公河合作机制：新合作、新共同体与新挑战》。2016年3月，澜沧江—湄公河合作机制（以下简称“澜湄合作”）第一次领导人会议于中国三亚召开。该文讨论了中国大力支持该机制的原因。该文认为，从泰国的角度来看，中国和湄公河流域国家在澜湄合作上正面临在可持续发展，尤其是跨界河流和自然资源管理等方面的挑战与机遇。“澜湄合作”框架的有效运行仍需要各国的参与，尤其需要在合作国家间推动“信任构建”。

“南海问题研究”专栏刊载了2篇论文。高兰的《菲律宾“南海仲裁案”的背景、实质分析：从中美日海权博弈的视角出发》认为，基于现行《联合国海洋法公约》的缺陷，以菲律宾南海诉讼案为契机，美国、日本、中国围绕南海海洋争端，凸显法律框架之外的大国政治博弈。该文指出，美国采取军事威慑战略，日本实行国际干预战略，中国则兼顾国际法与国际合作，优先采取外交谈判战略。采取上述不同战略的根本实质在于，中美日三国对《联合国海洋法公约》的认知不同，根本原因在于亚太海洋秩序的改变，以及传统海权大国美国、日本与正在发展的新兴海洋强国中国之间的海权博弈。该文的结论是，中国要继续致力于维护与推动均衡、稳定的中美日三边关系，追求建立亚太各国平等分享海洋权益、共同开发海洋的新型海权发展道路。

鞠海龙的《南海问题持续发酵的线索与特征：以2015年国际舆论的角度》认为，2015年南海问题的国际舆论围绕中国南海岛礁建设问题和中菲“南海仲裁案”两条线索持续发酵，引发了多个舆论爆点，呈现出明显的“双线多爆点”结构。该文的结论性观点是，中国不可能停止南海岛礁建设的后续工作，不可能在中菲仲裁问题上做根本性的政策改变，也不可能任由周边国家、南海域外国家持续在南海地区向中国施压而无所作为。

“会议综述”栏目刊载了4篇“会议综述”。“南海共同开发：欧洲经验与澜湄启示”学术研讨会由复旦大学中国与周边国家关系研究中心主办，会议时间为 2016 年 5 月 6 日。“东盟共同体发展与‘一带一路’倡议的对接”国际研讨会由复旦大学中国与周边国家关系研究中心、复旦大学亚洲研究中心、复旦发展研究院联合举办，会议时间为 2016 年 6 月 27 日至 28 日。“中菲关系发展的前景与挑战”研讨会由复旦大学中国与周边国家关系研究中心、菲律宾大学亚洲中心联合举办，会议时间为 2016 年 8 月 26 日。“中国西北周边局势与‘丝绸之路经济带’建设”研讨会由复旦大学中国与周边国家关系研究中心、复旦大学俄罗斯中亚研究中心联合举办，会议时间为 2016 年 10 月 16 日。上述会议都得到了“国家领土主权与海洋权益协同创新中心”的支持。读者可以从中了解我们的学术活动动向。

《中国周边外交学刊》2016 年第二辑（总第四辑）的如期出版是各位作者共同努力的结果。上海外国语大学忻华研究员协助了本辑的英文翻译校勘工作。复旦大学中国与周边国家关系研究中心秘书陈妙玲老师协助了部分编务工作。复旦大学国际问题研究院陈娟博士后，国际关系与公共事务学院研究生高贺、何永朋、戎伟君、何浏阳、李嘉东、杨康书源帮忙校对了文章和更新了一些数据。“国家领土主权与海洋权益协同创新中心”资助了本刊的编辑和出版。在此一并致以诚挚的谢意。

祁怀高

2016 年 10 月 8 日

周边外交综述

从融入到共同体建设：中国亚太战略回顾与展望*

吴莼思

【内容提要】20世纪80年代以后，中国亚太外交经历了一个重新融入地区一体化建设的过程。在此过程中，中国与东亚国家不仅在经济、社会建设方面取得了巨大进展，而且逐渐对以和平发展合作塑造地区安全环境达成了共识。然而，自2010年美国大力推行再平衡战略以来，亚太地区的安全环境发生了重大变化。中国与东亚主要力量的关系不约而同地受到磨损，东亚地区的区域合作陷入停滞。在此情况下，中国不得不超越以往的地区融入战略，以更加积极的姿态推动地区共同体建设。其主要内容包括：重新以发展合作来界定地区议程，强化本地区的利益融合和共享机制，以及与此相对应的，推动亚太地区形成符合时代特征和亚洲特点的新型观念意识，比如多元共生意识、亚洲主体意识、同享共担意识等。

【关键词】周边安全　中国外交　命运共同体　亚太再平衡

【基金项目】国家社科基金重大项目“美国的亚太布局与我国的亚太方略研究”（项目批准号：12&ZD083）成果。

【作者简介】吴莼思，上海国际问题研究院国际战略研究所所长、副研究员、博士。

* 作者感谢《中国周边外交学刊》匿名评审专家提出的意见、建议。本文仅代表作者个人观点。

2010 年以来，中国与一些亚太国家间产生摩擦，亚太安全局势及中国的战略走向引发全球关注。在此局势依旧扑朔迷离之际，再次回顾 20 世纪 70 年代之后中国与东亚国家的关系重新回暖的过程，以及在此过程中积累的一些有益经验也许不无裨益。本文认为，冷战结束以后，亚太地区在努力探索一条以区域合作确保和平发展的道路。这一努力在 2010 年美国大力推动亚太再平衡战略后出现停滞。在此背景下，中国作为亚太地区的主要力量之一，要更加坚定地参与亚太安全合作建设，为亚太地区的和平发展提供正确的前进方向和路线选择。中国的亚太战略正处于由融入走向共同体建设的新阶段。

一　中国重新融入亚太

作为亚太地区的文明古国，中国对这一地区具有传统影响。但是，这种传统影响并不意味着在当代亚太外交中，中国就具有先发优势。相反，在改革开放之前的一段较长时间里，中国亚太外交并未在地区舞台上占据中心地位。这是因为，第一，随着西方列强用枪炮打开中国的大门，中国与东亚周边国家所谓的“朝贡体系”彻底瓦解，中国对亚太地区的影响力大幅下降。第二，在较长的一个历史阶段，中国和大部分东亚国家都经历了一个殖民地和半殖民地的过程，现代国家的建设和发展尚处于开端。第三，第二次世界大战之后，国际体系为美苏争霸的两极格局所控制。新中国坚守独立自主的外交原则，但在具体实践中采取“一边倒”政策，意识形态因素对国家间关系产生了较大影响。第四，受到超级大国的封锁和国内政治的影响，新中国在一个时期里游离于国际体系之外。[①] 由此，在不久之前的一个阶段，中国与亚太地区的关系其实比较疏离，不仅基本上表现为双边关系，而且与许多重要国家的外交关系尚未建立或恢复。

改革开放以后，中国与周边国家的关系逐步发生重大变化。首先，中国降低了意识形态因素对国家间关系的影响，与东亚国家的关系得以全面恢复和正常化。1978 年，邓小平访问泰国、马来西亚和新加坡。这不仅是中国领导人首次访问这三个国家，而且在这一访问中，中国明确表示，支

---

① 关于将国家身份分为革命性、游离性和现状性，请参见秦亚青《权力·制度·文化》，北京大学出版社，2005，第 348～369 页。

持东盟国家维护独立与主权，支持东盟坚持建立东南亚和平、自由与中立区的主张，赞成东盟加强自身团结的立场，这是中国第一次明确表示支持东盟。[①] 这对中国与东南亚国家关系的调整产生了非常重要的影响。此后，在20世纪80年代和90年代间，中国与印度尼西亚恢复了外交关系，与越南等国实现了国家间关系正常化，与新加坡、文莱、韩国等建立了外交关系，开始全方位地加强与周边国家的交流与互动。其次，在积极发展双边关系的基础上，20世纪90年代，中国以更开放的态度参与亚太多边合作和多边机制建设。中国传统上习惯于以双边形式与其他国家打交道，但是在参与亚太合作的过程中，中国一方面不得不与东盟这样的多边组织打交道，在东盟"10+1"、东盟"10+3"及东亚峰会等舞台上维护和扩展中国的利益；另一方面，在处理朝核问题之类的地区热点问题的过程中，中国也认识到其在多边合作的进程中可以发挥独特的建设性作用，可以采取多种形式参与地区合作。最后，随着中国更加深入、全面地参与亚太合作，21世纪以来，中国更加主动地探索和设计亚太政策。2001年，中国与东盟国家启动自由贸易区建设。2002年，在十六大报告中，中国将"与邻为善、以邻为伴"确定为周边外交的指导方针。

由此可见，自改革开放以来，中国与东亚国家之间的关系取得了巨大进展。其中，以下几个方面的经验尤其珍贵。

第一，以和平发展合作塑造地区共识。20世纪70、80年代，中国与许多东亚国家在反对苏联和越南的扩张方面具有共同利益，但是在领土尤其是南沙群岛及钓鱼岛等问题上仍然存在主权争议。面对这种情况，中国领导人在80年代中期提出了"主权在我、搁置争议、共同开发"的主张[②]，为中国改善和发展与东南亚国家及与日本的关系拓宽了道路。进入90年代，中国与东盟国家之间的经济联系呈现快速增长态势，双边贸易额在1990~1997年年均增长率高达21%[③]，东盟国家对华投资不断增加，到

① 马嫚：《邓小平的睦邻友好政策和中国与东盟关系的发展》，《社会科学》1997年第12期，第20~23页。

② 见《邓小平文选》第三卷，人民出版社，1993，第49、87页。关于"搁置争议、共同开发"提出的背景和过程，可参见刘雪明《搁置争议　共同开发——邓小平处理边界领土争端的独特视角》，《中共云南省委党校学报》2001年第2期，第20~24页。

③ 转引自胡正豪《中国与东盟关系：国际贸易的视角》，《国际观察》2001年第2期，第12页。

1996年底，经中国政府批准的东盟国家在华直接投资已达2117项，投资合同金额累计已达107.76亿美元。① 在这一时期，东亚国家逐渐走出冷战对抗的阴影，将主要精力集中在发展经济和国家建设方面，加强对话合作、建立睦邻友好的国家关系成为这一地区的基本共识。

第二，以伙伴关系为抓手营造良好的周边环境。冷战结束以后，国家间关系面临新一轮调整。美国作为仅剩的超级大国，对于国际体系中是否会出现新的挑战者十分敏感。1992年，罗斯·芒罗发表《正在觉醒的巨龙：亚洲的真正威胁来自中国》一文，掀开了“中国威胁论”的盖子。在此压力下，中国以“与邻为善、以邻为伴”的精神积极开展伙伴外交，其中，中国与东盟在1997年确立睦邻互信伙伴关系，与日本在1998年建立致力于和平与发展的友好合作伙伴关系，与韩国在1998年建立面向21世纪的中韩合作伙伴关系，与印度尼西亚在2005年宣布建立战略伙伴关系，与菲律宾在2005年建立致力于和平与发展的战略性合作关系。② 通过伙伴关系建设，中国实际上是在寻找一种不同于美苏在冷战时期实行的争霸外交③的新型国家间关系，这为中国与东亚国家之间寻找新的相处模式开辟了道路。

第三，通过积极参与多边外交打造新的合作平台。中国在与东亚国家调理沉疴，塑造新的伙伴关系的同时，还越来越积极地参加地区多边合作机制的建设。尤其是1997年东亚金融危机之后，东南亚国家意识到地区合作的重要性，邀请中国、日本、韩国领导人举行非正式会议，形成了“10+3”和三个“10+1”进程。中国积极参加了这一进程，而且在此过程中日益积极地构建地区合作平台。首先，中国深化与东盟的经济合作与整合，主动推动在2010年启动中国—东盟自由贸易区，并积极支持东盟提出的区域全面经济伙伴关系（RCEP）。其次，中国在“10+3”的基础上积极推动中日韩对话，将地区多边合作由东南亚延伸到东北亚，由中小国家联合延伸到大国合作。再次，中国在热点问题上积极探索多边合作平

① 转引自张连福《冷战后中国与东盟国家的关系》，硕士学位论文，南京师范大学公共管理学院，2003，第11页。

② 关于中国与周边国家建立伙伴关系的更详尽的论述，可参见周方银，载王逸舟主编《中国对外关系转型30年（1978—2008）》，社会科学文献出版社，2008，第27~28页。

③ 关于“争霸外交”的各种形式，可参见王巧荣《论20世纪90年代中国的伙伴关系外交》，《思想理论教育导刊》2006年第2期，第53~61页。

台，其中最有名的是中国、俄罗斯与中亚四国的上海合作组织，其在反对这一地区的恐怖主义、极端主义和分裂主义方面发挥了积极作用，并反哺了这些国家之间的合作，对提升国家间关系产生了良性推动。最后，在参与地区合作的过程中，中国也注意处理好与美国及其同盟的关系。无论是在美国克林顿政府时期，还是在小布什政府时期，中美关系都克服了初期的困难，在全球和地区热点问题上形成了合作关系。2009 年上半年，中国还打算与美国及其在亚太地区的主要盟友——日本一起举行外交部政策规划司级别的三边对话。[①] 这一对话最终虽然由于各种原因没能实现，但中国着力调整与美日同盟的关系由此可见一斑。

总之，20 世纪 80 年代以来，中国调整和深化了与亚太国家的关系，积极参与并推动了地区一体化进程。在此过程中，东亚国家就保持地区的和平、稳定、发展，以及这一地区需要合作性机制来处理本地区共同面临的问题达成了共识。

二 美国战略再平衡对中国的安全压力

2010 年以来，中国与东亚国家的关系出现一些波折。这其中，中国与东亚一些国家间原来就存在领土争议固然是基本原因，但美国出于其战略再平衡的考虑，在东亚国家间有意识地激化矛盾，恐怕已经成为这一阶段中国与东亚国家间的摩擦难以降温的重要背景。

（一）中国与东亚国家摩擦背后的美国

2010 年，中国与东亚三大主要力量——东南亚国家、日本及韩国的关系都出现了波折。

首先，中国与一些东南亚国家的关系因为南海问题转向紧张。中国与东南亚一些国家此轮关于南海问题的冲突应该说爆发于 2009 年。当时，亚太地区迎来了一个重要的时间节点，即 2009 年 5 月 13 日，联合国大陆架界限委员会要求《联合国海洋法公约》各成员国在这一日期前递交外大陆架划界案或相关声明。东亚国家围绕这个时间节点纷纷提出其在相关海域

① 汪洋：《中美日三边关系新时局》，《21 世纪经济报道》2009 年 9 月 10 日，第 016 版。

的利益诉求，从而使海洋领土争端问题再次成为焦点。[①] 然而，值得注意的是，综观整个2009年，中国与东南亚国家的关系仍然比较稳定[②]，中国—东盟自由贸易区也按计划于2010年1月1日建成。一些东南亚国家明显改变与中国的互动方式，发生在2010年7月于越南河内举行的东盟外长系列会议上。2010年，越南是东盟的轮值主席国，也是东盟与中国的联系国。正是利用了这些身份，越南在那一年的东盟外长系列会议上热炒南海问题，并支持美国将南海问题国际化。[③] 由此，中国与东南亚一些国家的关系开始螺旋向下。

其次，中日关系在2010年遇到重大障碍。其触发点是2010年9月7日上午，日本海上保安厅巡逻船在钓鱼岛附近海域与中国福建籍渔船“闽晋渔5179号”渔船发生碰撞。与日本以往处理类似事件不同[④]，当时的民主党菅直人政府不仅扣船抓人，而且启动了司法程序。这样，钓鱼岛主权归属问题再次凸显，中日关系严重恶化。

最后，受“天安舰”事件波及，中韩关系骤然降温。2010年3月26日，韩国海军“天安号”护卫舰在黄海海域巡逻时突然沉入海底，船上46名官兵死亡。韩国认为，“天安舰”事件是朝鲜造成的，但中国一直未就此事件表态。由此，中韩之间的互信关系受到影响[⑤]，直至2013年朴槿惠总统上台才开始缓解。

当然，国家间，尤其是邻国之间发生矛盾和摩擦，在国际关系中是常见现象。中国与一些东南亚国家和日本在南中国海和钓鱼岛问题上的摩擦由来已久。然而，在2010年中国与东亚主要力量的关系相继出现问题的时候，一个值得令人深思的现象是，美国高调出现在所有这些事件背后，并且站在中国政策的对立面，挑动中国与相关国家的关系向恶化的方向

---

① 关于中国与东南亚国家在南海问题上的摩擦，可参见张洁《对南海断续线的认知与中国的战略选择》，《国际政治研究》2014年第2期，第45～60页。

② 《年终盘点：前驻泰国大使张九桓谈中国和东南亚国家关系》，人民网，http://world.people.com.cn/GB/57507/10643283.html。

③ 季玲：《权力格局失衡与心理调适——中国东盟关系中的信任问题》，《南洋问题研究》2012年第1期，第37～46页。

④ 翟新：《日本民主党政权应对钓鱼岛事件的异常性问题》，《国际问题研究》2011年第3期，第58～64页。

⑤ 参见詹德斌《“天安舰”事件后韩国对中韩关系的反思》，《世界经济与政治论坛》2011年第6期，第116～124页。

发展。

在南海问题上，2010 年 7 月，时任美国国务卿希拉里 · 克林顿在于越南河内举行的东盟地区论坛外长会上发表讲话，标志着美国的南海政策出现实质性变化。[①] 她在讲话中不仅强调美国在南海“具有国家利益”，而且要求所有声索国不以“强制手段”解决各种领土争议。很显然，她的这句话在很大程度上针对的是力量上比东盟国家高出一大截的中国，因为一般来说，只有力量强大的国家才可能动用强制手段。[②] 由此，在南海与中国有领土争议的部分东盟国家变得有恃无恐，中国与部分东盟国家间的互动转向消极。中国与东盟的关系在某种程度上都受到了南中国海问题的影响。

同样，在中国与日本的钓鱼岛争端中，美国的政策也在悄悄发生变化。2010 年 10 月 27 日，时任国务卿希拉里 · 克林顿在与当时的日本外相前原诚司会谈后表示，钓鱼岛“属于规定美国对日防卫义务的《日美安保条约》第 5 条的适用对象”[③]。这明显助长了日本继续在钓鱼岛问题上与中国产生摩擦的气焰。

在“天安舰”事件发生后，美国则不断鼓动韩国采取强硬措施，包括与韩国在黄海举行军事演习，将这一事件提交联合国安全理事会等。

由此可见，在 2010 年中国与一些东亚国家的关系转冷的过程中，美国扮演了重要角色。美国在这个时间点上一再采取措施，激化中国与东亚国家的矛盾，离间中国与东亚国家的关系，显然不是偶然。美国在亚太的战略转向牵制中国，而这也促使中国再次更新其亚太战略，积极推进亚太地区的共同体建设。

（二）美国再平衡战略的地区效应

“再平衡战略”是美国反思对外战略的产物。在 2008 年大选中，小布

---

① 周琪：《冷战后美国南海政策的演变及其根源》，《世界经济与政治》2014 年第 6 期，第 23 ~ 44 页。

② Speech of Hillary Rodham Clinton, Vietnam, July 23, 2010, http://www.state.gov/secretary/20092013clinton/rm/2010/07/145095.htm.

③ 关于克林顿国务卿声称《美日安保条约》适用于钓鱼岛的表述，可参见 Hillary Rodham Clinton, “Joint Press Availability with Japanese Foreign Minister Seiji Maehara,” Honolulu, HI, October 27, 2010, U. S. Department of State, http://www.state.gov/secretary/20092013clinton/rm/2010/10/150110.htm。

什政府以反恐之名将大量战略资源放在中东的做法遭到了很多批评。民主党在选战中打击共和党的同时，提出了从中东抽身，加大对亚太地区的投入，尤其是加大对东南亚地区的投入的想法，这成为奥巴马政府“重返亚太”①、向亚太“转身”或“再平衡战略”的理论基础。2009年，奥巴马政府上台之后就着手将美国的战略重心转向亚太。克林顿国务卿将其海外访问的首秀放在亚太地区，奥巴马总统则宣称他是美国历史上“首位心系太平洋的总统”。② 美国奥巴马政府将战略重心转向亚太之时，正是美国深受金融危机打击，急需重新提振美国经济之际，摘取东亚地区经济蓬勃发展的果实显然是其首要考量。然而，当美国将视线转回东亚时，其突然发现东亚的经济版图已经重置。中国通过中国—东盟“10+1”、东盟与中日韩“10+3”及中日韩合作等，成为东亚各国的主要贸易伙伴。美国要重新打开东亚市场，就必须拆散中国与东亚国家之间的密切联系，而美国能用的手段就是其在亚太地区超强的军事和安全实力。因此，在2010年，美国抓住中国与东亚一些国家的矛盾积极介入，磨损中国与东亚国家之间的合作关系，在彰显美国“领导地位”的同时，不断打压中国的影响力。由此，美国的亚太“再平衡战略”展现出一个奇怪的特征，即这个明显受到经济利益推动的战略在实施过程中表现出明显的军事、安全特征，以致美国的“再平衡战略”被很多人称为是“不平衡”的，这一战略本身也需要再平衡。③

鉴于美国的“再平衡战略”在实施过程中逐渐将平衡和打压中国当作实现其战略目标的手段，这一战略的实施和推进也就对中国的亚太外交构成了严峻挑战。最为直接的当然是影响了中国与部分东亚国家的关系，但更为严重的是，美国的“再平衡战略”可能使冷战结束以来东亚地区一直在追寻和发展的地区多边安全机制建设退回到大国竞争的老路上去。

冷战结束以后，东亚地区逐步走上了以区域合作维护和平发展的道

---

① 美国奥巴马政府“重返亚太”的说法最早来自时任国务卿希拉里·克林顿2009年7月22日在参加东盟外长扩大会议时的一段讲话。当时，她的说法是：“美国回到东南亚了。”其发言稿参见“Press Availability at the ASEAN Summit,” http://www.state.gov/secretary/20092013clinton/rm/2009a/july/126320.htm。

② The White House, Office of the Press Secretary, “Remarks by President Barack Obama at Suntory Hall,” Suntory Hall, Tokyo, Japan, November 14, 2009, http://www.whitehouse.gov/the-press-office/remarks-president-barack-obama-suntory-hall.

③ 俞正樑：《美国亚太再平衡战略的失衡》，《国际关系研究》2013年第2期，第5~14页。

路。尤其是1997年东亚金融危机之后，东亚国家深感依赖外部势力的风险很大，并由此加快了地区多边安全机制建设的步伐。从中国—东盟“10+1”、中日韩—东盟“10+3”到朝核问题六方会谈及2008年的中日韩领导人会议，亚太地区在过去二十多年间涌现出大量的多边合作平台，这与冷战时期亚太地区出现的分裂和对抗状态有鲜明的区别。然而，2010年美国大力推行“再平衡战略”以后，东亚地区的区域合作开始处于停顿状态，且时至今日尚未恢复。究其原因，可能有以下几方面。

首先，受到长期以来政治实践的影响，东亚国家在美国强调其亚太“领导权”之后，不由自主地放慢了自主合作的步伐。因为亚洲国家认为，美国根本不会考虑其他力量提出的行动方案，与其白费力气，还不如等待美国拿出方案。由此，东亚地区原先相当活跃的区域合作突然停顿下来，并随后陷入徘徊不前的状态。

其次，美国的“再平衡战略”毒化了东亚国家之间的关系。“再平衡战略”将稳固和加强美国领导的军事同盟放在核心地位。美国在亚太的同盟体系虽然与北约有所不同，但它同样具有很强的排他性、对抗性和意识形态倾向。美国通过强化同盟意识，再次将东亚国家分裂为美国的盟友、朋友和对手，在亚洲国家间制造了新的裂痕，给东亚国家之间的安全合作设置了障碍。

最后，美国的“再平衡战略”引发了东亚各国调整其对外战略。作为超级大国，美国在全球和地区权力结构中都占有很大份额，其在亚太地区的战略调整势必引发连锁反应。在美国“再平衡战略”的刺激下，东亚一些国家调整利益算计，企图趁火打劫，以致整个地区局势出现了动荡。

由此可见，2010年美国大力推行“再平衡战略”以来，亚太地区的安全架构建设已发生很大变化，并对中国的安全环境构成很大影响。为此，中国不得不再次审视其亚太战略，将其在亚太的工作重心由融入地区合作体系发展为积极推进这一地区的共同体建设。

三　共同体建设与观念塑造

2010年以来，受到美国大力推进亚太“再平衡战略”的影响，东亚地区以区域合作走出冷战的历史进程放缓脚步，甚至出现停滞状态。在此情况下，中国的亚太战略如果还仅仅停留在参与和融入阶段，则难以取得进展，因此，中国不得不更加积极地引导亚太安全合作继续沿着正确的轨道行进。中国应该为亚太地区的共同体建设做出更大努力和贡献。

第一，中国要更坚定地支持区域合作进程，成为亚洲命运共同体的引领者和保障者。[①] 20 世纪 90 年代以来，中国与亚洲国家的关系日益紧密，地区合作机制化水平不断提高，中国立足本地区，依靠本地区，与周边国家结成命运共同体的战略更加明确。然而，在中国不断加强与亚洲国家的联系与合作的过程中，有两种倾向仍然需要时刻提防。一是置身事外的倾向。作为一个地域辽阔的国家，中国在战略上比中小国家拥有更大的回旋空间。与外部世界的互动在过去的几十年间虽然使中国获益匪浅，坚定了中国对外开放的决心，但是对外开放本质上说是为国内发展服务的，因此，一旦在对外交往中遇到一些左右为难又很难令中国有所收获的情况，就很容易让人产生“莫管他人瓦上霜”的想法。这种置身事外的想法对于中小国家也许不失为明智之举，但是，对于中国这样一个在地区事务中具有特殊地位的国家，则显然具有明显的负面效应。中国必须更加主动地参与地区事务，在地区事务中发挥引导作用。与这种主动参与相联系，中国在亚洲合作中要谨防的另一种倾向是垄断领导权。中国虽然从综合实力上讲是亚洲地区最大的国家，地区国家希望中国承担更多的责任，提供更多的公共产品，但同时，亚洲事务又非常纷繁复杂，中国单靠本国力量不可能处理好所有问题，独断专行必然会面临地区国家的联合制衡。因此，中国在与亚洲国家的交往中，在亚洲地区秩序的建设中，要十分巧妙地平衡好积极主动发挥引领作用与不垄断权力之间的关系，以符合亚洲集体主义精神的方式带领亚洲地区形成互利互助、和平稳定的国家间关系。

第二，中国应促使亚洲地区重新以发展合作共进来界定地区议程。2009 年以来，受到多种因素的影响，尤其是在外部势力的刻意挑动下，亚洲国家的注意力由保持经济发展、促进社会进步和共同应对地区性安全问题突然转向国家间的主权争议和海上权益摩擦，给亚洲国家间的团结和合作制造了障碍。在这种情形下，中国作为亚洲地区具有重要影响力的国家，应该更加清醒，帮助本地区避免重新陷入零和博弈的陷阱。中国应该在正确认识历史发展趋势和时代特点的基础上，引导亚洲国家将注意力放

---

① 关于中国亚太外交的新动向，可参见石源华《中共十八大以来中国周边外交的历史性新进展》，《中国周边外交学刊》2016 年第一辑（总第三辑），第 25 ~ 58 页。

在真正符合亚洲国家利益、各国及本地区发展需要的事情上。为此，中国一方面要继续推动本地区的发展合作共赢，为地区性问题的解决提供更多的资源和助力；另一方面也要更具创造性地为解决中国与地区国家之间的矛盾和摩擦提供新思想和新路径，为本地区就发展和合作的议程重新达成共识创造条件。

第三，中国要在现有基础上强化本地区的利益融合和共享机制。20 世纪 90 年代以来，亚洲国家在经济上的相互依存和互助关系不断发展，这为本地区在过去的几十年里保持和平发展合作、不断提升多边合作和地区一体化水平提供了有力支撑。然而，对于亚太地区真正摆脱冷战结构，形成符合全球化、多极化、信息化和多样化需求的地区合作理念而言，亚洲国家之间的利益融合与共享程度仍不能满足需要，具有不少隐患。一、亚太地区出现了多种经济架构竞争的局面。美国实施战略东移以来，在亚太地区推进所谓的“跨太平洋伙伴关系”计划，搅乱了亚太国家在过去二十多年间逐渐形成的经济互动关系。为了应对美国因素的挑战，亚太国家有的组建自由贸易区，有的推出地区经济合作伙伴计划，使这一地区呈现出多种经济架构并存甚至竞争的局面。当然，竞争也可能产生有利于亚太经济发展的效果。但是，在竞争结果尚未明了之前，亚洲经济合作关系更加复杂，不确定性有所增加。二、亚太经济虽然保持了快速发展的态势，但是，东亚国家经济结构雷同、对美欧市场依赖较大的状况尚未彻底改变。在传统的经济引擎（美、欧、日）经济复苏疲软的情况下，如何持续性地保持中国的经济引擎作用就显得更加重要。由此，亚太地区需要调整经济互动方式，使中国与其他经济体之间形成更加紧密和有机的联系。三、亚太国家应该着手建立保障体系，防止充满活力的亚太经济发展突然被打断。亚太地区充满了经济活力和发展动力，但是与欧美等比较成熟的市场经济相比，该地区预防风险的能力较低。从客观条件来说，这一地区的几乎所有国家都面临着能源短缺问题，中国、日本、韩国甚至东南亚国家都是如此。对于东亚地区来说，保障能源供应及能源运输线的安全具有战略意义。此外，对于现代经济活动来说，“流动性”不仅是非常重要的特征，而且是财富的来源。然而，对于许多亚太国家来说，无论是金融体系、信息网络还是海上通道，都没有制度性措施保证其安全性。因此，亚太经济发展的“血管”和“气管”从某种程度上说都非常虚弱，甚至随时随地都有梗塞甚至破裂的风险。中国应向亚太国家指明经济发展中存在的这些重大问题，告诫它们不要被表面的发展和繁荣所迷惑，进一步加大力度深化亚太经济一体化，形成真正动力强劲、运行流畅、保障有力的经济体系。

第四，更为重要的是，亚太地区要形成符合时代特征和亚洲特点的新的观念意识。新的观念意识包括以下几个方面。

多元共生意识。亚太地区是一个差异性很大的地区，这既体现在地理、气候、国土面积、人口数量等许多客观条件上，也体现在经济发展方式、政治制度、宗教信仰、风俗习惯等人文指标上，更反映在各国不同的历史经历和主观体验中，即便在冷战时期东西方严重对立的背景下，这种多样性也在悄悄发展。20 世纪 90 年代以后，随着东盟的进一步扩大，东南亚国家在地区合作中提出了强调平等、不干涉内政、协商一致、照顾参与者“舒适度”的东盟方式①，典型地反映出东亚国家对多样性的承认和维护。然而，东亚国家多元共存的主张与美国主导亚太的做法格格不入。这主要体现在两个方面：一方面，从理念上看，美国信奉单一的发展模式。美国认为，现代化只有一条道路，也就是全面西化——经济上自由市场化、政治上西方民主化，美国甚至不惜用武力推行这种模式，这在中东地区表现得最为明显。另一方面，从战略上看，自第二次世界大战后，美国就在亚太地区构筑同盟体系，旨在形成一套美国主导的地区秩序。美国不可能愿意看到在这一区域内形成其他与其平起平坐的秩序，更不要说是取代它了。因此，东亚国家多元共生意识的发展一定会受到美国的抵制和干扰，对于这一点，东亚国家应该有清醒的认识。然而，东亚的多样性是客观事实，各个国家和地区应该理性选择与其情况相适应的管理模式。东亚国家不应因惧于美国的权力而放弃维护其利益和发展前景的最佳途径。

亚洲主体意识。亚洲拥有古老文明，但其进入现代意义上的国家的行列比欧洲晚了很多。亚洲是在西方的炮舰政策下开始走向现代意义上的国家的。在这一过程中，先是许多国家沦为西方国家的殖民地或半殖民地，在第二次世界大战结束后亚洲国家又被束缚于两极格局框架下，再一次失去了议程设置的主动性。受到这种成长经历的影响，亚洲国家在与世界打交道时似乎总是在默认这个世界上预先存在着某种“体系”，比如被炮舰

① 关于东盟方式的讨论，可参见成雪峰《试论东盟对建立亚太安全体制的影响》，《当代亚太》2001 年第 1 期，第 11 ~ 17 页；郑翠英《东盟安全共同体的启动过程探析》，《学术探索》2004 年第 9 期，第 80 ~ 86 页。

政策打开大门时的西方体系、冷战时期的两极体系等，亚洲国家只要跟随这个体系运转就行了。这样一来，亚洲国家在世界乃至亚洲事务中都将自己摆到了追随者的位置上，以至某些域外大国自认为它才是亚洲和平与安全的维护者。其实，域外大国在亚洲的作用非常复杂。鉴于域外大国的超强实力，在某些情况下它们也许能为地区安全出力，但是在更多时候，域外大国带来的可能是麻烦，例如，美苏在第二次世界大战后期对势力范围的争夺给战后亚洲造成的对立，朝鲜战争、越南战争与美国的关系，以及印度、巴基斯坦等国之间的矛盾与其原宗主国分而治之政策的联系等。因此，域外国家保护了亚洲的和平稳定是主导大国的欺世之言。1997 年的东亚金融危机打破了亚洲国家在经济金融方面对域外国家的依赖心理，迫使亚洲国家在经济金融方面联合自救，立足于亚洲国家构建相互救援、共同发展的合作机制。但是，在安全方面，亚洲国家至今迷信域外大国的作用，这主要表现在两个方面。第一，亚洲国家简单地将域外大国的安全利益设定为自身的利益。其实，亚洲国家的安全利益与域外国家的安全利益并不相同。对于美国这样的域外国家来说，由于它早已完成了经济现代化和社会的规制建设，它在亚太地区的主要目标是防止出现挑战其主导地位的地区力量，要维护的是权势利益。而对于大多数亚洲国家来说，其所面临的主要安全挑战是怎样保障正在进行的经济现代化和社会规制化顺利完成，这属于发展问题。亚洲国家深受历史情结的影响，错误地将美国的权势利益视为其要追求的安全利益，这很有可能使自己的主要利益处于危险之中。第二，亚洲国家不相信亚洲国家可以处理亚洲的安全问题。这是因为亚洲国家受到传统思路的影响，认为主导处理地区安全问题的必然是某个霸权，不是美国就是别的国家。但是，亚洲的事务为什么不可以由亚洲国家共同主导呢？亚洲国家需要培养主体意识，以更加自主的方式和自信的姿态来管理地区事务。

同享共担意识。鉴于亚洲国家宁可引入域外国家来平衡域内国家关系的事实，随着亚洲国家主体意识的上升，亚洲地区管理区域事务的方式必然更多地体现出集体协商的性质。与这种管理方式相适应，亚洲国家也应该具有利益共享、风险共担的意识。一方面，从经济角度来看，亚洲国家要在现有互利合作的基础上更进一步，全面推进“共同开发、利益共享”的经济合作观念。20 世纪 80 年代以来，亚洲国家逐步改变了因产品相似而争夺海外市场的局面，在贸易、金融等方面形成了区域性的合作机制。

这些合作体现了利益共享、互利共赢的思想，但是显然还不够，因为亚洲地区的经济互动又在向地区资源开发等方向延伸，并在国家间关系中形成了新的紧张。因此，亚洲国家在经济活动中应进一步深化利益共享意识，在地区资源开发中加强区域内合作，形成新的合作机制。另一方面，从安全角度来看，亚洲国家应意识到，作为主体，各国对于维护区域安全将负有共同的责任。在各国利益可能存在冲突的问题上，亚洲国家要停止无谓的相互指责，停止有可能使事态恶化的做法，相互克制，相向而行，共同降低冲突和对抗的风险，以相互受益的方式处理问题。在涉及地区公共利益的问题上，亚洲国家更应该相互携手，共同提供安全保障。当然，国家的大小不同、实力有别，大国、强国在地区事务中可以承担更多的责任，但这是道义，不是义务，地区国家应分清义利，以适当、正确的观念约束各自的行为，指导各国的互动。

总之，随着经济全球化和社会信息化的发展，亚太地区原有的仅体现单一文明需求的、受到超级大国控制的管理范式已经过时，亚太地区需要发展更加体现多元文明共存、相互协助、共同进步的共同体理念。为此，中国应该进一步反思中国与亚太国家的关系，在亚太地区当前面临的困难、任务和挑战与未来的共同诉求之间建立起桥梁，帮助这一地区真正走出大国对抗、权力斗争的陈旧秩序，建立有利于实现持久和平和发展合作的新型国际秩序。

Retrospect and Prospect on China's Asia-Pacific Strategy: From Integration to Construction of a Community

Abstract Since 1980s, China's diplomacy towards the Asia-Pacific region has experienced a process of re-integrating itself into the regional integration framework. During this process, China has not only made tremendous achievement in its social and economic relations with East Asian countries, but also reached a consensus with them through peaceful development and cooperation. However, the overall security environment in the Asia-Pacific has been largely changed since the year 2010 when the U. S. began to implement its rebalance strategy in this region. This situational change has damaged China's relations with major powers of East Asia simultaneously and pulled the East Asian regional cooperation into a stagnancy. Under such circumstances, China has to surpass its traditional strategy to get itself integrated into this region and promote the construction of a regional community through more active postures. The major content of China's effort to construct a regional community includes: re-defining regional agenda through development of cooperation, strengthening a mechanism of interest coalescing and sharing, and an endeavor to promote the creation of new types of ideas that fit for the zeitgeist and characteristics of the Asia-Pacific region, such as the idea of plural symbiosis, the concept of Asian mainstream, and the sense of joint sharing and common burdening.

Keywords Security of China's Neighboring Countries; China's Diplomacy; A Community of Destiny; Rebalance to the Asia-Pacific

Author Wu Chunsi, Ph. D, Director of the Institute for International Strategic Studies at the Shanghai Institute of International Studies.

历史上陆海复合型国家的战略转型及其对中国的启示

秦立志

【内容提要】历史上陆海复合型国家的大战略取向转型有四种表现形式，即战略重心、攻防政策、制衡倾向、联盟战略，其中，战略重心的转型居于主导地位。影响陆海复合型国家战略转型的要素有6个：战略地理结构、攻防平衡、地缘威胁、资源汲取、战略学说、战略决策。笔者依托上述6个因素，分析了德国（1890~1918年）与苏联（1962~1982年）的战略转型成因和历史经验教训。笔者分析了中国战略转型面临的主要挑战和限制：地缘威胁的双重易受伤害性导致海陆资源分配分散化问题；先天地理条件的限制；联盟的可获性和有效性较低；避免过度扩张倾向；保持战略决策的连贯性。中国的战略转型最容易克服的可能是技术革新，最难克服的是战略决策和威胁判断中国要保持经济建设与国防投入、内政与外交、海权与陆权、大战略手段和目的等之间的平衡协作，注重防御性和威慑性的战略取向，加强危机管控，兼顾海权的国际公共安全产品属性。

【关键词】海权　陆权　大战略转型　陆海复合型强国

【作者简介】秦立志，复旦大学国际关系与公共事务学院2015级博士研究生。

一　影响陆海复合型国家战略转型的因素分析

所谓陆海复合型国家，是指在陆地上背靠较少自然障碍且濒临开放性海洋的国家。[①] 地理层面的陆海两栖不代表战略层面的陆海兼顾，一个地理意义上的陆海复合型国家，其战略中心只能依托陆权，而战略重心应处于动态分布中。在地理属性没有发生根本变化的情况下，受到不断变动的国际战略环境和国内政治因素的影响，陆海复合型国家会呈现出陆权主导、海权主导和陆海兼顾三种表现形式。因此，地理意义上的陆海复合型国家一旦成为体系中的大国，在地缘战略上可能成为陆权强国、海权强国或陆海复合型强国。本文涉及的大战略主要是国家的对外安全战略，陆海复合型国家基本的大战略取向包括：第一，战略重心是海主陆从/陆主海从/海陆并举；[②] 第二，在海陆两个大战略方向上分别推行的是进攻性/防御性政策；第三，对其他海陆大国的主要战略倾向是制衡缺位/制衡过度/适度制衡；第四，主要的联盟策略是以陆制海/以海制陆/不结盟。对这四个含义的具体阐述如下。

第一层含义是大战略取向的核心，如果国家的战略重心发生变化，则大战略取向必然发生变化。古罗马帝国传统上的主要军事武器是重步兵军团，而不是战舰。在三次布匿战争期间，古罗马部署强大的作战舰队与迦太基争夺地中海西部的制海权，古罗马逐渐从一个陆地强国变成陆海复合型强国，标志着大战略取向的根本转型。[③]

即使战略重心没有发生变化，但在海/陆两个大战略方向上的进攻性/防御性政策发生转换也属于大战略取向的转型。第一次世界大战后德国的战略重心是陆主海从，1933 年希特勒上台后的征服战略也是“先大陆，后海洋”，在战略重心上与魏玛政权无明显不同。但德国对英国、法国、苏联等海陆大国的战略取向均逐渐由防御性政策向进攻性政策转型。

当国家的战略重心和进攻性/防御性政策基本恒定时，一旦对其他海

① 邵永灵、时殷弘：《近代欧洲陆海复合型国家命运与当代中国的选择》，《世界经济与政治》2000 年第 10 期，第 50 页。

② 这里所指的海主陆从、陆主海从和海陆并举指的是在特定时期内的战略重心，而对于陆海复合型强国而言，其陆上安全的稳固始终是战略重心所在，特定情况下，战略重心的转移也是为了服从和服务于最高战略中心的需要而展开的，故其战略重心只能是陆主海从。

③ John S. Morrison and John F. Coates, *Greek and Roman Oared Warships*, Oxford: Oxbow Books, 1996, p. 352; Evelyn V. Hansen, *The Attalids of Pergamum*, Ithaca, NY: Cornell Universtiy Press, 1971, pp. 76 - 85; J. H. Thiel, *Studies on the History of Roman Seapower in Republican Times*, Amsterdam: North Holland Publishing Co., 1946, p. 31.

陆大国的制衡倾向发生明显变化，大战略取向也会发生转型。自 1898 年德国颁布海军法案至 1912 年德国重新加大陆权资源投入前，德国的战略重心一直是海主陆从，对英国也一直奉行防御性政策。但在 1905 年后，德国与英国开展的以“无畏”级战列舰为主的海军军备竞赛不断升级，使德国对英国的制衡倾向越发明显，从对英国海权的制衡缺位转化为制衡过度。

如果前三个层面都没有发生明显变革，但国家的联盟战略出现了重大变化，那也是大战略取向转型的标志。例如，中苏同盟的名存实亡和中美改善关系使中国的联盟战略由以陆制海变为以海制陆，而 20 世纪 80 年代后，中国逐渐在美苏之间开展等距离外交，使中国的联盟战略从以海制陆转向不结盟。

本文考察的是传统上的陆权强国向陆海复合型强国转型的影响因素、历史经验教训和对中国战略转型的启示，因此，对外政策的攻防性质、制衡倾向、联盟策略三个大战略取向要围绕战略重心展开论述。历史上，除了波斯和古罗马外，陆权主导国向陆海复合型强国的战略转型要么被扼杀在摇篮中，要么转型后没有为国家带来充足的战略收益。本文列出了影响陆海复合型国家战略转型的六大因素：战略地理结构、攻防平衡、地缘威胁、资源汲取、战略学说、战略决策。

因素一：战略地理结构。[①]

战略地理结构的主要组成部分为战略极、战略通道、战略锋场，它对陆海复合型国家的大战略转型具有三重影响。

第一重影响：战略极的实力地位对大战略取向的转型起先导作用。战略极是指在战略地理结构中占据控制地位的战略力量。[②]“一个国家的战略处境归根结底取决于自身的战略实力与其他方战略实力之间的对比关系。”[③] 但与体系结构中的“极”相比，战略极更强调战略力量对全球或地区地缘安全的掌控，是比“极”更狭义的概念。在战略和安全领域具有强大地缘辐射能力的大国才是战略极，这与本文研究的转型强国相一致。陆海复合型国家一旦成为战略极，就一定程度上基本实现了陆上的局部霸权或主导性存在，这为它的大战略转型减少了安全担忧并提供了实力基础。

---

① 本文对战略地理结构的重新定义只是对其中“战略极”、“战略通道”和“战略锋场”的扩展和延伸。详情可参见陆卓明《世界经济地理结构》，北京大学出版社，2010，第 190 页。

② 陆卓明：《世界经济地理结构》，北京大学出版社，2010，第 190 页。

③ 周丕启：《大战略分析》，上海人民出版社，2009，第 164～165 页。

15 世纪 50 年代以前，奥斯曼帝国专注于陆上扩张和对陆上邻国的边疆防务，而在彻底消除来自拜占庭等的陆上威胁后，其才开始大力发展海权力量。反之，如果本国不构成战略极地位，就很难推进大战略转型。例如清朝后期的两次海防大筹议，不能说其没有战略远见，但限于海陆双重羸弱的局面，其海防、陆防并举的双重心格局很难落实，缺少稳定的陆上安全环境和强大的国力保障持续有效的战略转型。[①] 此外，陆海复合型国家成为战略极后，若恰逢邻国羸弱，则会增加它在海上或陆上的进攻性动机，也更容易加剧它对主导型海洋强国和其他陆上强国的制衡倾向；当邻近海陆强国较多时，该陆海复合型强国则不那么具有进攻性战略取向，但容易出现战略上的过度反应。

第二重影响：战略通道的变动会影响大战略转型的进程和方向。战略通道是指世界级战略极之间为进行战略联合或对抗而采用的，用于运送军事物资与战略物资的通道。[②] 随着荷兰、葡萄牙、西班牙和英国先后作为战略极的崛起，地中海地区的拜占庭、威尼斯和后来的奥斯曼帝国要关注与这些新兴战略极之间的战略通道价值，尤其是大西洋和环非洲贸易航线的开通削弱了奥斯曼帝国在地中海的战略杠杆作用，使奥斯曼帝国无法分享地理大发现带来的红利。新兴的战略通道促使奥斯曼帝国将战略利益延伸至地中海、红海和印度洋，加速了奥斯曼制海权能力的发展。[③]

第三重影响：战略锋场与战略极的核心利益区域的重合度会极大影响大战略转型的难度。战略锋场主要是战略极之间的包围与反包围态势。[④] 第一次世界大战之前，英德两国的战略锋场集中于西欧滨海地区，与两国的本土安全利益紧密相关，这加大了德国在战略转型中遭遇海上制衡的危险。冷战时期，美苏的战略锋场虽然逼近苏联的核心安全区，美国的军力投射能力却受到大西洋的水体阻遏力量、为欧洲盟友履行承诺的决心程度削减、核武器的毁灭性效果，以及陆权心脏地带国与主导型海权强国可能

---

① 左立平：《中国海军史》，华中科技大学出版社，2015，第 18 ~ 27 页。

② 陆卓明：《世界经济地理结构》，北京大学出版社，2010，第 192 页。

③ Palmira Brummett, "The Overrated Adversary: Rhodes and Ottoman Naval Power," *The Historical Journal* 36, 3 (September 1993), p. 540.

④ 包围与反包围锋场一般只出现在战略极之间，因为只有战略极才是对方不敢贸然以战争相加的对象，而且只有战略极才有力量引诱或强迫他国参加自己的包围与反包围斗争。参见陆卓明《世界经济地理结构》，北京大学出版社，2010，第 194 ~ 195 页。

的“天然合作性”的影响，使两大战略极的交锋裂度得到限制，苏联的海权转型受到较小程度的制衡。总之，战略地理结构对陆海复合型强国的大战略转型有强烈的制约作用，转型后的陆海复合型强国对战略地理结构的冲击态势要高于其他地缘战略属性的强国。对于具备战略极实力的陆海复合型国家而言，其在战略转型中面临着与其他海陆大国可能的战略通道冲突，容易形成邻近于其他大国核心利益区的战略锋场，在战略地理结构上成为中心强国，相比较侧翼的纯海权或陆权强国而言，更容易招致结构性的制衡压力。

因素二：攻防平衡。①

进攻—防御平衡可能受到军事、地理、国内社会和政治因素及外交性质的影响。② 这里主要涉及的是海权与陆权的攻防平衡态势，特定的权力对比类型相比较现实主义通常强调的总体能力的分配，更有助于对国家的战略博弈态势进行有效认知。宏观地讲，陆权比海权更具天然的威胁性，即便处于近代海权大发展时代，很多国家依然认为，对本国战略安全的最大威胁是来自能穿过领土边界的陆权力量，这种力量可以控制和占领领土，掠夺或摧毁资源，废黜政治领导人，强加新的政治结构和社会体制。陆权强国致力于陆权的稳固和扩张，其他大国通常会结成防御性联盟。而单纯的海洋强国只有较小规模的陆军，很少会具备陆权扩张的能力和动机。③

根据海权和陆权哪一个对国家战略博弈更具决定性作用，可以将海陆攻防平衡划分为四种类型：陆权占优且进攻有利、陆权占优且防御有利、海权占优且进攻有利、海权占优且防御有利。这里的进攻或防御有利意指陆上扩张的难易程度。

---

① 关于攻防平衡的理论论述，具体可参见 Robert Jervis, “Cooperation Under the Security Dilemma,” *World Politics*, Vol. 30, No. 2, January 1978, pp. 170 - 191; Robert Jervis, *System Effects: Complexity in Political and Social Life*, Princeton, New Jersey, Princeton University Press, 1997, pp. 137 - 139; Fareed Zakara, “Realism and Domestic Politics: A Review Essay,” *International Security*, Vol. 17, No. 1, Summer 1992, pp. 191 - 192; Dale C. Copeland, *The Origins of Major War*, Cornell University Press, 2000, p. 127; Robert Jervis, “Realism, Game Theory, and Cooperation,” *World Politics*, Vol. 40, No. 3, April 1988, p. 317。

② 斯蒂芬·范·埃弗拉：《战争的原因：权力与冲突的根源》，何曜译，上海人民出版社，2014，第 176 ~ 181 页。

③ Jack S. Levy and William R. Thompson, “Balancing on Land and at Sea: Do States Ally against the Leading Global Power?” *International Security*, Vol. 35, No. 1, Summer 2010, p. 16.

（1）当陆权占优且进攻有利时，由于自身陆权对海权的抵消优势，在海上威胁缺位的情况下并不急切实现大战略转型。例如，路易十四统治下的法国不惜牺牲其“殖民地和商务”来追求一种“错误的大陆扩张政策”。[①] 依赖重步兵军团的古罗马享有针对迦太基的绝对陆权优势，它的战略转型持续了近三个世纪，尤其是在公元前 168 ~ 公元前 70 年的大约一个世纪里，由于海上威胁的缺失，没有重要的海上布局，更没有形成永久性的海上文化传统。一旦出现明显的海上威胁，陆海复合型国家就会因其对海权国家的制衡倾向而快速实现战略转型，并在海陆两个大战略方向都容易表现出极强的进攻性姿态。古代地中海世界属于霍布斯定义的纯粹“自然状态”，古罗马与凯尔特人、希腊王国、迦太基等一样持进攻有利的偏好。[②] 一旦迦太基对古罗马的海上安全构成威胁，古罗马很快就能在布匿战争期间寻求海洋变革。公元前 264 年，古罗马还没有任何海战经验，但到公元前 256 年时，古罗马已经用其庞大的五层桨战船舰队控制了西西里岛的水域。[③] 因此，当从技术或地理层面上促使陆权更占优势且有助于进攻行动展开时，国家面对海上威胁会更具进攻性，这种进攻有利的不安全感促使国家积极防御并进行战略扩张。

（2）当陆权占优且防御有利时，陆海复合型国家更容易在突发性危机中实现战略转型，但并不那么具有扩张性取向。古巴导弹危机后，核恐怖平衡强化了大国的防御性倾向，苏联开始注重发展大型水面舰艇等常规军事力量，逐渐弱化了对美国本土进行大规模核打击的战略意图。1996 年台海危机后，出于维护主权等防御性战略目标，中国逐渐向海权转型。

（3）当海权占优且进攻有利时，陆海复合型国家会将战略重心最大限度地转向海权，并在海陆两个大战略方向表现出强烈的扩张倾向和进攻偏好，遭受诸多强国激烈的体系性制衡。查理五世和菲力二世时期的西班牙实现了对陆海复合型强国的转型，拥有世界第一的陆军和海军，并在北非、意大利、美洲、荷兰等地与英国、荷兰等国展开海权和陆权的大博

---

① 安德鲁·S. 埃里克森、莱尔·J. 戈尔茨坦、卡恩斯·洛德主编《中国走向海洋》，董绍峰、姜代超译，海洋出版社，2015，第 174 页。

② Fareed Zakara, “Realism and Domestic Politics: A Review Essay,” *International Security*, Vol. 17, No. 1, Summer 1992, pp. 191 - 192.

③ 安德鲁·S. 埃里克森、莱尔·J. 戈尔茨坦、卡恩斯·洛德主编《中国走向海洋》，董绍峰、姜代超译，海洋出版社，2015，第 87 页。

弈，导致帝国的过度扩张，最终，西班牙失去了霸权地位。

（4）当海权占优且防御有利时，陆权强国在战略转型中本应规避对海权主导国的挑战，以便积累有效的防御性力量来维护本国安全。然而事与愿违，“进攻占据优势地位在历史中是相当少见的……认为进攻占据优势地位的观念却是相当普遍的”。[①] 陆上强国更能认可陆权占优且防御有利的博弈局面，而不那么愿意接受海权占优且防御有利的现实。奥斯曼帝国的地理位置限制了它的向外扩张，它漫长的陆地边境，以及匈牙利、波兰、俄国、波斯等国对它施加的边境压力，都需要持续的战略资源投入。在西班牙、荷兰、英国等国海权崛起的背景下，奥斯曼帝国本应采取防御性战略取向，却在地中海、印度洋、中东和欧洲地区同时追求进攻性政策，1683年进攻维也纳的失败标志着奥斯曼帝国的彻底衰落。德国在陆权方面制订的施里芬计划，以及提尔皮茨的“风险舰队”理论，都是在进攻性力量更具优势的假设下提出的，“第一次世界大战是出于对进攻优势幻想而发动的，然后又被实际的防御优势现实所拖延”。[②]

因素三：地缘威胁。

大战略的主要目标就是，防止外部威胁的发生，控制外部威胁的升级和蔓延，化解外部威胁。[③] 对于陆海复合型国家而言，战略安全与地缘威胁密切相关。作为战略极存在的陆海复合型国家在地缘战略关系上通常属于中心型强国，容易受到来自相对立的两翼或更多方向上其他海陆强国的制衡。其在战略转型中可能面临三种地缘威胁：海权型威胁、陆权型威胁、陆海双缘威胁。

（1）纯粹的海权型威胁会促使大陆强国将大量的战略资源用来发展海权力量，在战略重心上采取海主陆从的取向，对海上威胁表现出强烈的制衡倾向和进攻性态势，并组建海上联盟来加速战略取向转型。赛勒斯大帝的大陆扩张政策基本消除了波斯面临的陆上威胁。公元前530年，波斯帝国面临来自希腊近海邦国的海权威胁，康比斯国王和大流士大帝成功实现了海权的大战略转型，并联合腓尼基人、阿拉伯人、迦太基共同对付希腊

① 斯蒂芬·范·埃弗拉：《战争的原因：权力与冲突的根源》，何曜译，上海人民出版社，2014，第144～145页。

② 乔治·H. 奎斯特：《国际体系中的进攻与防御》，孙建中译，上海人民出版社，2008，第10页。

③ 周丕启：《大战略分析》，上海人民出版社，2009，第19页。

主导的海上威胁，发动了希波战争等扩张性行动。[①]

（2）陆权型威胁的持续存在会在一定程度上消减大陆强国战略转型的能力和动机，在战略重心上采取陆主海从的取向，由于海上威胁的缺位，会导致陆上强国采取以海制陆的战略取向。不过，大陆强国与海上强国结盟的成功率很低，因为海上主导国不会放任陆上权力过度集中。1897 年英德海军军备竞赛以前，德国的战略安全主要面临法俄陆上联盟的威胁。1890 年英德签订的《赫尔果兰—桑给巴尔条约》[②] 对东非势力范围的划定，还有后来与英国首相索尔兹伯里就瓜分奥斯曼土耳其的外交洽谈，并没有促成英德形成针对法俄的同盟。此外，英德密切的经贸关系也未能动摇两国对抗型的地缘战略关系。

（3）陆海双缘威胁会使陆权强国在战略转型过程中容易透支自身战略资源，造成战略转型失败或缺少获益成果。冷战中后期的苏联虽然实现了从大陆强国向陆海复合型强国的战略转型，却面临来自欧陆、美国、中国、日本等诸多海陆势力的制衡，招致有限战略资源的过度损耗和霸权衰败。

因素四：资源汲取。

即使面对同样的威胁，国家动员国内资源进行防御的能力也存在差异。[③] 国家实现战略转型所能汲取和动员的战略资源要比整体国家实力更具现实意义。所谓战略资源，是指在特定的时间和领域内能够进行动员，以实现大战略目标的国家实力。[④] 影响国家资源汲取和动员能力的因素主要有两大类，即战略极的权力对比与权力分布、攻防平衡、地理条件等外部脆弱性因素，以及由国家的政治军事制度、国家推行的民族主义和意识形态等组成的国家政治权力。[⑤]

据此可以做出四种假设，在陆权强国向陆海复合型强国的战略转型

---

① Hans van Wees, *Greek Warfare: Myths and Realities*, London: Duckworth, 2004, pp. 203 - 209.

② A. J. P. 泰勒：《争夺欧洲霸权的斗争 1848—1918》，沈苏儒译，商务印书馆，1987，第 372 页。

③ 陈志瑞、刘丰：《国际体系与国内政治：新古典现实主义的探索》，北京大学出版社，2015，第 104 页。

④ 周丕启：《大战略分析》，上海人民出版社，2009，第 78 页。

⑤ 关于外部脆弱性和国家权力的详细内容，可参见陈志瑞、刘丰《国际体系与国内政治：新古典现实主义的探索》，北京大学出版社，2015，第 121 ~ 132 页。

中：（1）当外部脆弱性程度较高且国家政治权力较强时，倾向于效仿其他类似的转型案例，但容易陷入过度扩张。腓力二世时期的西班牙作为中央集权的君主专制国家，有很强的政治权力和动员能力，但外部脆弱性程度较高，“一个由多块不同领土构成的分散的全球性帝国，在与地理上更紧凑的国家的冲突中必定处于不利境地，后者的资源较易得到动员，而且那里的权力集中”。[①] 这种地理上的外部脆弱性削弱了西班牙与后起强国博弈的能力。（2）当外部脆弱性程度较高且国家政治权力较弱时，容易导致战略转型失败。19 世纪的中国无法诱导足够的民族主义来应对西方带来的海陆双重威胁，使洋务运动这样的战略转型被甲午海战毁灭。（3）当外部脆弱性程度较低且国家政治权力较强时，会对战略转型进行创新。波斯海洋变革的成功，以及首创的类似“海上合股公司”的多国海军联合体就得益于陆疆的稳定、帝国行政管理能力的提高、执政方式的改良及对公平和正义的信仰。[②]（4）当外部脆弱性程度较低且国家政治权力较弱时，很难有动机推行战略转型。例如拿破仑战争后的法国，政局动荡导致国内政治权力偏弱，加之缺少明显的外部威胁，使其在很长一段时期都没有显著的战略转型。

因素五：战略学说。

大战略主要是关于如何能最大程度给自身带来安全的理论。以化解并消除外部威胁为使命的战略学说在大战略的转型过程中发挥了重大作用。

战略学说主要可以分为三类：进攻性战略学说、防御性战略学说和威慑性战略学说，分别对大陆强国的战略转型发挥不同的作用。

（1）进攻性战略学说通常假设在攻防平衡对比中进攻占优，只要技术、地理和经济等方面具备可行性，秉持进攻性战略学说的国家在战略转型中容易陷入其他海陆强国的军备竞赛和战争。对于主导性海洋强国而言，践行进攻性战略学说（如马汉和科贝特的海权理论）不易受到攻击和制衡。但大陆强国推行进攻性的学说和政策极易引起其他国家的安全恐慌。即便是为防御性目标而发展军备，或者为保卫军事和经济资产，也容

① Giovanni Botero, *The Reason of State*, translated by P. J. and D. P. Waley (London, 1956), pp. 9 - 12.

② 安德鲁 · S. 埃里克森、莱尔 · J. 戈尔茨坦、卡恩斯 · 洛德主编《中国走向海洋》，董绍峰、姜代超译，海洋出版社，2015，第 37 页。

易被他国看作为进攻积蓄潜能，[①] 形成安全困境。[②] 施里芬计划主张的对东西两线同时采取进攻性战略就阻碍了德国向海权的成功转型。

（2）在防御性和威慑性战略学说的假设里，维持现状国家和修正主义国家可被清晰区分。前者假设防御占优，后者对攻防平衡不持明显偏好。二者与进攻性战略学说相比，都会减少大陆强国战略转型所带来的军备竞赛烈度，降低战争爆发的可能性。推行防御性战略学说的大陆强国在转型陆海复合型强国时，更容易推行符合实际情况的陆主海从战略取向和防御性政策，也更容易与其他海陆强国结盟。第一次世界大战前法俄两国的联合作战计划就是以德国或德国的仆从国的进攻作为战略反击的基础，英国最终选择与法俄联盟。

威慑性战略学说较防御性战略学说更具进攻性取向，这源于海上威慑的隐蔽性和可信性。依托威慑性战略学说的陆海复合型国家在战略转型中更倾向于以海制陆，如苏联的国家海上威力论，强调阵地式的制海权和威慑性的火箭核武器对岸攻击，[③] 以海洋基地对陆地事务施加影响，将核威慑和海权转型有机结合。

因素六：战略决策。

尽管杰克·斯奈德认为，在大国当中，国内压力在国家领导人的考虑中所占有的比重常常要超过国际压力，[④] 但是不论决策层受到哪些国内变量的影响，大战略的转型都需要决策者一锤定音。虽然情报系统、智囊系统、规则系统[⑤]等机构也很重要，但“决策系统是大战略决策和战略规划体制的核心，是整个大战略规划活动的领导者、组织者和决断者，也是大战略方案的最终决定者，由最高决策者和基本决策者组成”。[⑥] 战略决策对大战略转型的主要作用体现在如下四个层面。

---

① Robert Jevis, *Perception and MIsperception in International Politics*, Princeton: Princeton University Press, 1976, p. 64.

② Robert Jervis, "Cooperation under the Security Dilemma," *World Politics* 30, January 1978, p. 169.

③ 谢·格·戈尔什科夫：《国家海上威力》，房方译，海洋出版社，1985，第 277 页。

④ 杰克·斯奈德：《帝国的迷思：国内政治与对外扩张》，于铁军译，北京大学出版社，2007，第 22 页。

⑤ 规则系统是保障战略规划平稳高效运行的法律、制度等的总称，是战略规划体制四项构成要素中唯一一项软要素，可分为关于要素功能的规则和决策监督规则。具体参见周丕启《大战略分析》，上海人民出版社，2009，第 101 ~ 102 页。

⑥ 周丕启：《大战略分析》，上海人民出版社，2009，第 98 页。

第一，决策层的共识程度和领导者的个人偏好会影响国家的基本战略取向转型。它甚至可以暂时超越国家所处的战略地理结构，但如果决策层的认知与国家实力等现实因素长期背离，那么大战略转型将很难成功。强有力的政治领导对于克服转型过程中遇到的政治、官僚和文化方面的阻碍是至关重要的，[①] 波斯和古罗马海权转型的成功得益于此，而斯巴达的领导层缺乏战略共识，使海权转型只取得短暂成功。拿破仑三世的错误决策也导致法国的战略转型付出巨大代价，克里米亚战争之后，法国的陆军预算停滞不前，在欧陆的防御性力量受到削弱，反而不断增加海军军费，但英国的海上预算和造船计划适中，并没有部署在法国周边海域；[②] 19 世纪 50 年代，法美贸易占法国对外贸易的比重有所下降，法国贸易集中于欧陆，经济安全也不是它的战略诉求。[③] 路易·波拿巴发展海军主要是利用海权力量发展作为国内统治合法性的工具，以及赢得海军民族主义所带来的国家荣耀。[④] 但其最终未能提升法国的海上安全和大国地位，反而使法国陷入与英国的海军军备竞赛中。到 19 世纪 60 年代中期，法国无奈地默认英国的海上优势，英法的军费开支回到了军备竞赛之前较为均势的水平。[⑤] 路易·波拿巴忽视了利用他的统治权威来推进陆权现代化和陆军训练、征兵等方面的改革，[⑥] 这一海主陆从的大战略转向也为后来普法战争中法国陆权的全面劣势埋下了伏笔。

第二，对攻防平衡的认知会影响大战略的进攻性/防御性取向。“国际结构经常是良性的，但关于权力结构的认知往往是恶性的。”[⑦] 如果一个大国拥有军事上的优势并且预见其相对军事力量开始达到顶峰，那它就容易

---

① Carnes Lord, *The Modern Prince: What Leaders Need to Know Now*, New Haven: Yale University Press, 2003.

② Paul M. Kennedy, *The Rise and Fall of British Naval Mastery*, Atlantic Highlands, NJ: Ashfield Press, 1986, pp. 172 – 173.

③ B. R. Mitchell, *European Historical Statistics, 1750 – 1975*, New York: Facts on File, 1981, pp. 510 – 543.

④ Theodore Ropp, *The Development of a Modern Navy: French Naval Policy, 1871 – 1904*, Annapolis: Naval Institute Press, 1987, p. 6.

⑤ C. I. Hamilton, *Anglo – French Naval Rivalry, 1840 – 1870*, Oxford: Oxford University Press, 1993, pp. 83 – 90.

⑥ Albert Guerard, *Napoleon Ⅲ*, Cambridge, MA: Harvard University Press, 1943, pp. 224 – 225.

⑦ Stephen Van Evera, *Causes of War: Power and the Roots of Conflict*, Ithaca, NY: Cornell University Press, 1999, p. 6.

采取更大的风险行动。[①] 尽管少有进攻性现实主义的国家，但领导人会关注与其他海陆强国的动态攻防平衡对比，并在某些问题领域采取进攻性政策。尤其是当这种对己方进攻占优的憧憬或对防御弱点的担忧升级时，就会形成大战略制定和执行过程中的“机会窗口”与“脆弱性窗口”。前者是一种正在减弱的进攻性机会，而后者是一种正在成长的防御性弱点。[②] 尽管德国防御的力量在 1914 年达到高峰，征服仅在核时代比此时更困难，但自 19 世纪 90 年代以来，相信进攻力量的思想急剧增加，并在临近 1914 年时上升到非常高的程度。德国军方采用了进攻性的军事学说，文官精英也认为进攻在战时占有优势，而且未来的战争将是短暂而有决定性的。

此外，战略决策层的精英共识和精英凝聚力会对国家的资源汲取能力、对地缘威胁的判断、对战略学说的选择起主导性作用，进而对大战略的制衡取向和联盟战略产生深远影响。总之，战略决策层在这 6 个要素中发挥着核心作用，客观的战略地理结构、地缘威胁等要素只有经过决策层的认知过滤，才会形成大战略输出。

二 历史案例考察

（一）德意志第二帝国

1890 ~ 1918 年德国经历了重大的战略转型，包括从陆权主导转向陆海并举；从防御性政策逐渐转为进攻性政策；对英、法、俄等主要海陆大国由适度制衡变为制衡过度；破坏了大陆联盟体系，从联俄反法到联英反对法俄，后又转为与协约国在海陆方向的全面对抗。

（1）从战略地理结构来看，德国已经从诸强之一变为欧洲最强大的战略极，与 1871 年统一时的战略力量不可同日而语。1873 ~ 1895 年，德国商船总吨位和海外出口总额分别增加了 150% 和 200% 以上。1871 ~ 1914 年，德国人口增长了 60%，而英法的人口增长基本停滞。德国的食品供应严重依赖进口，海外贸易总额位居世界第二。但 1895 年德国舰队的总吨位

---

① Dale C. Copeland, *The Origins of Major War*, Cornell University Press, 2000, p. 127.

② 斯蒂芬·范·埃弗拉：《战争的原因：权力与冲突的根源》，何曜译，上海人民出版社，2014，第 89 页。

还不如意大利。[1] 英德战略通道的邻近性也让德国时刻体会到英国海洋霸权的“危险”气息。因此，德国统治者的心理定位发生了重大变化，其认为羸弱的海权不能满足德国日益增长的海外利益和海外贸易，也未能有效应对外部威胁。霍恩洛厄（1894～1900年时任德意志帝国宰相）在帝国议会中指出，德国应该增强海权力量，至少要能够为贸易和航运等海外利益提供安全保护。[2] 这反而使英德间的战略冲突地带与核心利益区域越发重合，两国的地缘对抗烈度不断。

（2）1890年后，随着连发枪、机关枪、带刺铁丝网、堑壕及铁路等防御性手段的兴起，德国开始处于陆权逐渐占优且防御有利的时代。尽管美国内战（1861～1865年）、俄土战争（1877～1878年）、布尔战争（1899～1902年）及日俄战争（1904～1905年）显示了现代战争的防御性优势，到1914年防御性优势发展到顶峰，但施里芬、伯恩哈迪、小毛奇和奥古斯特·冯·凯姆将军都认为，进攻相比较防御而言更能确保胜利，现代战争条件下进攻的优势比以前更大。[3]

此外，德国领导人认为，与俄国权力对比，德国将逐渐处于相对衰落中。俄国的军事权力在1914～1917年将迅速扩张，由于战略资源更多，最终将超越德国。[4] 对攻防平衡的负面预期和进攻有利的战略迷思催生了德国抓住“机会窗口”对俄国进行打击的动机。1912年，小毛奇在战争理事会中宣称德俄战争不可避免，越早发动战争越有助于德国获胜，这强化了德国对俄国的进攻性战略和制衡倾向。

（3）在地缘威胁方面，俾斯麦时期，以欧洲大陆主义和陆地为导向的防御性大陆联盟体系弱化了德国作为中心强国面临其他侧翼强国制衡的可能性。俾斯麦口授的《巴特基辛根备忘录》主张放弃在欧陆的战略扩张、

---

① Norman Rich, *Great Power Diplomacy: 1814 - 1914*, McGraw - Hill Education, 1992, p. 372.

② Ivo Nikolai Lambi, *The Navy and German Power Politics, 1862 - 1914*, Boston: Allen &Unwin, 1984, p. 156.

③ Gerhard Ritter, *The Schlieffen Plan: Critique of a Myth*, translated by Andrew and Eva Wilson 1958: reprint, Westport, Conn.: Greenwood, 1979, p. 100; Friedrich von Bernhardi, *How Germany Makes War*, New York: George H. Doran, 1914, pp. 153 - 155; Imanuel Geiss ed., *July 1914: The Outbreak of the First World War: Selected Documents*, New York: Norton, 1967, p. 357.

④ D. C. B. Lieven, *Russia and the Origins of the First World War*, New York: St. Martin's, 1983, p. 111.

规避挑战英国海权、限制殖民扩张，恢复保守的梅特涅秩序。即便德国与周边大国的战略锋场邻近于彼此的核心利益区，也没有引起各国的恐慌。这增加了德国领导层对陆上战略环境的乐观情绪，使德国领导层逐渐将目光对准英国。贝特曼宰相提出，德国的日渐崛起可能会迫使英国放弃其在欧陆的离岸制衡战略，并选择与德国达成和平的解决方案。[①] 他认为，各国面对强大的德国会更倾向于追随，而不是制衡策略。

1898 年德国开始执行风险舰队计划，并于 1898 年和 1900 年两次通过海军法案，这引起了英国的疑虑。1904 年，英国第一海务大臣约翰·费舍尔宣称，应该把德国舰队“哥本哈根化”[②]，对德国在基尔和威廉港的海军基地采取预防性打击。这导致德国出于恐慌进一步加紧推进海洋变革。1904 年的英法协约使英国能够将其地中海舰队移防至北海，升级了英国对德国的本土威胁。到 1906 年，英德的海军竞争全面升级为以“无畏”级战列舰为主体的海军军备竞赛，使德国由传统上面临陆缘威胁升级为面临海陆双缘威胁。为了应对其主动塑造的地缘威胁，德国透支了有限的战略资源。

（4）从德国的资源汲取能力来看，在 1890 年俾斯麦下台之初，战略地理结构、攻防平衡、地缘威胁等外部脆弱性因素都不太明显，只是 1897 年以后，战略转型的加速加剧了外部脆弱性的程度。俾斯麦和老毛奇之后的国内政治权力越发缺少统筹协调，没有一个总体的军事规划机构（类似于英国的帝国防务委员会和法国的最高战争委员会），德皇掌管军事政策制定权力，由他分派给陆军部、参谋本部、海军参谋部、宰相府等诸多机构，各军种之间缺乏联合规划。尽管德国国家政治权力不断集中强化，却导致有限的战略资源分配分散化。

从陆权方面来看，1912 ~ 1913 年，德国陆军部主要希望优化陆军的质，而参谋本部要求立即增加地面兵力的量，这种矛盾不利于战略资源的统一协调。1913 年新任参谋总长小毛奇认识到，施里芬计划的执行还需要增兵 30 万人，但陆军大臣齐阿·冯·黑尔林认为，增兵会弱化军队维护国内统治稳定的职能，使军队经受“民主化”危险，因此迟滞了德国陆权力

① Fritz Fischer, *War of Illusions: German Policies from 1911 to 1914*, translated by Marian Jackson, New York: Norton, 1975, p. 69.

② “哥本哈根化”意指英国皇家海军在 1801 年和 1807 年对丹麦海军进行的预防性打击。

量的壮大。

从海权发展层面看，詹姆森事件没能促成 1897 年海军拨款议案的通过，但随着伯恩哈特·冯·比洛被任命为德国外交大臣，以及海军上将阿尔弗雷德·冯·提尔皮茨被任命为海军大臣，[①] 德国加速了海权转型。比洛促成了德国外交政策纳入符合德皇意愿的“世界政策”轨道，提尔皮茨则通过帝国海军部的宣传、德国义务教育体系的海权理念灌输、让知识分子宣扬海权学说、成立德国海军协会，促成了 1898 年海军法案的通过（远比 1897 年的海军拨款议案更加雄心勃勃）。[②] 德国海军的服役门槛打破了贵族垄断，中产阶级也可以加入海军并攀升到高级军官的位置，这得到了民众的广泛支持，有助于高效汲取所需的人力资源。德国虽然提升了汲取战略资源发展海权的能力，但不利于战略转型的收益和成效。1898～1911 年，海军的预算规模从相对于陆军的 20% 上涨为接近 50%，1901～1909 年，海军预算几乎与德国的全部预算赤字持平，并一直增长。[③] 有限的战略资源过度倾向海权的发展弱化了德国陆上的防卫能力。

（5）1890 年以前，德国信奉防御性战略学说，老毛奇认为应在西线采用防御态势，而在东线采取有限进攻，对法俄两国取得有限胜利，留待外交来决定是否具备达成和平解决方案的条件。[④] 但随着德国的战略转型，被施里芬修改为由西到东保持连续进攻的进攻性战略学说使德国一旦与他国开战就是总体战的对抗烈度，没有为妥协与和平留下空间。

提尔皮茨上台前，德国的海权战略基本以建立一支近海防御力量为主，统一后，德国的两任海军部部长——施托施和卡普里维都是陆军出身。法国的青年学派理论对德国的海权发展构成了冲击，1882 年，德国海军实力仅次于英法，但 1892 年，德国海军装甲舰总吨位在欧洲列强中仅高

---

① Norman Rich, *Great Power Diplomacy*: *1814 - 1914*, McGraw - Hill Education, 1992, p. 373.

② Norman Rich, *Great Power Diplomacy*: *1814 - 1914*, McGraw - Hill Education, 1992, p. 376.

③ Peter Padfield, *The Great Naval Race*: *Anglo - German Naval Rivalry*, *1900 - 1914*, Edinburgh: Berlinn, 1974, p. 234; Holger H. Herwig, "*Luxury*" *Fleet*: *The Imperial German Navy*, *1888 - 1918*, Amherst, New York: Humanity Books, 1980, p. 75.

④ Jack Snyder, *Ideology of the Offensive*; *Military Decision Making and the Disaster of 1914*, Ithaca: Cornell University Press, 1984, pp. 130 - 132; Graf Moltke, *Die Deutschen Aufmarschplane 1871 - 1890*, edited by Ferdinand von Schmerfeld, Berlin, 1928, pp. 64 - 66. 转引自威廉森·莫里、麦格雷格·诺克斯、阿尔文·伯恩斯坦编《缔造战略：统治者、国家与战争》，时殷弘等译，世界知识出版社，2004，第 264 页。

于奥匈帝国海军。随着提尔皮茨上任，1894年出台了《第九号备忘录》，德国海军司令部翻译了马汉的战略学说，并提出了风险舰队理论，“我们的世界政策是通过北海这根杠杆，无须直接卷入其他地区即可影响全球局势”。[①] 他的计划基于三个预设假设：英国与法俄的矛盾不可调和；海军崛起的德国能够和英国保持友好关系；由于德国海权的强大，英国愿意在殖民地问题上和德国协商。尽管看似属于防御性战略学说，但1911年提尔皮茨承认，风险舰队不过是一个便于向大众宣传的口号，到1918～1920年，德国能有一支不少于60艘战列舰的舰队，至少与英国在北海处于战略均势。[②] 这表露了进攻性战略学说的本质，推动了德国对英国采取更具进攻性的政策。

（6）从战略决策方面来看，1890～1897年，德国采取逐渐有限地扩充陆军政策，目的在于跟上法俄两国的总和实力。而1897～1911年，德国出现了陆军发展的停滞，三项小规模的陆军法案仅增加3.5万人，这是决策层的兴趣从欧陆转向海外的缘故。1894年威廉二世声称，“岂止是阅读，简直是在吞咽马汉上校的著作，并尽力背诵下来”。[③] 德皇威廉二世持有强烈的海权偏好，致力于发展一支能挑战英国海上主导地位的全球海军力量，通过海军民族主义维护国内专制的合法性。

德国决策层为建立强大的海权力量，不惜放弃与英国结盟的可能性，主动塑造海上威胁。18世纪腓特烈大帝与英国结盟的情形仍旧存留于德国统治者的脑海里，普鲁士在欧陆与奥地利、法国和俄国激烈对抗，英国利用海上力量夺取加拿大和印度。[④] 1897年德国占领胶州湾后，索尔兹伯里政府试图接近德国，希望英德一起抵御俄国在中国的扩张，但在德国看来，俄国在东亚陷得越深，越不会在欧陆侵犯德国和奥地利的利益。[⑤] 提尔皮茨认为，“英国是德国最危险的海上敌人，我们迫切需要强大的海军，

---

① Paul M. Kennedy, *Strategy and Diplomacy, 1870 – 1945*, Boston: George Allen & Unwin, 1983, p. 133.

② Norman Rich, *Great Power Diplomacy: 1814 – 1914*, McGraw – Hill Education, 1992, pp. 374 – 375.

③ Ivo Nikolai Lambi, *The Navy and German Power Politics, 1862 – 1914*, Boston: Allen & Unwin, 1984, p. 34.

④ Norman Rich, *Great Power Diplomacy: 1814 – 1914*, McGraw – Hill Education, 1992, p. 383.

⑤ Norman Rich, *Great Power Diplomacy: 1814 – 1914*, McGraw – Hill Education, 1992, pp. 382 – 388.

作为制衡英国的政治筹码”。[①] 1899 年，张伯伦在莱彻斯特曾公开呼吁英德结盟，但如果英德结盟，则不利于比洛在德国国内确保议会通过第二次海军法，因此比洛声明，英德未来的关系是否和平尚未可知，逼迫张伯伦成为仇德分子。[②]

德国决策层的海权偏执阻碍了海陆资源的合理配置。卡普里维认为，德国应当将战略资源集中于地面部队，以便主宰欧陆，而只需实行有限的反封锁战略来保障海外贸易的畅通，[③] 但德皇未能支持。尽管 1908 年宰相比洛开始考虑降低舰队建设的速度，然而在威廉二世的支持下，提尔皮茨拒绝修改计划，坚持继续军备竞赛。

德国决策层在大战略目标上的迷思也导致了战略转型的失败和帝国的覆灭。1914 年，贝特曼·霍尔维格拟定了“九月计划”，预想德国在欧洲和非洲进行大范围的扩张，创造殖民帝国，将力量扩张到从大西洋到印度洋横跨非洲大陆的广袤地区。这充分反映出德国决策层的扩张性战略迷思，其对海权和殖民地的偏执追求超过了大战略目标的整体谋划。

结合 6 大因素对德意志第二帝国的分析，笔者列出 4 点历史教训。第一，德国的海权和陆权战略绑架了国家大战略，使德国缺乏统一协调的大战略框架，其进攻性的战略取向逼迫英、法、俄等大国采取战略联合，使德国被包围的梦魇成为现实。1898 ~ 1912 年，英德之间的海军军备竞赛消耗了德国巨额的战略资源，提尔皮茨的主要错误是把海军崛起视为德国地面部队的替代而不是补充，这一决定在第一次世界大战期间被证明是灾难性的。[④] 德国本有机会在陆上赢得决定性胜利。到 1912 ~ 1914 年德国与法俄同盟开展陆上军备竞赛，德国试图开始重拾陆权第一的战略取向，却为时已晚，德国的大战略已经沦为一种资源分配不均的军事战略。第二，德国决策层缺乏战略统筹与协调。小毛奇错误地认为，英德开战会导致海上统治权力转移到美国，所以英国被迫中立。施里芬计划也没有为和平的外

---

① Jonathan Steinberg, *Yesterday's Deterrent: Tirpitz and the Birth of the German Battle Fleet*, New York: Macmillan, 1965, p. 209.

② Norman Rich, *Great Power Diplomacy: 1814 - 1914*, McGraw - Hill Education, 1992, p. 386.

③ Rolf Hobson, *Imperialism at Sea: Naval Strategic Thought, The Ideology of Sea Power and The Tirpitz Plan, 1875 - 1914*, Boston: Brill, 2002, pp. 123 - 127.

④ A. J. P. Taylor, *The Stuggle for Mastery in Europe, 1848 - 1918*, Oxford: Oxford University Press, 1977, p. 462.

交解决留出足够时间。[①] 威廉二世不能利用自身权威在大战略或者其他任何层面上有效整合精英共识。在决定防务政策或协调陆海军战略资源方面，贝特曼·霍尔维格不能或拒绝发挥直接作用。[②] 第三，过度解读法俄结盟与英国海权优势的威胁性。最初，法俄合作也威胁了英国在地中海的安全，19 世纪 90 年代英国海权的增长和部署也未直接威胁德国的海上安全。第四，夸大了德国对海外殖民地和海外贸易的依赖性。直到 1895 年，德国对外贸易的 60% 是与欧洲邻国进行的，其余大部分海外贸易也主要是和美国进行的，而与殖民地的贸易可忽略不计。[③]

（二）苏联

苏联的战略转型主要开始于 1962 年古巴导弹危机后，其最终从陆权强国转型为陆海复合型强国，直至戈尔巴乔夫上台后进行大幅度战略收缩。

（1）冷战伊始，苏联作为世界上最重要的两个战略极之一，处于自身发展陆海两栖强国的历史最佳时机。通过强大的陆权力量，苏联在东欧建立了霸主地位，苏联地面部队的主要部分位于苏联西部和欧洲东部，有效防御了历史上西欧国家对苏联的经常性进攻。苏联在第二次世界大战后崛起为世界性大国，开始不能满足于海权羸弱的现状，苏联想提高其在黑海和地中海的战略地位，斯大林决定在四个舰队中快速建立防御性和威慑性海军。[④] “对于一种地域性的蚕食体制来说，陆地是足够的；对于一种世界性侵略体制来说，水域就成为不可缺少的了。”[⑤]

（2）苏联处于陆权占优且防御有利的战略环境，但它的地理位置使其无法对美国海权形成重大挑战，苏联在海权方面有天然缺陷，其海军力量必须分散成四支力量——波罗的海舰队、黑海舰队、太平洋舰队和北方舰队，这阻碍了舰队之间的协调合作。古巴导弹危机反映出美苏不对称的攻防平衡关系，对于美国来说，通过欧陆盟国和自身的海权力量，其可以威

---

① Norman Rich, *Great Power Diplomacy: 1814 – 1914*, McGraw – Hill Education, 1992, p. 457.

② Friedrich von Berhardi, *Germany and the Next War*, translated by Allen H. powles, 1912, New York: *Longmans, Green*, 1914, p. 21.

③ B. R. Mitchell, *European Historical Statistics, 1750 – 1795*, New York: Facts on File, 1981, pp. 511 – 547.

④ Robert Waring Herrick, *Soviet Naval Strategy: Fifty Years of Theory and Practice*, Annapolis, MD: Naval Institute Press, 1968, p. 59.

⑤ 马克思：《18 世纪外交史内幕》，人民出版社，1979，第 8 页。

慑苏联心脏地区的陆权，而苏联则缺少能够威胁美国本土的战略力量。正是由于缺乏具有远洋威慑能力的航母编队，苏联海军派往古巴海域的潜艇全部被美国反潜兵力锁定，随时可能被摧毁。[①] 这促使苏联进行快速的战略转型，不断扩展海权来抵消英美的海洋强国优势，保持并扩大自身的陆权强国地位，试图改变不利于苏联的攻防平衡力量对比。

20世纪70年代中后期，苏联在核潜艇数量上对美国具备显著优势[②]，到1986年，苏联海上核力量数量上已远超美国，[③] 注重多兵种协同作战，重视海上力量的全面发展，并突出“海军对陆地”作战，在距本土不远的一些海域，如东地中海，对美国海军形成了相对优势。[④]

（3）随着美国成为主要竞争者，苏联地缘威胁的来源发生了变化，美国的核动力航母和装载“北极星”导弹的核潜艇使苏联本土面临遭受攻击的重大威胁。1962年10月古巴导弹危机期间，苏联缺少足够的水面部队调集至古巴水域。据此，苏联认为对核武器和弹道导弹的过分依赖，以及对常规部队的规模和资金的大幅度削减是错误的。1966年末开始，苏联认为美苏核大战的可能性越来越低，故缩小了可能的战时战略目标，基本放弃了主动使用核武器大范围攻击美国本土的想法。1967年戈尔什科夫被提升为舰队司令，到1973年“赎罪日战争”期间，苏联在地中海部署了第五中队，它的海军能力已经令美国感受到巨大的威胁。

（4）历史上，俄国的国内政治状况（包括急剧变化的制度、战争、对海上力量持不同观点的统治者继位）都对俄国海军的发展构成破坏性因素。彼得大帝、叶卡捷琳娜二世和亚历山大三世所建造的舰队衰落，在一定程度上是由于他们的继任者对继续发展海军没有足够的兴趣，国家政治权力没有保持对海权发展的持续关注，限制了战略转型的资源汲取。尤其是克里米亚战争和日俄战争几乎摧毁了俄国的海权取向。随着苏联确立高度集中的政治经济体制，能够高效地动员和汲取战略转型所需的资源与能源，苏联在勃列日涅夫时期成功实现了海权转型。但这种牺牲经济建设，过分追求军事扩张的过度资源汲取模式，导致苏联缺少维持转型成果和护持霸权的长久经济基础。

---

① 刘卓明：《俄、英、日海军战略发展史》，海潮出版社，2010，第106页。

② 尤晓航主编《战后苏联海军装备发展》，海潮出版社，2001，第52页。

③ 刘卓明：《俄、英、日海军战略发展史》，海潮出版社，2010，第171页。

④ 廖幸谬、杨耀源：《大国海权兴衰启示录》，人民出版社，2014，第213页。

（5）关于苏联的战略转型学说，主要包括传统学派或年老学派，以及年轻学派。年轻学派主张组建一支由轻型水面作战舰艇、潜艇、水雷和陆基海军飞机组成的海军，认为海军在国防中仅起微小的作用。[①] 传统学派或年老学派主要体现了马汉的观点，当国家经济允许时，米哈伊尔·伏龙芝和亚历山大·斯维钦都支持为苏联海军建造航母。[②] 最终，苏联的战略转型选择了偏向于“老海军学派”的观点，戈尔什科夫认为，“在各军种中，唯有海军能最有效地保障国家在海外的利益，在海军中占主导地位的是装备有导弹武器的核潜艇和海军航空兵”。[③] 但戈尔什科夫在20世纪70年代初形成的“战略堡垒”主要反映的还是一个陆权强国的战略思维。[④] 因此，苏联在海权转型上的战略学说是偏重防御性和威慑性的，不是主动挑战美国海洋霸权的进攻性战略学说。

（6）传统的决策者主要把俄罗斯视为陆权国家，它的国家利益及其所直接依赖的大多数重要的战略资源都在俄罗斯境内。[⑤] 而20世纪20年代苏联忽视海军的主要原因是，经济贫困而导致的资金不足，以及高层领导对海军的不信任。[⑥] 尽管1921～1922年，苏联尝试与德国海军建立密切的合作关系，并得到了U型潜艇的图纸和作战经验，但没有真正落实战略转型。到1935年末，斯大林开始痴迷于大远洋舰队的造舰计划，西班牙内战反映出苏联的水面舰队难以抵抗德意海军。1936年斯大林转向“老海军学派”的主张，下令全力发展进攻性的大型远洋舰队，并把此作为海军建设的战略目标。[⑦] 1937～1942年第二个五年计划中，苏联开始重视战列舰和航空母舰的建设，但由于第二次世界大战爆发而迟滞。

---

① George E. Hudson, “Soviet Naval Doctrine under Lenin and Stalin,” *Soviet Studies* 28, 1 January 1976, p. 48.

② Robert Waring Herrick, *Soviet Naval Doctrine and Policy 1956－1986*, Book 1, Lewiston, NY: The Edwin Mellen Press, 2003, p. 7.

③ 戈尔什科夫：《国家海上威力》，房方译，海洋出版社，1985，第254页。

④ V. Kuzin and S. Chernyavskii, “Russian Reactions to Reagan's ‘Maritime Strategy’,” *Journal of Strategic Studies*, Vol. 28, No. 2, April 2005, p. 431.

⑤ “The Soviet/Russian Sea Power, Land Power Debate in the Era of Perestroyka,” *Journal of Slavic Military Studies*, Vol. 22, No. 4 (2009), pp. 463－464.

⑥ Eric Morris, *The Russian Navy: Myth and Reality*, New York: Stein and Day Publishers, 1977, p. 18.

⑦ Natalia Yegorova, “Stalin's Conception of Maritime Power: Revelations from the Russian Archives,” *Journal of Strategic Studies*, Vol. 28, No. 2, April 2005, p. 158.

第二次世界大战的经历证实和巩固了斯大林战前的大海军观点，以及由苏联高级军官团为代表的年老学派的主张。[①] 1950年，斯大林计划建造大型水面舰队，但计划于1953年他去世后被修改，尼基塔·赫鲁晓夫认为大型水面舰队成本高昂且用途不大，因为苏联无法在海军军备竞赛中赶上美国。[②] 赫鲁晓夫宣布导弹是军事力量的决定性因素，主张大规模削减常规部队，随后撤销了地面部队司令部。他坚持“单一变量战争”论，设想在战争初始阶段，对敌方领土进行一次规模巨大的核打击，实现战略胜利。[③] 他过于追求核武器的外交潜能，为了给苏联提供速成的威慑，他做出了将核武器部署在古巴的决定，最后却招致威慑战略失败。

勃列日涅夫在实现苏联的海权转型方面具备较为克劳塞维茨式的战略思维，他将避免战争和准备打仗合为一体，在不太可能爆发美苏大战的第三世界，通过强大的海权力量推动有效的对外政策来重塑国际体系，与海陆大国进行符合自身利益和安全的有限合作，在谨慎扩张权势的同时避免战争。应当说，苏联能够成为近代战略转型较为成功的国家，与决策层战略意志的高效贯彻密不可分。

结合6大因素对苏联案例的分析，笔者认为，苏联将海军作为大战略的重要手段，将其视为战略威慑力量结构的一部分，在海权战略上保持了防御性取向，所以未能引起美苏在海上的对抗升级。但苏联在军事上过于强大，由此损伤了自己的战略和政治目标。勃列日涅夫时代的最大教训不在于军费开支过度，而在于过度强调军事威慑的毁灭性效果，惯于在对外政策上胁迫他国，这使苏联在国际体系中受到敬畏，但因此也被认定为不适合建立长期的可信赖的友好合作关系的国家。苏联能在20世纪六七十年代短短十几年间发展成陆海两栖强国，是近代陆海复合型国家战略转型中为数不多的例子，并且没有引来主导型海洋强国过度强烈的制衡行为。但苏联同时与美、英、中、日、西德等国的全面对抗，使其战略资源的分配严重不足，导致苏联因过度扩张而衰败解体。

---

① Robert Waring Herrick, *Soviet Naval Strategy: Fifty Years of Theory and Practice*, Annapolis, MD: Naval Institute Press, 1968, p. 57.

② Nikita Khrushchev, *Khrushchev Remembers: The Last Testament*, Beijing: Oriental Press, 1988, Chinese edition, pp. 57－69.

③ David Holloway, *The Soviet Union and the Arms Race*, New Haven, 1983, pp. 37－41.

三　对中国大战略转型的启示

尽管中国长久以来是一个陆权导向的大国，但不乏转型海权的历史传统。宋、元、明时期对海权的扩展说明在地理结构上，中国并非不具备成为陆海复合型强国的条件。16世纪晚期，明朝的经济和军事振兴，以及重振亚洲主导地位，都与海权事业的兴盛密切关联。冷战结束以来，中国正处于陆权占优且防御有利的时代，有助于实现战略转型的创新。21世纪以来，随着中国沿海地区工业和商业的大力发展，美日在西太平洋地区的主导型海上存在，中国用于建设以海权为主导的全球力量投送能力越发强大，中国台湾和南海等问题的升级可能，促使国家的战略重心进一步从陆疆转向海疆。中国应在防御性战略取向不变的情况下，在具体的问题领域对美日等国展现足够的反制衡倾向，在不打破不结盟战略的情况下，注重联合战略伙伴稳固陆疆安全，进而保障战略转型。中国的大战略转型应规避或化解以下挑战和限制。

（一）地缘威胁的双重易受伤害性导致海陆资源分配分散化

如果陆上易于受到攻击，那么一国即使拥有海军，其海权也会受到削弱，它的注意力和资源可能需要聚集于陆上，[①] 中国对陆疆安全的担忧程度往往与其投入海权的战略资源成反比。清朝晚期受到俄国持续的陆上威胁，加之权力不断分散，国家机构过度官僚化，使中国对陆军和海军进行的有效的现代化改革难以推进，弱化了中国汲取资源的能力，没有实现成功的战略转型。尽管21世纪以来，中俄、中印、中国与中亚国家保持了相对稳定的关系，但陆上威胁作为中国战略中心的关注焦点不会改变，而战略重心转向海权也会受到对陆权关注的牵引。

中国属于战略地理结构中的中心强国，总是受到来自海上和陆上两个大方向的战略挤压，在相对立的两翼或更多方向上与其他陆海强国接壤或对峙，[②] 陆上威胁和内乱经常阻止古代中国向海权的持续转型。19世纪八

---

① 张海文等主编《21世纪海洋大国海上合作与冲突管理》，社会科学文献出版社，2014，第23页。

② 梅然：《中心—侧翼理论：解释大国兴衰的新地缘政治模式》，《国际政治研究》2007年第1期，第82～87页。

九十年代，中国海军先后败于法国和日本，加之俄国在中国西北部和东北部的战略扩张，使中国采取海陆并举的策略，但没有消解来自海陆的双重威胁，反而在北方失去了大片国土，在南亚和东南亚地区丧失了传统影响力。冷战中后期，中国将战略重心放在应对苏联的陆上威胁方面，对海权重视不足。从 1974 年开始，中国与越南等国在南海西沙群岛等海上的领土争端不断升级，提供了战略转型的契机，但 1979 年的“中越边境武装冲突”，中国突出了对陆权力量进行改革和投资的必要性，为了提升陆权战略力量，邓小平强调海军的近海防御和对陆军的辅助作用，[①] 延缓了海权转型。后冷战时期，随着中国崛起，促使中国逐步实现马汉式的海权发展路径，但“三股势力”的威胁，促使中国在战略转型的过程中需要持续关注西部陆疆的安全。

单纯从海外威胁来看，海上战略通道对中国为战略转型进行的资源汲取格外重要。近年来，中国越来越依赖波斯湾和非洲的石油供应，中国开始担心本国邮轮在穿越马六甲海峡、霍尔木兹海峡、印度洋时可能会遭遇潜在威胁。2013 年，中国石油对外依赖程度超过一半，其中 50% 左右来自中东地区。[②] 海外投资的提升和海外华人的增加扩展了中国的海外利益，2006 年中国对外依存度曾一度到达 67% 的高点，此后虽然受到经济转型、内外需结构调整及国际金融危机的影响，但对外贸易依存度依然处于较高水平。2012 年以后，中国进出口贸易总额跃居世界第二位。因此，海陆战略资源的合理统筹分配，以及对海陆战略威胁的科学评估，是中国战略转型面临的首要挑战。

（二）先天地理条件的限制

中国与法国有类似的先天地理条件，两国都拥有众多优良的港口和通向海洋的便捷水道，战略中心深入内陆，拥有广阔发达的内陆水道体系，有助于弱化对海外贸易的依赖性，这虽然促使中国拥有发达的陆权力量，但是不利于形成自发的海洋意识。此外，两国都有三处相对明显的海洋边界，一旦爆发危机或战争，中国和法国不容易实现战略统筹，中国在甲午

① 安德鲁·S. 埃里克森、莱尔·J. 戈尔茨坦、卡恩斯·洛德主编《中国走向海洋》，董绍峰、姜代超译，海洋出版社，2015，第 300 页。

② 《中国石油对中东国家过度依赖》，中国行业研究网，2013 年 9 月 2 日，http://www.chinairn.com/news/20130902/100802116.html。

海战中的失败和近代法国对英作战的屡次失败都与此有关。

（三）联盟的可获性和有效性较低

有效的联盟战略能够促进国家战略转型成功，正如波斯帝国与腓尼基人和东希腊人的海上联盟，共享航海技术和水手，促使其在公元前5世纪迅速崛起为东地中海的海上强国。尽管冷战结束以来，大国对抗的激烈程度有所下降，但美国在联盟体系中处于垄断地位，中国在海陆方向的联盟选择都受到重大限制。美国作为海上主导国，主要依托金融、海外贸易和海军，由于水体的阻遏力量、海权力量对大陆渗透的有限性，使美国对陆上国家具有更小的威胁性，反过来，中国却可能由于陆上地缘距离的邻近性和陆权投射力量的有效性，[①] 使陆上国家对区域性陆权均势变动的敏感程度压倒对全球均势变化的感知，从而更偏好与海上强国结盟，反制中国所带来的陆上威胁。对于中国来说，即便实现结盟，也可能由于盟友的稀缺性和防止同盟背叛的考虑，过多迁就盟友而被弱小的盟国战略绑架，如1914年德国被牵连到奥塞战争中。因此，中国面对体系性的制衡压力，应主要采取内部的反制措施，提升本国的战略力量，对外推行防御性战略，对国际体系和秩序持改良而不推翻现状的偏好，在不损害核心利益的情况下防止被战略包围。

（四）避免过度扩张倾向

无论中国的持续崛起使其在国际体系中的相对权力优势有多大，都很难长期保持成为陆海两栖强国，因为战略集中是任何国家生存和取胜的前提。[②] 中国处于陆海接合部，一旦所处陆域的其他国家权力羸弱，中国应该避免受到陆上扩张的诱惑（如北方俄罗斯势力的暂时消退），防止其在战略转型过程中，在海陆两个方向进行投入与实力不成比例的过度扩张。

---

① 米尔斯海默认为，地面力量居于首要地位，巨大的水体会极大地影响地面力量的投送能力，而独立的海上力量和战略空中力量都不具备赢得战争的太大作用。岛屿大国不可能发动针对其他大国的征服战争，国际体系中最危险的国家是拥有庞大陆军的大陆强国。详情可参见米尔斯海默《大国政治的悲剧》，王义桅译，上海人民出版社，2008，第93～134页。

② 吴征宇：《海权与陆海复合型强国》，《世界经济与政治》2012年第2期，第39页。

正如保罗·肯尼迪所言，一国不断地投入过多资源用于军事扩张而忽视经济增长，从长久看会导致该国的衰落。查理五世和腓力二世的哈布斯堡帝国，以及路易十四时期的法国，都是陆海两栖强国的代表，在巅峰时期都拥有相对于其他大国的陆海权力优势，但都因国力透支而衰退。中国应避免同时面对海陆两个大战略方向出现地缘威胁，防止透支有限的战略资源，动摇国家地缘安全的基础。

（五）保持战略决策的连贯性

中国从古至今的海权发展时断时续，决策层对发展海军力量或进行海上扩张经常保持怀疑或坚决反对的态度。明朝后期海权的衰败，很大程度上是由于统治者不能保持对海军的持续投资和高效管理，落后的财政机构管理也不利于海权转型的资源调配，国家缺少直接参与商业或海上经济的动机和行动，在永乐和郑和之后，再无明显持海权偏好的决策者来推动战略转型。清朝统治阶层由于害怕失去自身所掌控的脆弱权力，担心汉族会用新式武器推翻自身统治，在很大程度上无视海军理论家提出的建议，拒绝进行彻底的海军变革。主要的欧洲列强利用中国羸弱的海权和陆权逼迫中国割地赔款，在中国进行商品和资本输出，把控中国的司法关税等国家政治权力，进一步削弱了清政府的汲取资源和战略统筹能力。

冷战前期，与苏联的结盟降低了美国对中国的海上威胁，弱化了海权转型的动力。“四人帮”秉持大陆主义观点，损害了有助于实现战略转型的军工复合体。[①] 随着联美抗苏战略的形成，中国可以利用世界第一海权强国的现代化海上力量，慑止苏联对中国的海上威胁，降低了发展海权的紧迫性。1979 年的“中越边境武装冲突”使中国开始侧重陆权力量的革新。直到 1985 年，中国做出战略判定，降低了苏联对中国全面核打击的危险预期，开始强调海洋而不是大陆战争范式。刘华清先后担任海军司令和中央军委副主席促进了海权转型。[②] 冷战后，中国的权力崛起、海上问题的升温、海外利益的扩大，使战略转型的相关决策取得

① 安德鲁·S. 埃里克森、莱尔·J. 戈尔茨坦、卡恩斯·洛德主编《中国走向海洋》，董绍峰、姜代超译，海洋出版社，2015，第 298 ~ 299 页。

② 师小芹：《论海权与中美关系》，军事科学出版社，2012，第 202 ~ 211 页。

了连贯性。

法国在17世纪开始的战略转型主要是依托渔业、贸易、传教等私人利益集团而不是政府推动的，皇室贵族普遍反对商业贸易和殖民扩张。德国和苏联也主要是提尔皮茨、威廉二世、斯大林和戈尔什科夫的个人因素推动了昙花一现的战略转型。中国只有在战略转型的手段、目标、海陆资源分配等方面形成战略共识，保持战略决策的延续性，才能确保战略转型的有序进行。

四　小结

总之，对于中国而言，国家的稳定统一需要保持持续的经济增长，而经济增长依托安全、可靠的海洋贸易，这又对海上战略通道的安全系数提出了要求，进而呼唤中国转向海权。中国的战略转型最容易克服的可能是技术革新，最难克服的是战略决策和威胁判断。实现台湾回归祖国应成为中国战略转型的近期核心目标，中美争夺东亚海权秩序主导权也是战略转型的重要成因和必然结果。在保障战略转型的持续进行下，中国应尽可能减少由军力构成对比变化所带来的国际恐慌，也应注意防御性和威慑性战略的合理性，在维护国家核心安全利益的同时，避免危机的过度升级和战略威胁的主观塑造，还要调控好经济建设与国防投入、内政与外交、海权与陆权、大战略手段和目的等之间的平衡协作。在海权转型的具体操作上，中国应继续保持由重点依赖潜艇和战略导弹攻击逐步转向主要水面作战力量更加均衡的战略转型。

中国的战略转型已经释放很大程度上的防御性与合作性姿态。例如中国在利用海权处理争端方面，都是秉持和平解决方式作为优先选择，尽管收效甚微，但中国没有放弃对争议岛屿和划界争端采取搁置争议、共同开发的倡议。而对郑和下西洋的纪念和公允评价也体现了即便中国成功转型为海上强国，也会尽可能利用和平方式实现国家战略目标。[①] 中国将陆权和海权战略视为国家大战略的重要手段，不会让陆权和海权的次一级目标绑架大战略目标，中国将海军为主导的海权力量作为象征性的威慑力量，

① 张海文等主编《21世纪海洋大国海上合作与冲突管理》，社会科学文献出版社，2014，第106页。

而非交战力量。此外，中国在转型中要兼顾海权的国际公共属性，尽可能在不损害自身利益的情况下为地区和全球提供国际公共安全产品，也要加强中国海上军事力量与海外利益的关联度，有效处理好海权、陆权与国家大战略的辩证关系。

The Strategic Transformations of the Land-Maritime Complex Powers in History and Their References to China

Abstract The strategic transformations of the grand strategies of those land-maritime complex powers are reflected on four major aspects: strategic focus, offensive and defensive policy, orientation on balance, and strategy for alliance. Based on an observation of these four aspects, the author analyzes the causes, successes, and failures of the strategic transformations of Germany (1890 –1918) and Soviet Union (1962 –1982). Then the author analyzes the major challenges and limitations, and concerns that confront China's strategic transformation at the present: China's dual vulnerability to geopolitical threats that may lead to an over-dispersion of its military resources, the limitations brought by China's in-born geographical conditions, the low level availability and efficacy of alliance, the orientation to avoid over-expansion, and the necessity to keep the coherence of strategic decision making. In China's strategic transformation, the easiest task might be the technological innovations, while the most difficult ones might be the strategic decision makings and judgments on threats. Therefore, it is necessary to keep a balance between economic construction and military expenditure, domestic foreign affairs, land and maritime strengths, and means and purposes of China's grand strategy. Furthermore, an importance should be attached to the strategic orientations emphasizing defensiveness and deterrence. More efforts are needed to strengthen the control and management of crisis with a simultaneous consideration on the maritime power's nature as a provider of public goods for international security.

Keywords Maritime Power; Land Power; Transformation of Grand Strategy; A Land-Maritime Complex Power

Author Qin Lizhi, Ph. D Candidate of the School of International Studies and Public Affairs, Fudan University.

亚太自贸区建设的实现路径分析

周士新

【内容提要】自2004年亚洲太平洋经济合作组织（以下简称“亚太经合组织”，APEC）工商咨询理事会提出亚太自由贸易区（以下简称“亚太自贸区”，FTAAP）的倡议以来，对亚太自贸区的研究与规划逐渐进入亚太经合组织的议事日程，受到越来越多的关注，并专门通过了一些政策文件。2014年亚太经合组织北京领导人非正式会议对建设亚太自贸区提出了具体的路线图，为今后有关亚太自贸区的研究和落实进程提供了行动计划框架。从目前来看，亚太自贸区建设主要有四种政策途径：促进亚太经合组织机制，单独依赖区域全面经济伙伴关系（RCEP）或跨太平洋伙伴关系协定（TPP），整合RCEP与TPP，实现茂物目标。但上述四种政策途径都面临着相当大的挑战，甚至会出现FTAAP、TPP和RCEP共同存在的可能。从趋势上看，FTAAP建设正融入亚太经合组织的议程讨论和议题落实的过程中，并随之不断推进而进入更具体的政策实践中。

【关键词】亚太经合组织　亚太自贸区　区域全面经济伙伴关系　跨太平洋伙伴关系　茂物目标

【作者简介】周士新，上海国际问题研究院助理研究员，外交政策研究所大国外交室主任。

近年来，亚太地区经济整合进入新的关键阶段，既存在许多机会，也面临多重挑战。[①] 许多区域贸易协定（RTA）及自由贸易协定（FTA）不断出现和

① 《亚太经合组织推动实现亚太自贸区北京路线图》，《人民日报》，2014年11月12日，第10版。

实现，为亚太地区贸易和投资自由化提供了源源不断的动力与活力。亚太地区多边和双边自由贸易协定虽然突破了世界贸易组织（WTO）多哈回合谈判的僵局，但也形成了规则相互纠缠，影响执行效果的“意大利面碗”效应[①]，对地区经济整合或者企业发展形成了相当复杂而艰巨的挑战。在这种情况下，亚太自由贸易区（FTAAP）的倡议从提出到实现也必将对整合亚太地区贸易和投资自由化体系产生广泛而深远的影响。

在2014年亚太经合组织北京会议上，中国将实现“亚太自由贸易区”议题作为推进地区经济整合的优先选择，推动会议议程对FTAAP进行了广泛而热烈的讨论。尽管中国提议将2025年作为实现FTAAP的最终节点，以及将立即对FTAAP进行可行性研究列入最后达成的公报中，但经过多轮会议的激烈讨论，部分经济体代表仍不同意对时间节点进行明确的界定。[②]最后，亚太经合组织会议虽然就建设亚太自贸区的路线图达成了基本共识，但是对具体何时开始进行谈判并没有达成一致。由此可见，由于FTAAP涉及亚太地区整合的总体发展方向，牵涉太多经济体的利益，近期进展和发展前景仍不是很明朗，需要各方采取相向而行的切实措施共同推进。

一　FTAAP倡议的演进历程

鉴于亚太地区形势的复杂性，各经济体在发展水平、产业结构和改革倾向等方面存在较大差异，亚太经合组织自建立伊始就更强调在包容开放的环境下，促进亚太地区的贸易自由化和投资便利化，并没有奢望能建立具有相对封闭性的自由贸易区。然而，进入21世纪以来，随着亚太地区经济的持续性快速发展，亚太经合组织部分成员感到有必要借鉴欧盟和北美的经验，将亚太经合组织发展成更具凝聚力的经济组织。也是在这种情况下，亚太自贸区的倡议开始浮出水面，并越来越得到亚太经合组织成员的认可，逐渐成为进一步推进亚太地区一体化的潜在动力。

从演进历程上看，亚太自贸区的倡议迄今经历了以下几个阶段。

---

① 各种贸易协定的规则相互重叠、交织，达到了难以执行的程度，可能对多边贸易体系产生负面影响。

② Bob Davis, “U. S. Blocks China Efforts to Promote Asia Trade Pact,” *The Wall Street Journal*, Nov. 2, 2014.

第一阶段：概念的提出

亚太自由贸易区的概念最早出现在 2004 年 APEC 工商咨询理事会（ABAC）的一份报告中。2004 年 2 月，加拿大代表在于中国台北举行的 ABAC 会议上首次提出 FTAAP 的构想，随后新西兰学者罗伯特·斯科利（Robert Scollay）牵头撰写了初步的可行性研究报告①，报告指出，为“促进实现茂物目标和 WTO 的自由化目标”，并尽量减少“APEC 内 RTA/FTA 复杂网络可能造成的不良影响”，建议成立 FTAAP，重新激活进展缓慢的 APEC 贸易自由化进程。② 当时，企业界向 APEC 领导人提出建议，希望通过建立 FTAAP，在 APEC 茂物目标尚未实现、WTO 多哈回合谈判难以取得进展，以及地区 RTAs/FTAs 相互重叠的情况下，解决因规则不同而产生的矛盾，改善经商环境。在这种情况下，ABAC 要求当年的 APEC 领导人会议对推动 FTAAP 的可行性进行“高标准的评估”（high standard review），进一步推动亚太地区经济整合，加强地区间自由贸易，驱散当时世界贸易投资自由化停滞的阴霾。该倡议得到了 2004 年第 12 次 APEC 会议东道主智利政府的支持，但随后的 APEC 领导人会议经过讨论，并没有采纳 ABAC 的建议。

第二阶段：进入 APEC 议程

2005 年，ABAC 在釜山会议上决定，在未得到 APEC 领导人同意的情况下，自行对 FTAAP 进行可行性研究，并于 2006 年 1 月通过决定，委托中国太平洋经济合作全国委员会（PECC-China，CNCPEC）组织、协调和实施，召集美国、中国、日本、新西兰、新加坡、印度尼西亚的 9 名专家分别撰写报告。2006 年的 APEC 河内领导人会议宣言采纳了 ABAC 的建议，指示进一步研究促进地区经济整合的途径，其中就包括作为长期发展愿景的 FTAAP。面对 WTO 多哈回合谈判的僵局及东亚经济整合影响的增大，原本在 APEC 中犹疑不定的美国布什政府在 2006 年第十四次 APEC 领导人会议上提出了一份正式的 FTAAP 可行性的研究报告，引起了 APEC 各

① 盛斌：《亚太区域合作的新动向：来自竞争性构想的洞察》，《国际经济评论》2010 年第 3 期，第 125 页。

② Robert Scollay, “Preliminary Assessment of the Proposal for a Free Trade Area of the Asia – Pacific（FTAAP）,” an issues paper for the APEC Business Advisory Council（ABAC）, 25 February 2004, http://www.apec.org.au/docs/koreapapers2/sx – rs – paper.pdf，最后访问日期：2016 年 10 月 10 日。

成员的关注，也开启了 FTAAP 进入 APEC 议程中讨论的进程。美国希望 FTAAP 谈判能够凝聚亚太各经济体领导人关于经贸议题的共识，共同推动 WTO 多哈回合谈判取得进展，同时希望通过积极介入以亚太地区为主的 FTAAP 的谈论，增加其与亚太各经济体间的互动，打破可能将美国排除在外的东亚地区主义。尽管 PECC 和 ABAC 联合研究认为“FTAAP 当前或在短期内在政治上不可行”[①]，但是 2007 年 APEC 悉尼领导人会议还是通过了《经济整合报告》，正式将建立 FTAAP 列为长期愿景。

第三阶段：深入讨论

2010 年 APEC 横滨领导人会议宣言通过了《实现 FTAAP 的路径》(Pathways to FTAAP) 等文件，明确提出：第一，FTAAP 为 APEC 实现经济整合和茂物目标的主要路径之一，与 APEC 经济整合并行推动。第二，APEC 对推动 FTAAP 扮演着关键、主导和孵化器 (incubator) 的角色。实现 FTAAP 的途径包括持续促进地区内既有的 FTA，如跨太平洋伙伴关系协定 (TPP)、ASEAN +3、ASEAN +6 和日本于 2005 年提出的东亚全面经济伙伴关系 (CEPEA) 等，以及 APEC 推动各领域的合作，如投资、服务、贸易自由化与便利化等。第三，在促进 FTAAP 发展的过程中，APEC 提供领导和知识投入，并在 FTAAP 应包含“下一代”贸易及投资议题等方面扮演着界定者、塑造者和管理者的角色。第四，FTAAP 为 APEC 实现地区经济整合与茂物目标的工具之一。[②] 该宣言虽然仍未能达成实质的谈判时间表和具体的合作方案，但显示了亚太地区各经济体对促进地区经济整合的重视，为 FTAAP 的发展提供了更明确的方向。

2012 年 APEC 符拉迪沃斯托克领导人会议宣言重申，FTAAP 是进一步推动地区经济整合的主要工具，APEC 将作为 FTAAP 的孵化器，在其发展过程中提供领导和知识投入，并强调 FTAAP 谈判应保持透明性，为亚太自贸区建设铺平道路。2013 年 APEC 巴厘领导人会议宣言再次重申了实现

① Charles E. Morrison, *An APEC Trade Agenda? The Political Economy of a Free Trade Area of the Asia Pacific*, a joint study by the Pacific Economic Cooperation Council (PECC) & the APEC Business Advisory Council (ABAC), p. 13, http://www.apec.org.au/docs/061120_FTAAP.pdf，最后访问日期：2016 年 10 月 10 日。

② APEC, "Pathways to FTAAP," Yokohama, Japan, 14 Nov. 2010, http://www.apec.org/Meeting-Papers/Leaders-Declarations/2010/2010_aelm/pathways-to-ftaap.aspx，最后访问日期：2016 年 10 月 10 日。

FTAAP的承诺，强调APEC应在促进地区经济整合的过程中，在加强信息分享、提升透明度、强化能力建构等方面发挥重要作用，还建议增强各FTA之间的政策对话和沟通。该宣言试图加强APEC成员大地区整合的谈判能力，促进FTAAP的最终实现。该宣言指出，FTAAP要成为现实，就必须有利于所有经济体，只有这样才会得以接受和执行，因此，APEC需要考虑亚太地区各经济体的多样性，制定FTAAP框架，明确界定协定的目标、原则、标准和内容。

第四阶段：规划行动

作为2014年APEC领导人会议的主办方，中国积极推动FTAAP朝着更为具体、可操作的方向发展。中国进行了一系列的精心准备，并将峰会的主题定为“共建面向未来的亚太伙伴关系”，为讨论FTAAP议题进行铺垫。中国在APEC高官会议上再次提出启动FTAAP可行性研究的倡议，推动FTAAP及相关议题在APEC贸易部长会议上进行了热烈讨论，达成了希望加速开启FTAAP谈判的意向。然而，由于美国与日本对FTAAP最终结束谈判签订协定的时间提出不同的意见，最后的宣言未能将FTAAP谈判日程表写入其中。

最终，在中国的强烈推动下，2014年第22次APEC会议在FTAAP议题上仍取得了新的突破，具体体现为最终达成了《亚太经合组织推动实现亚太自贸区北京路线图》。[①]《北京路线图》体现出各方对现阶段就促进FTAAP发展达成了更加明确的共识，主要表现为：第一，共同启动FTAAP策略研究，分析地区间现有的各种RTA/FTA，对潜在的经济、社会福利、成本效益进行评估，把其作为未来整合的方向，努力实现第二阶段的茂物目标，并在2016年前由贸易和投资委员会（CTI）和高官会议（SOM）完成最终的整合报告；第二，在现有APEC信息分享机制下，提高地区间各种RTA/FTA谈判的透明度，确保地区内各经济体可以充分地了解目前各地区协定的现状，以便统筹整合；第三，持续性推动《第二期亚太自贸区能力建设行动计划框架》（CBNI），鼓励APEC中各经济体自行设计或执行能力建设行动计划，加快促进FTAAP的实现；第四，加快边境（at the border）贸易自由化和便利化，改善边境后（behind the

① 《亚太经合组织推动实现亚太自贸区北京路线图》，《人民日报》2014年11月12日，第10版。

border）措施的贸易环境，并且加强地区内跨边境（across the border）的互联互通；第五，通过 ABAC 加强政府与私人部门之间的对话，推动地区内经济增长。

二 实现 FTAAP 的路径选择

尽管《北京路线图》并没有提出各经济体之间应如何合作促进亚太地区整合，但反映了各经济体对促进亚太地区经贸发展的共识，希望 APEC 能推动实现 FTAAP。许多学者对实现 FTAAP 的可能性路径都提出了自己的看法。例如，福建省社会科学院亚太经济研究所副所长全毅研究员认为，实现 FTAAP 的方式有：第一，以实现 2020 年茂物目标为标志，确立建立 FTAAP 的时间表。第二，推动次地区经济一体化，为亚太自贸区奠定基础。现行各地区性框架要保持透明度和开放性。现行地区性协定的好处要整合进 FTAAP 之中。FTAAP 可以选择整合目前小规模地区合作承诺的最大公约数，从现实情况出发，将 TPP 和东盟提出的区域全面经济伙伴关系（RCEP）谈判的主要议题与内容进行整合，而不是以一个地区安排取代另一个地区安排，保证亚太自贸区满足最大多数成员的利益。FTAAP 要确立一个完整的磋商程序，允许所有 APEC 经济体参与到谈判进程中。第三，加强 APEC 能力建设和互联互通计划。第四，加强 APEC 成员之间的经济技术合作。[①] 广西大学中国—东盟研究院首席研究员陆建人教授认为，实现亚太自贸区主要有以下五条路径：第一，经由 TPP 实现 FTAAP；第二，经由 RCEP 实现 FTAAP；第三，将 TPP 和 RCEP 融合而成为 FTAAP；第四，通过 APEC 内部 RTAs/FTAs 的整合实现 FTAAP；第五，与茂物目标的实施相结合，分阶段实现 FTAAP。FTAAP 的实施应分为低、中、高三个阶段，设立程度不同的三个目标，并与茂物目标紧密结合起来，通过 APEC 的自愿方式来实现 FTAAP。首先，建立一个门槛较低、以传统内容为主的 FTAAP。其次，建立一个“比 WTO 有关标准更高”的 FTAAP，即 APEC 工商咨询理事会（ABAC）最

① 全毅：《TTP 和 RCEP 博弈背景下的亚太自贸区：梦想还是现实?》，《太平洋经合研究》2014 年第 2 期，http://www.pecc-china.org/article/info-166.html，最后访问日期：2016 年 10 月 10 日。

早提出的标准，其内容包括货物贸易、服务贸易、投资、贸易便利化、知识产权等，这是综合性的新一代自由贸易协定。需要强调的是，这样的FTAAP完全可以通过茂物目标和APEC方式而无须用耗时费力的谈判方式来实现。最后，实现高标准的FTAAP。[①]

总体来看，FTAAP未来有以下几种可能的发展路径。

路径一：通过促进APEC机制建设FTAAP

APEC提倡的是开放的新地区主义，对促进FTAAP存在不适合性。[②] 21世纪以来，新地区主义的发展体现了以下几个特征。首先，从主体上看，东亚地区成为推动新地区主义的主要力量。东亚地区在生产国际化进程中形成了一个较为完整的地区性生产网络，地区内贸易和投资关系发展迅猛。为了有效地协调、管理和规范地区内的生产网络，东亚地区开始频繁出现各种形式的RTA，如中国—东盟自由贸易区、东盟10+1自由贸易区和即将出现的RCEP。这些自由贸易区在范围上不断扩大，正在形成以东盟为中心，外延不断扩大的开放性的地区合作模式。其次，从国际分工上看，新地区主义呈现出明显的跨区域特征，弥补了全球价值链条影响下的国际规则缺口。虽然地区内合作更容易实现，但往往存在产业结构类似、发展水平差别不大的窘境，因此，跨区域合作更容易形成价值链上、中、下游的衔接，发展可持续的经贸系统。再次，从地理结构上看，重点从“边界壁垒”转向“边界内壁垒”，呈现“深度一体化”特征，RTA普遍出现“超越WTO协议的条款”。[③] 最后，从趋势上看，发达经济体向发展中经济体让利更多，垂直型RTAs正在向水平型RTAs的方向发展。这就意味着地区整合进程应该遵循对内包容、对外开放的合作模式。这种合作模式不仅体现在经贸合作的内容上，而且体现在APEC的成员规模和组织架构上，更体现在内部规则对外部成员的非歧视性上。

---

① 陆建人：《简析实现亚太自由贸易区的五条路径》，《太平洋经合研究》2014年第2期，http://www.pecc-china.org/article/info-166.html，最后访问日期：2016年10月10日。

② Malcolm Cook, “FTAAP and APEC: Wrong Goal, Wrong Institution,” *ISEAS Perspective*, 2014, http://www.iseas.edu.sg/documents/publication/ISEAS_Perspective_2014_50.pdf，最后访问日期：2016年10月10日。

③ 于春海、雷达：《新地区主义与美国的对外贸易政策协调》，《国际经济评论》2014年第4期，第66~67页。

尽管APEC已经多年没有再扩员，也没有为扩员列时间表，但并没有表示永久不扩员，这为其保持开放的地区主义性质提供了可能。一般来说，自由贸易区的成员都是比较固定的，体现的是一种较为封闭的合作理念，意味着规则对内外有别的差异性。可以说，自贸区的概念体现的是一种旧地区主义的概念。虽然欧盟已经形成高度的地区整合，甚至具有超主权的性质，但总体上仍然是一种旧地区主义的深度整合模式，并没有能将其整合的效果扩散到地区之外，反而让其最近邻的周边地区感受到由其整合进程而形成的巨大压力，形成受歧视的心理阴影。因此，FTAAP的建设如果遵循旧地区主义的模式，不仅会降低APEC在地区合作中的声誉，而且会让许多希望加入APEC的经济体产生一种挫败感。在这种情况下，迄今为止的APEC各种文件显示，未来的FTAAP建设只是以APEC为孵化器，表示APEC与FTAAP并不存在必然的因果关系，FTAAP并不是APEC的单一使命。这既体现了APEC的一种超脱，也反映出APEC因自身机制局限而凸显的无奈。

路径二：单独依赖RCEP或TPP促进FTAAP

RCEP最初是在2011年8月11日第43届东盟经济部长会议上提出来的，目的是解决东盟+3和东盟+6等整合倡议停滞不前的僵局，进一步推动东亚地区的整合进程。2011年11月第19届东盟峰会讨论通过了《东盟区域全面经济伙伴关系架构》，以此作为未来推进RCEP谈判的指导性文件，同时邀请中国、日本、韩国、印度、澳大利亚、新西兰共同参与筹建，希望通过削减关税及非关税壁垒，建立16国统一市场形成的自由贸易区。日本是6国中第一个明确表示愿意参加RCEP的国家。2012年2月26日，东盟经济部长非正式会议决定在2015年底前完成RCEP谈判，并通过了RCEP的基本内容，强调共同加强商品贸易、服务贸易和投资等三项主要议程。2012年8月30日，东盟10国与其他6国的经济部长会议通过了《RCEP谈判指导原则与目标》，原则上同意将5个“东盟+1”自贸协定合并成一个协定。2012年11月20日，东盟10国与其他6国领导人公布了《启动RCEP谈判的联合声明》，正式宣布启动RCEP谈判。《声明》的内容主要包括：第一，RCEP谈判从2013年开始，到2015年底前完成；第二，谈判遵循《RCEP谈判指导原则与目标》。

2013年3月8日，东盟经济部长非正式会议通过了RCEP谈判范围文件，通过了成立“贸易谈判委员会”的决议，并于3月底在印度尼西亚举行了RCEP谈判筹备会议。2013年5月9日到2016年8月中旬，RCEP谈判已经进行14轮（见表1），超出了原先预想的时间，凸显出谈判的难度超出了原先的预料，各方普遍期待的在2016年9月东亚合作领导人系列会议前后结束谈判进程最终也没有完成签署工作。

表1 历届RCEP谈判一览

谈判	时间	地点	谈判	时间	地点
第一轮	2013年5月9～13日	斯里巴加湾，文莱	第八轮	2015年6月5～13日	东京，日本
第二轮	2013年9月23～27日	布里斯班，澳大利亚	第九轮	2015年8月3～7日	内比都，缅甸
第三轮	2014年1月20～25日	吉隆坡，马来西亚	第十轮	2015年10月7～16日	釜山，韩国
第四轮	2014年3月31日至4月4日	南宁，中国	第十一轮	2016年2月15～19日	斯里巴加湾，文莱
第五轮	2014年6月23～27日	新加坡	第十二轮	2016年4月17～29日	珀斯，澳大利亚
第六轮	2014年12月1～5日	新德里，印度	第十三轮	2016年6月10～18日	奥克兰，新西兰
第七轮	2015年2月9～13日	曼谷，泰国	第十四轮*	2016年8月15～19日	胡志明市，越南

*有望在东亚系列分轨期间完成最后一轮谈判，达成最终协定文本，各国领导人完成签字程序，等待国内完成批准程序。

资料来源：作者根据相关资料整理。

TPP的基础是由智利、新西兰与新加坡在2002年签署的“太平洋较紧密经济伙伴”，后来文莱加入，形成跨太平洋战略经济伙伴关系协定，即P4协定，于2006年正式生效。2008年，美国参与P4金融议题谈判，并邀请澳大利亚、秘鲁与越南参加，2010年召开扩大会议，邀请马来西亚参加，2012年11月，墨西哥与加拿大参加并成为会员，2013年7月23日，日本正式成为TPP第12个成员，加入了TPP谈判进程。在2009年11月，美国正式提出扩大跨太平洋伙伴关系，并将跨太平洋战略经济伙伴关系协定更名为跨太平洋伙伴关系协定，即TPP。2011年11月12日，TPP领导人宣布TPP协议大纲，即“建立一个综合性的，实现全面贸易和投资自由化，解决新旧贸易问题和世纪挑战的下一代区域协议里程碑”。①

从目前来看，TPP 谈判已经进行了多轮（见表 2），其间还有许多各种类型和层次的讨论会议，各方主要围绕以下 29 项内容（见表 3）进行谈判。

表 2　历届 TPP 谈判一览

谈判	时间	地点	谈判	时间	地点
第一轮	2010 年 3 月 15 ~ 19 日	墨尔本，澳大利亚	第十二轮	2012 年 5 月 8 ~ 18 日	达拉斯，美国
第二轮	2010 年 6 月 14 ~ 18 日	旧金山，美国	第十三轮	2012 年 7 月 2 ~ 10 日	圣地亚哥，智利
第三轮	2010 年 10 月 5 ~ 8 日	斯里巴加湾，文莱	第十四轮	2012 年 9 月 6 ~ 15 日	利斯堡，美国
第四轮	2010 年 12 月 6 ~ 10 日	奥克兰，新西兰	第十五轮	2012 年 12 月 3 ~ 12 日	奥克兰，新西兰
第五轮	2011 年 2 月 14 ~ 18 日	圣地亚哥，智利	第十六轮	2013 年 3 月 4 ~ 13 日	新加坡
第六轮	2011 年 3 月 24 日至 4 月 1 日	新加坡	第十七轮	2013 年 5 月 14 ~ 24 日	利马，秘鲁
第七轮	2011 年 6 月 15 ~ 24 日	胡志明市，越南	第十八轮	2013 年 7 月 15 ~ 25 日	哥打基纳巴卢，马来西亚
第八轮	2011 年 9 月 6 ~ 15 日	芝加哥，美国	第十九轮	2013 年 8 月 23 ~ 30 日	斯里巴加湾，文莱
第九轮	2011 年 10 月 22 ~ 29 日	利马，秘鲁	第二十轮	2014 年 7 月 3 ~ 13 日	渥太华，加拿大
第十轮	2011 年 12 月 5 ~ 9 日	吉隆坡，马来西亚	第二十一轮	2014 年 9 月 1 ~ 10 日	河内，越南
第十一轮	2012 年 3 月 2 ~ 9 日	墨尔本，澳大利亚	第二十二轮	2014 年 10 月 25 ~ 27 日	悉尼，澳大利亚
谈判结束	2015 年 10 月 5 日	亚特兰大，美国	签署协议	2016 年 2 月 4 日	奥克兰，新西兰

资料来源：作者根据相关资料整理。

① “Trans - Pacific Partnership Leaders Statement,” November 12, 2011, http://www. sice. oas. org/TPD/TPP/Negotiations/TPP_statement_Nov11_e. pdf，最后访问日期：2016 年 10 月 10 日。

表3 TPP谈判文本的主要内容

第一章	初始条款和一般定义	第十一章	金融服务	第二十一章	合作与能力建设
第二章	货物的国民待遇和市场准入	第十二章	商务人员临时入境	第二十二章	竞争力和商务便利化
第三章	原产地规则和程序	第十三章	电信	第二十三章	发展
第四章	纺织品和服装	第十四章	电子商务	第二十四章	中小企业
第五章	海关管理和贸易便利化	第十五章	政府采购	第二十五章	监管一致性
第六章	贸易救济	第十六章	竞争政策	第二十六章	透明度和反腐败
第七章	卫生和植物卫生措施	第十七章	国有企业和制定垄断	第二十七章	例外规定管理和机构条款
第八章	技术性贸易壁垒	第十八章	知识产权	第二十八章	争端解决
第九章	投资	第十九章	劳工	第二十九章	例外和总则
第十章	跨境服务贸易	第二十章	环境	第三十章	最终条款

资料来源：作者根据相关资料整理。

一般来说，整合既有的地区贸易协定为全面的地区协定似乎更容易一些，如RCEP本身就是整合5个“东盟+1”的情况，并做出适度的调整。然而，从当前来看，RCEP和TPP各自的谈判进程都面临着相当复杂的挑战，能否顺利完成尚存在很大的困难，将其任何一个扩展为FTAAP都是更加艰巨的任务。从当前的研究现状来看，TPP在各方面是“广覆盖、高标准”的①，似乎没有必要考虑APEC要体现的共识精神。在这种情况下，由于APEC成员中仍存在一些发展中经济体，可能会让FTAAP难以达到TPP关于FTA的标准。相反，TPP成员可能根本就不重视未来的FTAAP建设，因为对于他们来说，他们自己的开放程度已经超越了FTAAP，是否加入FTAAP只是意愿和预期收益与损失问题，而不是标准问题。从RCEP的情况来看，主要存在两大方面的问题：一是成员资格问题，如非APEC成员印度、老挝、缅甸和柬埔寨是否具有加入FTAAP的可能；二是预期收益

① 吴涧生、曲凤杰：《跨太平洋伙伴关系协定（TPP）：趋势、影响及战略对策》，《国际经济评论》2014年第1期，第65页；Ian F. Fergusson, Coordinator, Mark A. McMinimy, Brock R. Williams, “The Trans-Pacific Partnership (TPP) Negotiations and Issues for Congress,” CRS report, March 20, 2015, p. 49, http://fas.org/sgp/crs/row/R42694.pdf，最后访问日期：2016年10月10日。

和损失问题，特别是东盟一些欠发达经济体在向发达经济体开放的过程中，是否能促进自身的发展，或者会因无法承受外界的冲击而遭受损失。相比之下，RCEP 中的非 APEC 成员对加入 APEC 还是比较积极的，但在促进地区整合的过程中总体上仍是比较谨慎的。

路径三：将 RCEP 与 TPP 整合为 FTAAP

从组织结构上看，这两个协议存在许多重叠的经济体，整合起来似乎可以避免由它们共存所产生的矛盾和低效率，并容易扩大贸易创造的效果。另外，APEC 领导人会议发表的《横滨宣言》也提出，将 RCEP 和 TPP 作为促进 FTAAP 的政策工具。然而，在实际操作中，这种途径面临几个难以克服的困难。首先，两者在标准上存在高低之分，要让 RCEP 达到 TPP 的标准是一项短期内难以完成的任务。同时，这也反映了如果 FTAAP 达不到 TPP 的标准，可能让 TPP 成员失去兴趣，并因此使 FTAAP 失去通过整合 TPP 而建立的机会。其次，两者在成员上存在不契合的情况。TPP 现有 12 个成员，RCEP 有 16 个成员。从目前来看，APEC 成员如果满足一定的条件，在理论上都是可以成为 TPP 成员的，而 RCEP 中的 16 个成员中，只有 12 个经济体为 APEC 成员。而从成员标准来看，APEC 是以经济体而非国家为标准的，而 RCEP 和 TPP 并没有界定自己的成员为国家还是经济体，这就为 FTAAP 未来的成员资格留下了一定的政策空间。再次，APEC 中两个最大的经济体美国和中国并未同时参与 RCEP 与 TPP 的谈判①，而是分属于两个地区协定之中，中国和美国分别代表着发达经济体的利益和发展中经济体的利益，且双方之间及它们与其他经济体的经贸合作都非常紧密，对整个亚太地区整合乃至全球经贸发展和增长都具有非常重要的意义。这两大经济体在未来亚太地区整合中的地位与政策倾向决定着 FTAAP 的发展方向和最终成败。最后，东盟在未来 FTAAP 中的地位与作用尚未确定。从历史进程上看，东盟老成员国都是 APEC 成员，决定了“东盟方式”成为 APEC 中具有“短板效应”的规范力量，约束着 APEC 的整合功能。随着东盟扩员及 APEC 停止扩员，导致东盟 3 个新成员国未能加入 APEC，限制了东盟在 APEC 中的作用。从目前来看，东盟整合程度的高低既是规范

① Sanchita Basu Das, “RCEP and TPP: Can They Converge into an FTAAP?” *ISEAS Perspective*, 2014, http://www.iseas.edu.sg/documents/publication/ISEAS_perspective_2014_60.pdf，最后访问日期：2016 年 10 月 10 日。

RCEP的重要标志，也是未来影响FTAAP标准的参考系数。

在这种情况下，整合RCEP和TPP至少需要在以下几个方面做出更大的努力。首先，RCEP需要逐渐接近TPP的标准。RCEP即使在2016年达成协定，也并不意味着其重点一直放在发展中经济体的优先选择上。RCEP中的一些成员也是TPP的成员，会有意识地引领RCEP谈判在服务贸易、知识产权、投资和竞争政策等21世纪议题上取得进展。另外，随着RCEP成员经济体的发展，其也会在条件允许的情况下，渐次提高自己的标准，就像中国—东盟自由贸易区正在实现升级版一样。然而，从标准演进的角度来看，TPP的标准可能也会有所提升，RCEP和TPP如何及何时才能在标准上找到契合点，不仅需要RCEP经济水平较低的成员做出更大的努力，也需要TPP成员在某些方面做出妥协。当然，由于TPP的标准更高，其提升的难度会大一些，如果TPP在演进过程中受阻或者减缓，那么RCEP和TPP实现整合形成FTAAP才有机会变成现实。其次，FTAAP在成员上需要更具有开放性，可以容纳非APEC成员的RCEP成员加入。这不仅可以回避非APEC成员的RCEP成员需要加入APEC的问题，而且可以扩大FTAAP的范围，提升FTAAP的地位，使其更具超地区的整合性质。当然，如果情况发展到这一地步，那这些国家也就没有必要再加入APEC，或者说它们加入APEC基本上已经不存在任何障碍。再次，整合TPP和RCEP意味着中美必须在FTAAP中进行合作，产生的效益必将超过两者因竞争规范而造成的损失。FTAAP不仅让中国最终与美国处于同一个地区整合协定之中，也让美国可以参与到东亚地区整合进程中，满足了双方一直以来都希望实现的目标。最后，削弱东盟在地区整合中的中心作用。长期以来，东盟一直坚持自己在东亚地区整合中的中心作用，虽然其也发挥了相当大的促进作用，但在更多时候显得动力不足，意愿不够，特别是在促进东盟与中日韩“10+3”合作的所谓真正东亚地区合作方面，东盟因担心中国、日本、韩国在其中的分量过大使自己处于边缘化的位置而犹豫不决，耽搁了东亚地区合作的进程，让部分东盟成员转而寻求参加TPP谈判以促进经济发展。虽然东盟仍将维持RCEP中的核心地位，但在FTAAP中，东盟必须抛弃其1990年“古晋共识”[①]的保守思维，以促进更广泛的成员合作来推进自身的利益，而不应为维护自身利益阻碍地区整合进程。

---

① 陆建人：《亚太经合组织与中国》，经济管理出版社，1997，第111页。

路径四：通过实现茂物目标促进 FTAAP

在 APEC 历史的早期阶段，名人小组和太平洋工商论坛提出来的几个重要文件塑造了 APEC 的未来。1993 年，名人小组提交了一份题为“APEC 的愿景：迈向亚太共同体”的报告。① 这份报告倡议促进贸易自由化、贸易便利化、技术合作和 APEC 机制化，为 APEC 的发展奠定了基础。1994 年，太平洋工商论坛发表了一份题为“AEPC 企业蓝图”的报告，敦促贸易和投资自由化的起始时间应为 1994 年，发达经济体到 2002 年完成，而发展中经济体到 2020 年完成。同年，名人小组在一份报告中指出，贸易和投资自由化的起始时间为 2000 年，而终止时间为 2020 年。由此可以看出，名人小组和太平洋工商论坛在贸易和投资自由化的起始和终止时间上存在分歧：企业界希望更快一些。1994 年在印度尼西亚茂物举行的 APEC 领导人会议最终将目标日期定为，发展中经济体到 2010 年而发达经济体到 2020 年实现贸易和投资自由化，同时强调反对建立内向型和抑制全球自由贸易的贸易集团；减少 APEC、APEC 经济体与非 APEC 经济体之间的贸易和投资壁垒；确保非 APEC 发展中经济体也能从 APEC 贸易和投资自由化中获得好处。APEC 在 1995 年通过的《大阪行动议程（OAA）》与 1996 年通过的《马尼拉行动计划（MAPA）》被视为解释茂物目标的文件。《大阪行动议程》提出了实施贸易和投资自由化与便利化目标的 9 项原则、15 个具体领域②及集体行动计划和总的执行框架。

2001 年 10 月，在 APEC 成立 10 年之际的上海会议上，APEC 领导们除了承诺实现茂物目标外，还发布了《上海共识》（Shanghai Accord），提出了亚太经合组织的远景目标：拓展和更新《大阪行动议程》，以“探路者”方式推进 APEC 倡议，促进实施面向新经济的合理的贸易政策和贸易便利化后续行动，通过加强透明度原则，进一步明确实现茂物目标的战略；加强经济技术合作和能力建设，加强单边行动计划同行审议机制和加强执行机制等。③ 各成员领导人欢迎加强单边行动计划同行审议机制，并鼓励各成员遵循

① APEC, “A Vision for APEC: Towards an Asia Pacific Economic Community,” October 1993.

② 1. 关税；2. 非关税措施；3. 服务；4. 投资；5. 标准与合格评定；6. 海关程序；7. 知识产权；8. 竞争政策；9. 政府采购；10. 放宽管制；11. 原产地规则；12. 争端调解；13. 商务人员的流动；14. 乌拉圭回合结果的执行；15. 信息收集与分析。

③ 《上海共识》摘要，2001 年 10 月 21 日，http://news.xinhuanet.com/ziliao/2002-10/11/content_598878.htm，最后访问日期：2016 年 10 月 10 日。

APEC 自主自愿、协商一致、灵活性、透明度、开放的地区主义及发达和发展中成员遵循不同时间表等原则，在新的审议机制的基础上自愿提交单边行动计划（IAP）供其他成员审议。领导人还同意在完成对上述成员的审议工作后，于 2005 年对实现茂物目标取得的全面进展进行中期评估。

2005 年在韩国釜山举行的 APEC 领导人会议通过了《釜山路线图》，继续推进茂物目标的实现，推动建立高质量、透明和趋于一致的区域贸易安排和自由贸易协定。《釜山路线图》的主要内容包括，支持多边贸易体制，加强集体行动计划（CAP）和单边行动计划，推进高水平的区域内贸易协定和自由贸易协定等。同时，《釜山路线图》还确定了六大主轴作为 APEC 的优先选择，包括支持多边贸易体系、提倡高质量的 FTAs/RTAs、升级企业议程、探路者机制、强化 IAP/CAP 过程、建立集体责任与强化能力建构等。因此可以说，APEC 的基本运作原则、架构并未改变，开放性地区主义、自愿主义、协调的单边行动（concerted unilateralism）、探路者机制仍是 APEC 的精神与运作方式；贸易和投资自由化与便利化及能力建设仍是 APEC 的三大支柱。然而，整体而言，《釜山路线图》仍显得较为温和，虽然其涵盖了 APEC 实现茂物目标需要的路径，但也显示出 APEC 在实现茂物目标过程中可能遇到的挑战与困难。在贸易和投资自由化方面，由于各种 RTA/FTA 无序扩散和 WTO 谈判进展缓慢，《釜山路线图》仍难以决定 APEC 的具体轨迹。另外，APEC 还有其他的目标，茂物目标只是 APEC 特别重视的一个方面。如果 APEC 要促进具有共同体性质的整合过程，《釜山路线图》显然没有这方面的功能。当然，尽管 ABAC 在 2004 年曾表示，将在实现茂物目标之前实现亚太自贸区，APEC 领导人《横滨宣言》也提出通过促进亚太自贸区实现茂物目标，但实际情况更为复杂。APEC 茂物目标 2020 年到期之后，亚太自贸区可以是很好的衔接，成为亚太继续提升贸易和投资自由化的可行目标与路径，① 同时，在建设 FTAAP 的过程中，也有助于促进茂物目标的实现。

由于没有具体的界定，茂物目标很难量化，对其实现的具体路径存在多种解读。一般认为，实现茂物目标具有以下三种路径。

---

① 董冠洋：《亚太自贸区衔接 APEC 茂物目标，续写经贸“举旗者”》，中国新闻网，2014 年 11 月 6 日，http://finance.chinanews.com/cj/2014/11-06/6760549.shtml，最后访问日期：2016 年 10 月 10 日。

第一，通过多边自由化实现茂物目标。自世界贸易组织建立以来，其在多边自由化方面一直没有取得多大进展，让建立自由贸易区承受了较大压力。这意味着，如果世界贸易组织没有取得显著进展，那多边自由化就不能成为实现茂物目标的首选方式。然而，1994 年的 APEC 领导人会议声明明确指出，APEC 的重要作用是结束乌拉圭回合谈判，建立世界贸易组织，强调 APEC 应高于 WTO。从 APEC 领导人会议的文件中可以看出，APEC 每年都会有支持多边自由化的内容，有时还会有附录，探讨促进多边自由化进程的具体路径。可以说，APEC 一直积极推进多边自由化，对 1994 年乌拉圭回合谈判的结束提出并兑现了自己的承诺，并一直支持 WTO 多哈发展议程，即使在 2008 年国际金融和经济危机后保护主义泛滥时也没有发生变化。

第二，通过同行评议行动计划实现茂物目标。每个经济体的单独行动计划应被视为促进茂物目标的具体进展，而集体行动计划主要通过论坛和多边论坛进行。行动计划需要覆盖实现茂物目标的重要因素，而关税只是其中之一。每个经济体的单独行动计划应提供下列每个因素的简要和详细进展情况：（1）关税，（2）非关税，（3）服务，（4）投资，（5）标准和一致性，（6）海关程序，（7）知识产权，（8）竞争政策，（9）政府采购，（10）监管审查，（11）争端，（12）商人流动，（13）透明度，（14）RTAs/FTAs。其中，贸易便利化最为重要，其次才是知识产权及标准和一致性。然而，关税、投资和服务的排位仍比较低。有些人单纯地认为关税应减为零，而一些人认为在 APEC 文件中并没有提及具体的目标。

第三，通过建设亚太自由贸易区实现茂物目标。据说，FTAAP 的倡议最早见于日本经济学家小岛在 1966 年提出的建议。① 然而，当前 FTAAP 被广泛关注的原因是 ABAC 提出了同样的倡议，并最终促成 APEC 领导人会议采纳了这个倡议。根据 ABAC 在 2004 年的倡议，FTAAP 被当作 APEC 的长期目标。只有 FTAAP 得到明确的界定，其与茂物目标的异同才会有所体现。茂物目标和 FTAAP 的主要区别在于，实现茂物目标主要基于非约束性原则，而 FTAAP 基于约束性原则。茂物目标和 FTAAP 具有类似关系和重叠的可能性。如果从进程上看，茂物目标可以通过 WTO 和《大阪行动议

① Maddaremmeng A. Panennungi, "APEC 2020: Multiplepaths to Attain the Bogor Goals," APEC Study Centre University of Indonesia (ASC UI), *Working Paper in Economics and Business*, Volume III, No. 7/2013, p. 4, http://econ.feb.ui.ac.id/uploads/201307.pdf，最后访问日期：2016 年 10 月 10 日。

程》来实现，而FTAAP的谈判预计到2025年才有可能结束，茂物目标反而成为实现FTAAP的路径。对此，APEC政策支持小组（PSU）也曾提供过支持性的意见，表示各种FTA/TRA的发展可能有助于实现茂物目标。

因此，APEC中每个经济体都基于自己的能力，设定到2020年的目标。总之，它们的策略是：第一，大力支持多边自由化，特别是促进缔结WTO多哈发展议程；第二，每个经济体通过单独行动计划和集体行动计划实现可以实现的定量目标，但到2020年也不一定要建立一个单一的目标；第三，APEC作为建设FTAAP的孵化器，实现行动计划的各项指标，FTAAP因此可以成为APEC实现茂物目标的一部分。当然，如何将TPP、RCEP和中日韩自由贸易区（CJKFTA）等纳入同一个框架，或者至少在更紧密的框架中，对实现茂物目标也是非常关键的。

在这一过程中，各行为体需要特别关注几方面的情况：APEC经济体应坚持行动计划中的14个指标，以此作为实现茂物目标的标志；各项指数的数量应是可衡量的，发达经济体和发展中经济体可以是不同的；指标的数量可以用来作为实现茂物目标的评估标准；APEC各经济体可以自行设定实现的目标。当然，设定目标至少应略高于各经济体自动实现的评估标准。这意味着，每个经济体的目标是不相同的，不是所有APEC经济体都遵循单一目标。贸易自由化并不意味着对所有商品都实行零关税。发达经济体与发展中经济体的关税虽然都应设定为2020年实现的水平，但从关税指标上看，关税额不应该成为衡量贸易自由化的标准。平均关税可以是平等设置的，而每种关税的税额应是不同的。

总的来看，建设FTAAP仍面临较多的障碍。第一，FTAAP将违反开放地区主义和非约束性原则。因此，FTAAP可能需要在AEPC之外进行谈判，或者改变原则。APEC可以继续发挥孵化器的功能，为建立高质量的RTA/FTA提供协商平台。从当前来看，APEC内虽然存在许多FTA/TRA谈判进程，但基本上都基于不兼容原则。第二，APEC经济体之间对建立RTA的兴趣是不相同的。这可能是一个主要障碍，因为APEC内各经济体的发展水平差别较大。从当前到2020年只有不到4年时间。许多人认为由于2010年发达国家未能实现预定目标，茂物目标不可能实现，而一些人根本就不关心，因为APEC的原则是非约束性的。即使茂物目标在数量上不能得以实现，但APEC对其经济体来说仍具有许多优势。

因此，建立亚太自贸区的目标并非“近在咫尺”，最终有可能形成

FTAAP、RCEP、TPP 共存的状态。其主要原因在于：第一，从亚太自贸区倡议的发展历程看，关于亚太自贸区倡议的酝酿和协调并不容易，而进入实质谈判阶段必然会面临更多的难题；第二，亚太自贸区涉及发展水平和诉求不同的经济体，达成共识不容易；第三，亚太地区内的自由贸易区安排众多，会分散各经济体的积极性和注意力；第四，当前亚太自贸区的路线图仅仅处于规划和研究阶段，距离达成协定还有很远的路程；第五，APEC 是一个较为松散的政府间经济合作论坛，协定和宣言并不具有约束力，会增加亚太自贸区谈判的难度。[①]

因此，FTAAP 发展途径有可能并非由 RCEP 和 TPP 融合或单独形成，而可能是一个围绕 RCEP、TPP 建设进程的 FTAAP，形成三者并存的大型伞状架构，[②] FTAAP 包容、整合的基本路径可以减弱或消除亚太地区内不同 FTA 相互排斥、碎片化的风险。RCEP 与 TPP 的规则并非完全对立，双方可以在各自进行谈判的同时讨论亚太自贸区的议题，为相关规则的整合做好必要的准备。透过这个伞状架构，FTAAP 可以建立一个多层级的地区自由贸易协定，使亚太地区经济发展水平不同的经济体可以在其中选择适合自己的层级加入，让协商的过程更加容易。[③] 毕竟，RCEP 和 TPP 保持独立的概率比合并的概率要高。两个协定部分成员之间的发展差距仍然存在或在加大。RCEP 多数成员对制造业自由化更感兴趣，而 TPP 多数成员倾向于服务自由化、投资和知识产权规则、竞争政策、劳工法等。每个成员要开放自己的敏感部门，如日本对农业部门的保护、美国对汽车产业部门的保护，都是相当困难的。RCEP 和 TPP 能否整合成 FTAAP，取决于两个地区贸易协定的共存效率是否高，双重身份的经济体是否会努力协调两个协定的规则与制度，其他经济体是否认同，两个倡议的整合能否产生规模经济和贸易创造效应。尽管 RCEP 当前正处于谈判中，但作为一种自由贸易安排，它尚没有明确建成 FTAAP 的前景。因此，对 FTAAP 进行明确界定还为时过早。

---

① 李春顶：《从 APEC 到亚太自贸区还有多远》，中国社会科学院世界经济与政治研究所国际问题研究系列，*Policy Brief*，No. 201421，Nov. 10th，2014。

② Sanchita Basu Das，“RCEP and TPP：Can They Converge into an FTAAP?” *ISEAS Perspective*，2014，http://www.iseas.edu.sg/documents/publication/ISEAS_perspective_2014_60.pdf，最后访问日期：2016 年 10 月 10 日。

③ Sanchita Basu Das，“RCEP and TPP：Can They Converge into an FTAAP?” *ISEAS Perspective*，2014，http://www.iseas.edu.sg/documents/publication/ISEAS_perspective_2014_60.pdf，最后访问日期：2016 年 10 月 10 日。

三　FTAAP建设中的中美博弈

建设FTAAP不仅涉及现有的APEC成员，还有可能在未来涉及非APEC成员。但总体上说，影响FTAAP建设成功与否的还是其中的大型经济体，颇具代表性的是中国、美国和东盟（成员）。这三大力量之间的互动将影响FTAAP甚至整个亚太地区合作的未来方向。当然，其他中型经济体，如日本、澳大利亚、韩国、墨西哥及未来可能的印度等也非常重要，但从目前来看，中国、美国和东盟（成员）在某种程度上似乎代表三种不同的利益。

尽管FTAAP在2004年就已经吸引了APEC各成员的高度关注，但在2006年，美国还是在APEC峰会期间正式提出了自己关于FTAAP建设的倡议。美国前国务卿希拉里·克林顿在《外交政策》上发表的题为"美国的太平洋世纪"的文章中，不仅将TPP定位为"今后各种协议的一个基准"，而且盼望其"最终形成亚太自由贸易区"。[①] 当前，美国更将其看成亚太再平衡战略的重要组成部分，是美国构建亚太区域经济秩序和合作架构的核心。[②] 随着美国主导的TPP不断取得进展，美国更加强调APEC所有经济体需要满足TPP的条件，最终推进TPP发展为FTAAP。[③] 我们从中可以看出美国推进FTAAP的具体路径，以及其背后的战略意图。

第一，从美国自身来看，扩大就业，促进增长，满足国内经济社会发展与稳定的需要，同时将美国的FTA标准应用到更广泛的范围。从目前来看，在美国已经签署的FTA中，标准最高，较为全面的当属《韩美自由贸易协定》（KORUS FTA），这也是美国与其他经济体谈判签署FTA的重要参考。对于美国来说，尽管自己不一定准备好了，但无论是亚太方向的TPP还是大西洋方向的TTIP，都应是引领全球FTA方向的，最重要是要促

① Hillary Clinton, "America's Pacific Century, Foreign Policy," November 2011, http://foreignpolicy.com/2011/10/11/americas-pacific-century/，最后访问日期：2016年10月10日。

② "Press Briefing by National Security Advisor Tom Donilon," June 08, 2013, https://www.whitehouse.gov/the-press-office/2013/06/08/press-briefing-national-security-advisor-tom-donilon，最后访问日期：2016年10月10日。

③ Jose W. Fernandez, "Building Prosperity Together: The U.S.-Singapore Economic Relationship," Singapore, February 28, 2013, http://www.state.gov/e/eb/rls/rm/2013/206026.htm，最后访问日期：2016年10月10日。

进奥巴马政府提出的所谓“出口倍增计划”的顺利实现，减弱国际经济和金融危机对美国经济社会产生的负面影响。在美国前十大贸易伙伴中，有6个位于东亚地区，美国对东亚地区的出口速度也远远超过对世界上其他地区的出口速度，通过TPP建立FTAAP有助于利用高标准从东亚地区获得更多的经贸利益。

第二，从亚太地区整合态势上看，美国尚未加入以东盟为核心的亚太地区经济整合框架之中，美国存在一种被排除在外的焦虑感，希望借此可以更深地加入东亚地区价值链中。尽管已经成为东亚峰会的真正·员，但美国并不是东盟+FTAs架构的一部分，也没有能够加入RCEP的谈判。美国希望借助TPP促进FTAAP与东亚地区的更多国家建立更紧密的经贸关系，获得整个亚太地区经济整合的好处，甚至在地区经贸合作中占据主导地位。

第三，通过TPP建设FTAAP可以成为美国亚太再平衡战略的构成部分。[①] TPP和RCEP两大地区超级FTA的竞争态势往往被解读为中美主导地区整合进程的博弈，中美关系被其他经济体推到了竞争、平衡和对抗的状态。对此，处于话语权相对弱势一方的中国深受其害，但美国也不愿被其他经济体所要挟，因此其将“美国重返”改为“战略东移”，最后到“战略再平衡”，这显示出美国试图减弱其维持在亚太地区广泛存在的强势意涵。然而，美国试图以TPP绑架FTAAP本身就显示出美国主导亚太地区整合进程和趋向的战略意图，必然会在规则和行动上对其他经济体产生较大的压力。

第四，从再平衡的角度来看，经过TPP建设FTAAP有助于缓解美国在亚太地区军事强势存在的负面效应。美国近年来增加了在亚太地区的军事存在，并加强了与盟友、战略伙伴和朋友的安全合作，并挑起了多年来并没有成为影响地区整合态势的难点问题，引起了许多国家的担忧、反感和恐惧，增强了地区安全的不确定性。因此，美国强调战略再平衡的经济性质有助于提升其利用自身市场、技术和规则等方面的优势地位，更容易得到亚太各经济体的认可。随着TPP正面效应的增大，包括中国在内的许

① 蔡鹏鸿：《中美合作构建跨太平洋伙伴关系前景分析》，《国际观察》2014年第4期，第32页。

多APEC成员也对美国显示出开放的态度，[①] 至少没有抱着完全敌意和对抗的视角看待美国的亚太再平衡战略。

从目前情况来看，TPP的谈判基本上在按照美国的意愿稳步推进，TPP在2015年结束，并在2016年完成了签署，已经进入各成员国的批准阶段。一些TPP的成员国已经完成了国内批准程序，但美国国会是否愿意通过“贸易促进授权”（TPA）批准该协定尚面临诸多变数。对于其他一些经济体来说，TPP的标准太高，超过了它们可以接受的程度，最终其是否愿意执行其中对自己不利的条款仍不得而知。总的来看，美国原本试图主导TPP谈判的愿望并没有得到实现。其原因在于，美国只是接管了原本由APEC中的4个经济体组成的跨太平洋战略经济伙伴关系，但并没有达到原有的既定协定要求，而是试图按照自己的意愿另搞一套标准，并要求其他成员对原有的协定进行逐条审议，并增添了许多符合自己愿望的因素，影响了其他成员的积极性。美国在谈判过程中的霸道态度也让其他成员难以接受，加上谈判部分内容本身的极端敏感性，谈判进度曾受到较大影响，未来能否得到落实也必将遭遇更多挑战。在美国对亚太地区经济影响力持续走弱的态势下，亚太地区整合态势由美国一家说了算还是大家一起说了算仍有待观察。

中国一直是APEC中的重要成员，也是推进亚太地区贸易和投资自由化与便利化的关键力量之一。近年来，随着中国经济实力的快速增长，中国对外贸易的积极性也在提高，在双边和多边FTA谈判上更加主动，并取得了较显著的成就。从进程上看，中国的FTA谈判最具标志性的当属中国—新西兰自由贸易区和中国—东盟自由贸易区。然而，从FTA层次上看，中国FTA的对象要么规模较小，要么层次较低，远不能满足中国作为世界上第二大经济体的对外贸易的需要。中国已经与东盟所有成员国实施了自由贸易协定，并已经启动了中国—东盟自由贸易区升级版谈判和RCEP谈判，这预示着中国与周边国家在经贸领域的合作会更加紧密，规模会不断扩大，范围会不断蔓延，水平会不断提高。在这个过程中，中国更是积极推动FTAAP进入APEC的议事日程，成为亚太地区整合的重要目标，满足APEC最广泛成员的利益。

---

① 《李克强在博鳌亚洲论坛2014年年会开幕式演讲》，中国新闻网，2014年4月10日，http://www.chinanews.com/gn/2014/04-10/6048302.shtml，最后访问日期：2016年10月10日。

从目前来看，中国对建设 FTAAP 的积极性虽然很高，但对如何具体推进这一进程怀有相当矛盾的心态，面临着相当大的挑战。

首先，中国并不具备单独推进地区整合进程的意愿与能力。从东亚地区整合进程上看，尽管存在各种质疑，东盟仍可以算是“核心”和“领导”，中国仅算是积极的推进者，而非领导者。中国希望以“东盟 10 + 3”的路径促进东亚地区整合，但为了减少日本和东盟的担心，中国曾一度认可了日本在 2005 年提出的 CEPEA，以及东盟为取代 CEPEA 而提出的 RCEP。① 中国通过这些方式，努力维持东盟促进地区整合的积极性。另外，中国也难以建立以自己为核心的地区整合框架，应避免引起其他地区内大国和域外大国的担忧，使其增强与中国的对抗态势，引来不必要的麻烦。在地区格局和形势对中国并不有利的情况下，中国不能、不愿也没有必要强出头，成为众矢之的。当然，这并不影响中国为推进地区整合而承担自己的责任，提供力所能及的公共产品，维持地区整合的强劲发展态势。

其次，中国需要通过推进 FTAAP 缓解甚至消除 TPP 可能产生的负面效应。从 TPP 谈判进程上看，第一批加入 TPP 谈判的 9 个成员经济体美国、秘鲁、智利、越南、马来西亚、新加坡、文莱、澳大利亚和新西兰在 2011 年达成共识，新加入的成员不能享受与其同等的权利，必须接受它们已经达成一致的内容。在谈判过程中，只要这 9 个成员就相关内容达成一致，就意味着谈判结束，无须经新成员同意。这就意味着，如果中国今后想加入 TPP，或按照美国的意愿通过 TPP 建设 FTAAP，则需要从程序上接受现有 TPP 成员达成的共识，或者必须先与 TPP 成员逐一谈判进行协商，并获得它们的一致同意。这样一来，中国除非另辟蹊径，否则在自身条件难以满足要求的情况下，被动接受既有的条件和不平等地位容易对中国造成难以弥补的伤害。然而，随着中国自身实力的增强，从长期角度来看，中国为加入 TPP 进行积极准备，倒逼国内产业结构调整和经济改革，并在适当时机下加入 TPP 促进 FTAAP，不仅会优化自身的外部发展环境，也符合中国的总体发展战略。

---

① 这两个倡议的模式都是“东盟 +6”。东盟开始对 CEPEA 并不积极，但在美国主导 TPP 谈判进程后，其感受到强大压力，但也不想完全认可日本在地区合作中的话语权，于是在 2011 年提出了自己的 RCEP 倡议。

再次，中国需要突破美国主导地区 RTAs/FTAs 规则谈判，确立在规则制定和秩序重构过程中的自主优势。通过主导 TPP 谈判，美国在地区合作进程中的支配地位在得到了亚太盟国的支持后得以加强，其产生的持续性后果不容低估。美国以其既有的强势力量推动新一代贸易规则的谈判，对发达国家和新兴国家都具有吸引力，减弱了他们与中国在贸易规则上纠缠的战略耐心。然而，发展中国家和新兴大国都需要时间在国内进行必要的改革，以适应新一轮规则的变革。在此过程中，包括中国在内的新兴市场经济国家可以利用这样一个适应和试验期，整合各种机制资源，加强机制协调，逐步构筑各方都能接受的面向未来的地区合作模式，消除因地区合作规则的不平等而产生的负面效应。

最后，中国需要与其他国家，特别是美国，协调建设共赢的亚太地区合作新架构。中国与韩国、澳大利亚的 FTA 谈判已经结束，并进入落实阶段，与亚太地区其他大多数经济体各种形式的经贸互惠谈判也已经开始进行。在促进亚太地区整合的过程中，中国强调的合作共赢理念具有以下几个特点：(1）包容性而非排他性，中国并不寻求建立将美国排除在外的地区合作架构，同时也不希望美国建立排斥中国的架构，因此，中国强调的是伙伴关系而非联盟关系；(2）协商协调而非孤立对抗，中国寻求与其他经济体在互动中寻找符合最广泛利益的合作模式，形成集群效应而非单边效应；(3）平等尊重而非垄断主导，中国希望遵循至少是“东盟方式”的原则规范，打破大国支配国际秩序的思维窠臼，让小国、弱国也愿意加入地区整合进程。尽管在预期收益的相对性和满足度上可能存在差异，但中国寻求绝对收益而非相对收益的政策倾向有助于亚太地区整合架构的形成与发展。

在这种情况下，尽管面临着许多难以克服的困难，中国仍存在多重政策选择。首先，在 APEC 框架下加强中美合作，协调共建 FTAAP。美国希望经由 TPP 之路建设 FTAAP 的愿望在短期内是难以实现的，必须退而求其次，借助 APEC 促进亚太地区贸易和投资自由化与便利化，以推进 FTAAP 的实现。在这一过程中，中美两大经济体必须彰显自身的责任，照顾其他经济体的利益和关切，形成最具广泛性与包容性的 FTAAP。其次，通过建设和累积双边和小多边 FTA，促进 FTAAP 的实现。FTAAP 应该反映其范围内尽量多 FTAs 规则的最大公约数，并在此基础上参考 WTO 的标准，形成具有亚太地区特征的，符合亚太地区整合态势的 FTAs 规则。也就是说，FTAAP 建设是一种搭积木的形式，在某种情况下甚至可以借用东盟自贸区建设的“双速”原则或实现茂物目标的“两步走”原则，即部分满足条件的成员先实现 FTAs，并以“早期收获”或其他形式让落后的成员享受一定的好处，并得到更快发展，以“先进”带“后进”，促进共同进步。最后，借助东盟力量制约美国在亚太地区整合中的“分离”运动。在目前的情况下，中国不宜站在美国的对立面，形成与美国相对抗的局面。相比之下，东盟正是因为美国主导 TPP 谈判，拉拢了东盟中的 4 个成员，让东盟感受到其在地区整合中有被分割和边缘化的风险，才提出建立 RCEP 的倡议。中国可以利用东盟的这种担心，推动东盟站在美国的对立面，使美国难以形成压制中国的态势。

对此，中国在促进 APEC 建设 FTAAP 的过程中可以秉承以下几点指导原则。第一，与实现茂物目标相联系。茂物目标是亚太经合组织成功推进贸易投资自由与开放的重要标志。1994 年 APEC 领导人会议宣言提出的 APEC 目标——“促进亚太地区和全球尽快实现平衡与均衡的经济增长前景”——依然是 APEC 的终极目标。第二，追求最大限度的代表性/合法性。FTAAP 需要涵盖亚太地区重要项目的国际商业价值链，包括采取一揽子途径，囊括现有运作中商业模式的所有方面，以及影响这些商业模式的相关政策措施，保障涵盖服务贸易、投资、贸易便利化、知识产权、竞争政策与合法运作等，具有可预期性，实行共同的承诺，实施开放加入的规则，以及简单而自由的原产地原则等，甚至可以扩大到非关税与贸易便利化领域，简化海关程序，降低关税等。第三，与 WTO 相关联。FTAAP 的架构和协定需要接轨甚至纳入 WTO 规则，未来也可能转化为 WTO 安排，这样有助于降低由大规模优惠贸易协定的歧视性效应而产生的风险，为建立有效价值链提供更好的机制安排。第四，利用现有的 FTA 和 RTA。FTAAP 的任何承诺和政策改革都需要建立在既有的双边或多边协定承诺之上。无论 RCEP 和 TPP 是各自努力还是整合形成 FTAAP，都应该得到充分的关注。第五，支持经济增长。无论采取何种途径，都需要得到所有成员的积极参与和共同努力，达成协议，承诺执行和调整后续行为等。第六，支持 APEC 始终扮演关键性角色。即使 APEC 不被期待介入达成具有约束力协定的过程，但 APEC 仍然扮演着关键角色，包括升级共同愿景、讨论行动原则实现愿景，以及建立成员间实现目标的信心等。2010 年 APEC 领导人会议宣言明确表示，“APEC 将以 FTAAP 孕育者的角色，提供领导力并为 FTAAP 建设过程提供知识，并在根据界定、塑造和应对‘下一时代’贸易和投资议题上做出重要且有意义的贡献……APEC 应持续并进一步发展部门倡议工作，继续为实现 FTAAP 做出贡献”。第七，承诺透明和取得进展。FTAAP 需要对每个经济体取得回报和实现增长等问题上做出明确承诺，增强它们参与地区和世界市场的动力，推进国内的可控性变革及改革的倒逼机制。各行为体如果认为 FTAAP 能促进地区贸易自由化和便利化，就会积极分享改革成果的经验，采取更积极的政策措施支持实现平衡与均衡增长的目标。

四 APEC 促进 FTAAP 的前景

2014 年在中国举行的 APEC 会议主题为“共建面向未来的亚太伙伴关系”，会议主要讨论了以下议题：讨论支持多边贸易体制和反对保护主义、推进亚太自贸区建设、促进全球价值链和供应链合作、加强经济技术合作、促进经济创新发展、改革与增长、加强全方位基础设施和互联互通建设。会议确定了 APEC 今后的主要工作，如继续推动亚太地区经济一体化，启动亚太自贸区进程；进一步推进各成员推动经济结构改革，促进创新发展，挖掘新的经济增长动力和亮点；积极推进 APEC 互联互通蓝图的制定，为加强地区互联互通建设提供顶层设计和坚实保障。这既反映了中国作为东道主积极推进亚太地区整合进程的强烈愿望，也符合亚太绝大多数经济体的根本利益。

2015 年的 APEC 领导人会议于 11 月 16～18 日在菲律宾首都马尼拉举行。菲律宾公布 APEC 的主题为“建设包容性的经济体，建设更美好的世界”，体现出 APEC 高度重视包容性增长，强调地区经济整合与经济增长只有通过包容性的分享，才能增加共同的利益。为此，2015 年 APEC 会议确定了四大优先议题：加强地区经济一体化；推动中小企业参与地区和全球经济；投资人力资源建设；建设可持续、有韧性的共同体。会议的重点议题为科研合作、气候变化与防灾、能源安全、金融机制、互联互通、服务业、法规整合与竞争政策、性别平等与女性权利、透明度与治理等。[①]

① “APEC Philippines 2015: Building Inclusive Economies, Building a Better World,” Manila, Philippines, http://apec2015.ph/，最后访问日期：2016 年 10 月 10 日。

加强地区经济整合是 APEC 一直推进的核心工作。茂物目标是推动贸易和投资自由化与便利化的重要路径。APEC 多年来以堆积木的方式，促进各经济体对消除贸易保护主义、降低非关税壁垒进行积极合作。APEC 坚定支持多边贸易体系，与其他行为体一道共同推动 WTO 议程，并在 FTAAP 的愿景下，持续影响包括 TPP 和 RCEP 等在内的重要地区整合倡议。在这方面，APEC 成员经济体将组织力量，就实现亚太自贸区（FTAAP）相关议题开展为期两年的联合研究。为支持《全球贸易便利化倡议》并实现 APEC 关于到 2015 年将地区供应链在 2009 年的基础上增加 10% 的目标，各经济体将合作减少跨境商品通关障碍，削减服务贸易壁垒和加强金融机构也是重要的优先事项。2015 年 2 月 APEC 第一次高官会期间，各方已一致通过《亚太自贸区联合战略研究的指导性工作文件》，并正式成立由 21 个经济体组成的联合战略研究小组，亚太自贸区联合战略研究获得实质性启动。①

为了准备开好 2015 年 APEC 各项会议，菲律宾提出了《宿务行动计划》（The Cebu Action Plan），寻求通过金融日益整合、透明和弹性的 APEC 共同体路线图，实现具有统一政策、规则和做法的 APEC 共同体，形成促进贸易和投资自由流动、拥有更大的金融包容性和发达的金融市场、高质量的基础设施、良治和富有活力的经济体。为推进亚太地区可持续与包容性增长，《宿务行动计划》提出了四大行动方案或支柱：第一，促进金融整合，强调发展支持地区内更广泛贸易和投资的金融机制；第二，推进财政透明度和政策改革，强调通过提高财政资金管理的透明度和政策改革，促进良治；第三，强化财政弹性，强调在建立财政缓冲和金融机制应对经济冲击方面加强合作；第四，加快基础设施建设和融资。② 从整体上看，虽然“宿务行动计划”与建设 FTAAP 具有相当大的关联性，在细节方面提出了更具意向性的实施措施，有助于促进 FTAAP 的建设，但并没有明确建设 FTAAP 的目标。

---

① 《商务部召开例行新闻发布会》，中华人民共和国商务部网站，2015 年 3 月 31 日，http://www.mofcom.gov.cn/article/ae/slfw/201503/20150300928489.shtml，最后访问日期：2016 年 10 月 10 日。

② Roberto B. Tan, “The Philippines' Hosting Priorities for the APEC Finance Ministers' Process (FMP) 2015: Cebu Action Plan,” presented at PECC - SINCPEC - PPECC Conference, Singapore, 5 March 2015, http://www.pecc.org/resources/finance-1/2195-the-philippines-hosting-priorities-for-the-apec-finance-ministers-process-fmp-2015-cebu-action-plan/file，最后访问日期：2016 年 10 月 10 日。

一般来说，亚太自贸区在一定条件下可以产生最大的创造贸易效应和最小的贸易转移效应。从相关性上看，RTA 的市场规模越大越好，RTA 前区内关税越高越好，RTA 区外关税越低越好，RTA 前区内贸易额越深越好，RTA 前产业结构竞争力越强越好，RTA 后产业结构互补性越强越好，RTA 前经济水平发展差距越窄越好，地理临近性越近越好。从 FTAAP 议程的优先领域来看，需要做到以下几点，在边境上，加快推进贸易自由化；在跨边境，促进地区互联互通；在边境后，改善商业环境。具体来看，在边境上的优先领域有：在选择的部门内降低平均关税和关税高峰；减少非关税贸易壁垒；卫生和植物检疫办法（SPS）和量化控制；减少服务贸易，特别是对电信和一些职能部门的保护。在跨边境的优先领域有：促进贸易便利化，尤其是法律框架、知识产权保护和海关手续；减少中间产品的关税税率，促进 APEC 经济体更多地参与全球和地区价值链。在边境后的优先领域有：从市场准入的传统贸易问题转向专注于管理一致性的下一代贸易和投资议题；根据贸易协定强制执行有关规则，如大多数的世界贸易组织文本、知识产权、投资和电子商务等；与地区经济合作的贸易和投资议题相衔接。

从发展趋势上看，未来的 FTAAP 可以综合考虑以下几方面的情况。第一，让 APEC 继续支持开放地区主义的理念。这意味着实现 FTAAP 也将促进 WTO，确保非 APEC 成员不会受到歧视。APEC 可以成为世界上能够让非 APEC 成员同样受益的典范。第二，实现茂物目标应先于实现 FTAAP。如果 APEC 想加快实现 FTAAP，各成员需要在 2020 年这一最后期限前实现茂物目标。制定实现 FTAAP 的最终期限可以被视为一个积极的标志，其可以对 APEC 产生很大压力，促使其制定包含实现 FTAAP 最后期限的行动框架。第三，APEC 应促进成员的开放性，将 TPP、RCEP 和太平洋联盟（PA）与 FTAAP 连接起来。如此一来，由各 FTA 规则之间的差异产生的负面效应就会减少。各企业可以选择满足它们减少交易成本的自由贸易协定。第四，APEC 应支持推进自由经济区，建立 APEC 自由经济区网络（AFEZN）。[①] 中国当前推出的多个自由贸易试验区，以及和其他国

① Chen - Sheng Ho, “Advancing an APEC Framework for Realizing FTAAP,” paper submitted to 2014 ASCC Conference, Qingdao, China, http://www.iseas.edu.sg/ISEAS/upload/files/ASCC_2014_QINGDAO.pdf，最后访问日期：2016 年 10 月 10 日。

家联合建设的产业园区等，对促进茂物目标和建设 FTAAP 同样能够发挥非常重要的促进作用。

五 结语

自 1997 年 APEC 推动部门自愿提前自由化（EVSL）失败以来，APEC 中主张积极推进 APEC 改革，要求推动建设具有约束力的 APEC 取代仅强调自愿行动的 APEC 的呼声一直没有消失。当前，APEC 各经济体在建设 FTAAP 上达成共识，反映出它们对 APEC“协调的单边主义”原则的不满，认为其已经不再适应亚太地区整合进程的需要了。然而，FTAAP 建设不会是一帆风顺的，在当前 FTAAP 的可行性研究尚未完成的情况下，对其利害的最终评估仍有待观察。FTAAP 的概念明显超越了 APEC 固有的组织文化与创始文本。连积极促进 FTAAP 建设的各经济体也在忙于谈判与实施双边和多边 FTA，这在一定程度上影响了它们对促进 FTAAP 的战略资源的投入。另外，FTAAP 似乎也让发达经济体回避了继续履行实现茂物目标的责任，影响了发展中经济体的积极性。

FTAAP 的提出已经有十多年的时间。各经济体之间具有比较复杂的政治考虑和对经济发展水平差异的顾虑，很难在 FTAAP 议题上产生强烈而持续性的聚焦，更不用说进入正式谈判进程。虽然 2010 年的《横滨宣言》已经明确表示未来 FTAAP 的建设进程将由 APEC 主导，但 APEC 的论坛本质对于各经济体来说并没有实质性的约束力，APEC 在多数议题上的进展几乎都是通过鼓励而非强制的方式取得的，应让各经济体自愿地实施 APEC 提出的相关措施。因此，推动 FTAAP 的建设进程仍需要各经济体之间彼此加强协调，共同努力。《北京路线图》虽然体现出各经济体对建设 FTAAP 的未来发展方向已经达成一定程度的共识，并做出相关承诺，但 FTAAP 未来究竟会采取何种整合方式仍存在不同的说法。即使目前 FTAAP、TTP 和 RCEP 三者并存形成伞状架构的可能性较大，但未来前景究竟会怎样，仍有待继续观察。

An Analysis on the Paths to Achieve the FTAAP

Abstract The idea of Free Trade Area for Asia-Pacific (FTAAP) was originally proposed by the APEC Business Advisory Council in 2004. Since then, researches and planning on the FTAAP has been listed into the agendas of APEC and attracted more and more attentions. The APEC conferences have also passed some policy documents on this issue. The 2014 APEC Beijing Summit came up with a more specific roadmap on how to construct the FTAAP, which may provide a framework of action plans for the researches, negotiations, and implementations of FTAAP. Currently, there are four paths of policymaking to build this FTAAP: promoting the existing mechanism of APEC, solely depending on RCEP and TPP, integrating the RCEP and TPP, and realizing the Bogor Goals. However, these four paths are all confronted with big challenges. There is even a possibility that FTAAP, TPP, and RCEP may coexist with one another. The present situations reveal that there is a trend that FTAAP construction is being gradually integrated into the agenda-settings and issue implementations of the APEC system. It will be carried forward and brought into more specific policy practices in future.

Keywords APEC; FTAAP; RCEP; TPP; Bogor Goals

Author Zhou Shixin, Assistant Professor, Director of the Big Power Diplomacy Section of the Foreign Policy Research Institute at the Shanghai Institute for International Studies.

“一带一路”研究

"一带一路"倡议与东盟发展战略对接：从"边界上"合作走向"边界后"合作*

赵江林

【内容提要】"一带一路"倡议与东盟发展战略对接是过去双边经贸关系发展的结果，也是未来双边经贸关系深化的方向，是双边经贸关系从"边界上"合作迈向"边界后"合作的质的飞跃，必将为双方未来的经济发展与共同繁荣做出新的贡献。未来，中国—东盟需要在产能合作、互联互通和金融合作领域加大对接力度，从而共建中国—东盟共同的经济增长体系。

【关键词】中国—东盟　发展战略　"边界上"合作　"边界后"合作　一带一路

【作者简介】赵江林，中国社会科学院亚太与全球战略研究院研究员，博士生导师，经济学博士。

"一带一路"倡议与东盟发展战略对接是过去双边经贸关系发展的结果，也是未来双边经贸关系深化的方向，是双边经贸关系从"边界上"合作迈向"边界后"合作的质的飞跃，必将为双方未来的经济发展与共同繁荣做出新的贡献。

目前，世界各国之间的合作有从"边界上"合作向"边界后"合作的

---

* 本文曾在复旦大学中国与周边国家关系研究中心、复旦大学亚洲研究中心与复旦发展研究院举办的"东盟共同体发展与'一带一路'倡议的对接"国际研讨会（2016 年 6 月 27 ~ 28 日，上海）上宣读。

发展趋势。[1] 所谓“边界上”合作，是指两国或多国之间为促进产品、资本、人员等跨界流动而采取的消除各种障碍的措施，如降低关税、消除非关税壁垒、免签证等。不过随着国家间交往增多，国家间的合作模式开始日益向国内领域渗透，开始出现所谓的“边界后”合作[2]。现实中，各种要素跨界流动面临的国内制度不一致的问题日益影响两国之间的交往效果，例如关税水平的降低虽然在一定程度上降低了两国之间产品贸易的成本，但是，为推行关税水平降低需要一系列国内政策的调整，包括调整涉及关税水平降低的税号及引起的生产要素价格变化等；再有劳工标准，发达国家的劳工标准高于发展中国家，如果要实行一致的劳工标准，需要发展中国家调整国内政策，这样才有可能向发达国家看齐，这实际上已经涉及发展中国家与劳工标准相关的国内多种政策的调整。通常学术界所指的“边界后”合作主要是指两国或多国国内经济体制的接轨。例如，TPP协定文本中的“边界后措施”要求各缔约方全面推进结构改革，在政府采购、国有企业、竞争政策、知识产权保护、劳工标准等国内经济管理体制方面与TPP新规范接轨。这类“边界后”合作也就是两国或多国制度建设的一致化，是指两国或多国之间在国内制度层面上实行一致化，如采取一致的管理标准、管理程序、管理规则，以有助于两国之间的产品、资本和人员深度往来，推进深层次的一体化建设。实际上，“边界后”合作还可以有另外一类，即两国或多国发展战略的一体化，是指两国或多国通过利用各自优势，从发展战略思想、发展战略目标及计划等方面开展一体化建设，目的是实现共同发展。两国之间为推动经济增长而采取的战略一体化建设，从大的方面有发展战略对接，从小的方面有基础设施建设、产业园区建设等，其实际上是补当地经济增长的“短板”，或将快速发展经济的经验进行移植，从战略层面和物理层面实现两国经济发展的全方位合作，形成“你中有我，我中有你”的深度合作。

---

① 2009年APEC领导人新加坡非正式会议提出要在“边界上”、“边界后”、跨边界等领域采取全面措施建立21世纪的经济一体化模式。

② 陆燕：《美欧谋求自贸协定对世界经贸的影响与中国应对策略》，《国际贸易》2014年第2期，第44～48页；李文韬：《TPP谈判未来走势及中国的应对战略》，《南开学报》（哲学社会科学版）2016年第2期，第45～57页；蔡鹏鸿：《TPP横向议题与下一代贸易规则及其对中国的影响》，《世界经济研究》2013年第7期，第41～45页；赵春明、赵远芳：《国际贸易新规则的挑战与应对》，《红旗文稿》2014年第21期，第18～20页。

一 “一带一路”倡议与东盟发展战略对接的意义

自2013年中国国家主席习近平提出“一带一路”倡议以来，中国与东盟之间的合作开始迈向一个新的历史时期。其中，“一带一路”倡议与东盟发展战略对接成为当前中国—东盟合作的重点内容。

“一带一路”与沿线国家发展战略对接是2015年3月28日中国国家发展和改革委员会、外交部、商务部联合发布的《推动共建丝绸之路经济带和21世纪海上丝绸之路的愿景与行动》中极为强调的内容。该行动计划多次提出要与沿线国家进行发展战略对接。该文件中多处指出，“‘一带一路’建设是一项系统工程，要坚持共商、共建、共享原则，积极推进沿线国家发展战略的相互对接”。“沿线各国可以就经济发展战略和对策进行充分交流对接，共同制定推进区域合作的规划和措施，协商解决合作中的问题，共同为务实合作及大型项目实施提供政策支持。”“中国愿与沿线国家一道，不断充实完善‘一带一路’的合作内容和方式，共同制定时间表、路线图，积极对接沿线国家发展和区域合作规划。”

2015年11月21日，中国国务院总理李克强在第18次中国—东盟“10+1”领导人会议上再次将中国与东盟之间的发展战略对接列为重要的议题。他指出，应推动“一带一路”倡议同区域国家发展战略对接。李克强总理在讲话中强调，“中方愿结合‘一带一路’建设，充分发挥中国—东盟互联互通合作委员会的作用，积极参与《东盟互联互通总体规划》。陆上联通是互联互通的基础。我们应继续积极推进泛亚铁路建设，争取中泰、中老铁路等重大项目年内开工，希望中老泰三方尽早签署运输便利化协定，愿探讨制定‘中国—东盟运输便利化协定’。信息联通是互联互通的重要内容。中方愿同东盟建立中国—东盟国家计算机应急响应组织合作机制，共同建设中国—东盟信息港。我们要充分发挥亚投行、丝路基金、中国—东盟投资合作基金等平台的作用；中方还将设立100亿美元的第二期中国—东盟基础设施专项贷款，为有关项目提供融资支持”。

将东盟作为“一带一路”对接的重点对象有着深刻的历史原因与现实背景。

第一，“一带一路”倡议与东盟发展战略对接是中国—东盟在“边界上”合作不断深化的结果。自1991年中国与东盟开启对话进程以来，中国—东盟合作开始进入人们的视野，经过25年的发展和历经几个关键的节点，中国—东盟合作进程从浅到深获得飞快发展（见表1）。到2010年1月1日，中国—东盟自由贸易区宣布正式成立，中国—东盟合作完成了从市场一体化到制度一体化的建设时期，到2016年，中国—东盟之间的关系已难以用当日的语言所形容，中国—东盟之间“边界上”的合作已获得全方位的发展与深化，关税水平在不断下降，贸易和投资便利化水平在不断提高，物流产品、资本、服务、人员交流几乎每隔几年就要上一个新台阶，双边“边界上”的制度合作水平也在不断提升，即将完成的中国—东盟自由贸易区全面升级版的谈判也将促进中国—东盟合作向世界更为先进的自由贸易区水平看齐。

表1　中国—东盟合作进程

时间	主要内容
1991年	中国与东盟开始对话进程
2002年	中国与东盟国家签署《南海各方行为宣言》，就和平解决争议、共同维护地区稳定、开展南海合作达成共识
2003年	中国作为域外大国率先加入《东南亚友好合作条约》，与东盟建立了面向和平与繁荣的战略伙伴关系 双方建立了对话合作机制，主要包括领导人会议、12个部长级会议机制和5个工作层对话合作机制
2009年	中国设立驻东盟大使
2010年1月	中国—东盟自由贸易区全面建成。中国—东盟自由贸易区是中国对外签署的第一个自由贸易区
2011年	就落实《南海各方行为宣言》后续行动指针达成一致，为开展南海务实合作铺平道路
2011年12月	中国—东盟中心正式成立
2012年8月	中国驻东盟使团成立
2013年10月	习近平主席访问东南亚国家，倡导携手建设更为紧密的中国—东盟命运共同体，提出商签“中国—东盟国家睦邻友好合作条约”、筹建亚洲基础设施投资银行、共同建设21世纪“海上丝绸之路”等重大倡议
2013年10月	第16次中国—东盟领导人会议在文莱斯里巴加湾举行。李克强总理在会上提出包含“深化战略互信、聚焦经济发展”这两点政治共识和政治、经贸、互联互通、金融、海上、安全、人文七个重点合作领域的中国—东盟“2+7合作框架”
2014年8月	双方同意开始中国—东盟自由贸易区升级版谈判。双方确定了农业、信息产业、人力资源开发、相互投资、湄公河流域开发、交通、能源、文化、旅游、公共卫生和环保11个重点合作领域

续表

时间	主要内容
2014 年	协力规划中国—东盟关系发展大战略。应尽快启动制定《中国—东盟面向和平与繁荣的战略伙伴关系联合宣言》第三份行动计划（2016—2020 年），引领双方关系未来发展。共同打造中国—东盟自由贸易区升级版。加快建设互联互通基础网
2015 年	进一步加强中国—东盟合作发展机制化建设。加快经贸合作升级。推动“一带一路”倡议同区域国家发展战略对接。探索开展国际产能合作。共同提升安全合作水平。努力促进地区可持续发展

资料来源：作者根据外交部网站相关资料整理，http://www.fmprc.gov.cn/web/gjhdq_676201/gj_676203/yz_676205/。

第二，东盟是中国的长期合作伙伴，也是开展“一带一路”国际合作的重要参与方。自 2013 年下半年“一带一路”倡议提出之后，根据“一带一路”的合作对象主要为发展中国家这一事实，中国提出多项重大举措，如成立亚洲基础设施投资银行（以下简称“亚投行”）、丝路基金等，目的是全力支持周边发展中国家的经济增长。东盟作为发展中地区，是中国长期发展的合作伙伴，同东盟进行发展战略对接是双边经贸关系升级的结果。目前，东盟是中国第三大贸易伙伴、第四大出口市场、第二大进口来源地（见图 1）和第三大外资来源地。2015 年，东盟对中国的投资存量为 78.6 亿美元，东盟对中国的投资主要是服务业和制造业。中国是东盟第一大贸易伙伴，是东盟第四大外资来源地。截至 2014 年底，中国对东盟的投资存量为 476.4 亿美元（见表 2），中国对东盟的投资主要分布于电力和煤气及水

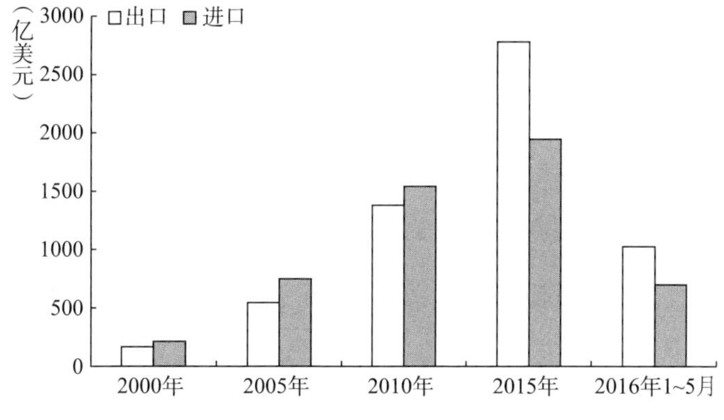

图 1　中国对东盟的贸易

资料来源：中华人民共和国商务部网站，http://yzs.mofcom.gov.cn/article/g/date/201608/2016-0801371376.shtml。

的生产供应业、批发和零售业、制造业、租赁和商务服务业、采矿业、建筑业等领域。目前，中国和东盟的贸易依存度越来越高（见表3）。东盟10国均已成为中国公民出国旅游目的地，双方互为主要旅游客源对象。

表2　2014年度中国对东南亚各国投资存量

单位：亿美元

国别	投资存量	国别	投资存量
新加坡	206.4	越南	28.7
马来西亚	17.9	老挝	44.9
泰国	30.8	缅甸	39.3
印度尼西亚	67.9	柬埔寨	32.2
菲律宾	7.6	文莱	0.7

资料来源：商务部、国家统计局、国家外汇管理局：《2014年度中国对外直接投资统计公报》，中国统计出版社，2015。

表3　中国东盟双边贸易依存度

单位：%

中国对东盟出口占对世界出口的比重	全部	资本品	消费品	原材料	零部件	其他
2000年	7.0	7.2	3.4	9.2	12.3	31.3
2005年	7.3	6.0	3.2	10.1	11.4	35.6
2010年	8.8	8.2	5.5	12.4	8.7	32.9
2015年	12.2	10.1	8.8	18.8	11.7	27.9
东盟对中国出口占对世界出口的比重	全部	资本品	消费品	原材料	零部件	其他
2000年	3.9	1.9	1.7	7.8	3.0	4.3
2005年	8.1	7.5	2.9	11.2	9.1	4.5
2010年	10.8	11.7	4.3	13.6	12.1	6.4
2015年	11.5	8.8	6.0	15.5	14.3	5.4

资料来源：联合国贸易数据库，http://comtrade.un.org/db/dqBasicQuery.aspx。

第三，从“边界上”合作迈向“边界后”合作是新时期中国对外合作的重大思路调整。自美国在亚太地区推出TPP以来，TPP成为当前亚太地区贸易和投资自由化的最新、最高标准。TPP之所以被称为新自由贸易区范式，关键在于其包含更多的国内制度规则的调整，即从“边界上”规则

（贸易和投资自由化）向“边界后”（推进贸易伙伴“边界后”的国内制度改革）规则方向调整，建立起与美国行为模式一致的制度框架，以此实现地区成员之间在制度上的高度融合，为美国实施对外战略提供制度上的保障。目前，参与 TPP 的东盟成员和有意加入 TPP 的东盟成员均为东盟的主体成员，一旦东盟多数成员成为 TPP 的一员，东盟将实现与美国在对外制度安排和国内制度安排上的全面“对接”，或者说东盟多数成员未来将与美国形成制度上一体化。与此同时，中国也在与东盟开展新一轮的合作安排。这次的合作安排将不同以往，中国推出的合作思路同样是基于中国与沿线国家经济发展的共同需要，利用双边互补优势，实现共同发展，即在经济发展方面进行战略上“对接”。仅仅依靠双边的贸易投资等传统手段已经不足以推动双方下一步的经济增长，这也是中国—东盟自由贸易区进行升级版谈判的主要原因。从长期来看，中国和东盟只有从“边界上”的合作向“边界后”的合作推进，即扎实进行双边发展战略的全方位合作，才能为双边合作关系的推进、促进双方经济增长做出“增量”贡献。尽管中国推出的与周边国家发展战略对接与美国的 TPP 有同样的加强与部分发展中国家合作的意图，都是从“边界上”合作迈向“边界后”合作，但是两者的合作内容并不完全相同，一个侧重制度建设，一个侧重经济增长。

“一带一路”倡议与东盟发展战略对接的积极意义有如下三点。

一是标志着中国与沿线国家的经济关系进入一个新的紧密发展时期。东盟地处“21 世纪海上丝绸之路”的十字路口和必经之地，是“一带一路”建设的天然伙伴，也是重要受益对象。“一带一路”与东盟发展战略对接是在双边经济关系充实发展的基础上，为谋求下一个阶段相互取长补短而开展的新一轮合作。中国—东盟双边经济关系已历经 25 年的发展，无论是双方的经济增长基础还是经济结构，都已经较 25 年前有很大的不同，进行发展战略对接是双边经济关系到一定阶段的必然结果。

二是“一带一路”倡议与东盟发展战略对接有助于实现双方良性互动发展，通过主动靠近、相互了解和互相补充，有助于减少经济增长与合作的成本，加快双方进一步推进一体化。①

三是为第三方起到示范作用，有助于加快地区经济一体化进程。对接

① 〔越南〕冯氏惠：《“一带一路”与中国—东盟互联互通：机遇、挑战与中越合作方向》，《东南亚纵横》2015 年第 15 期，第 32 ~ 37 页。

的意义绝不单单有助于双方经济发展，对地区内的其他合作伙伴也具有正向的引导作用，有助于加快第三方融入地区一体化进程中。

二 “一带一路”倡议与东盟发展战略对接的路径与内容

“一带一路”与东盟发展战略对接有两个层次：一是与东盟共同体建设蓝图对接，二是与东盟国家各自发展战略对接。

东盟作为一个整体即东盟共同体蓝图，其与中国对接的主要内容是，中国愿意借助“一带一路”辅助东盟共同体的实现，尤其是经济共同体目标的实现。“一带一路”包含多个合作领域，比如基础设施建设是东盟共同体建设面临的首要问题，没有基础设施建设的推进，东盟共同体也难以实现区内经济的共同增长，特别是落后成员的经济发展。目前，中国倡议进行的“东亚互联互通总体规划”实际上主要是促进东盟成员包含基础设施在内的互联互通，进而推进东盟共同体提速前行。

除了“一带一路”倡议与东盟共同体层面的对接之外，也需要推进“一带一路”倡议与东盟各成员发展战略对接。东盟各国经济发展水平差异大（见表4和表5），政治、社会、文化也不尽相同。当前，东盟各国都希望发展经济，促进当地民众的生活水平提高。因此，在进行发展战略合作时，中国需要与不同的东盟成员推进不同的战略对接（见表6）。例如，印度尼西亚强调发展海洋经济，中国需要与印度尼西亚在海洋经济方面加大合作力度；马来西亚更强调高科技，中国就需要与马来西亚加强在高科技领域方面的合作。老挝、柬埔寨和缅甸仍是不发达成员，中国就需要在基础设施等领域先行为其经济增长创造条件。就连之前与中国不睦的菲律宾也于近期发表文章表明菲律宾需要亚投行，需要“一带一路”的支持。①

① 菲律宾《每日问询者报》2016年7月4日发表社论文章《中国资金计划》指出，菲律宾需要亚洲基础设施投资银行（以下简称“亚投行”）帮助其发展基础设施建设。文章认为，尽管与中国存在领土争端，但菲律宾仍需同中国这个世界经济强国加强投资和贸易合作，尤其是需要通过亚投行这样一个现代化的多边组织来发展本国落后的基础设施建设，如修建、改善本国的机场、港口、铁路、公路等。即使不考虑“一带一路”规划为菲律宾带来的利益，菲律宾本身落后的基础设施也需要亚投行的资金支持。

表 4 东南亚各国经济状况

	人口（百万）	人口密度 人/平方公里	GDP（亿美元）	人均 GDP（美元）	城市化（%）	国家类型
新加坡	5.5	7737	2927	52888	100	高收入
马来西亚	29.9	91	2962	9557	74	中高收入
泰国	67.7	133	3953	5742	49	中等收入
印度尼西亚	254.5	140	8590	3362	53	中低收入
菲律宾	99.1	332	2920	2858	44	中低收入
越南	90.7	293	1915	2088	33	中低收入
老挝	6.7	29	125	1779	38	中低收入
缅甸	53.4	82	670	1292	34	中低收入
柬埔寨*	15.3	87	182	1168	21	中低收入
东盟	622.8	139	24244	3893		
中国	1364.3	145	109828	7990	54	中高收入

* 世界银行宣布，从2016年7月1日起，柬埔寨正式脱离最不发达国家（LDC），成为中等偏下收入国家。

资料来源：国际货币基金组织，http://www.imf.org/external/pubs/ft/weo/2016/01/weodata/index.aspx。

表 5 东盟经济增长情况

国别	经济增长率（%）				通货膨胀率（%）	经常项目占GDP比重（%）
	1990～2000年	2000～2009年	2009～2014年	2015年		
新加坡	7.2	6.0	5.8	2.0	1.0	19.1
马来西亚	7.0	5.1	5.6	5.0	3.1	4.3
泰国	4.1	4.8	3.9	2.8	1.9	3.8
印度尼西亚	4.2	5.3	5.8	4.8	6.4	-3.1
菲律宾	3.3	4.9	6.1	5.8	4.1	3.8
越南	7.9	6.8	5.8	6.7	4.1	5.1
老挝	6.4	7.0	8.1	7.0	4.1	-3.4
缅甸				7.0	5.5	2.6
柬埔寨	7.0	9.2	7.1	6.9	3.9	-9.9
中国	10.6	10.9	8.5	6.9	2.0	2.1

资料来源：国际货币基金组织，http://www.imf.org/external/pubs/ft/weo/2016/01/weodata/index.aspx。

表 6　中国与东盟成员的经济发展战略

	发展战略	重点方向和产业领域
柬埔寨	2015—2025 工业发展计划	
印度尼西亚	九套经济刺激政策	制造业、农业、海洋运输业、基础设施和旅游业
马来西亚	第 11 个马来西亚发展计划	生物燃料、旅游、金融等
缅甸	“二十年国家全面发展规划”中计划到 2030 年，吸收外资总额达 1400 亿美元，2017～2030 年年均吸收外资额 60 亿～80 亿美元。出口战略实施期为 5 年（2015～2019 年）	
菲律宾	杜特尔特政府的 8 点经济计划，包括修宪、税制、基础设施建设、社会服务及乡村发展等*	
新加坡		第三个政府间合作项目
泰国	“十二五”规划、新版七年投资促进战略（2015—2021）	产能合作、铁路合作、汽车和电子
越南	越共十二大决议所提出的经济社会发展目标，通过《2011～2020 年经济社会发展战略》，为到 2020 年把越南基本建成迈向现代化的工业国奠定基础 “越南 2011～2020 年发展海外市场目标及到 2030 年展望”所提出的目标是到 2020 年，出口为 3000 亿美元，年均增长为 11%～12%	“一带一路”和“两廊一圈”建设有效结合
中国	“十三五”规划和《中国制造 2025》	发展信息技术产业、机器人、航空航天装备等 10 大行业

* 菲律宾新政府将通过修改相关法律放宽该限制，为外国投资者创造更友好的环境；将把每年基建投入占 GDP 比重由 2.3% 提升至 5.0%，通过 PPP 模式改善铁路运输系统和通信系统，缓解交通堵塞，并创造更多就业机会；将依循“达沃模式”，让商人在最短时间内获得营业所需执照，并通过打击犯罪提升商家和民众安全度，进而改善整体营商环境。

资料来源：作者根据中华人民共和国驻东盟使团经济商务参赞处网站资料整理，http://www.mofcom.gov.cn/mofcom/guobiebaogao.shtml。

“一带一路”倡议与东盟发展战略对接的路径主要是找出双方的经济发展规划中可合作的共同点，并采取政策支持和企业介入等方式进行合作，为双方经济增长提供更大的增量。

“一带一路”倡议与东盟发展战略对接的领域是没有限定的，只要是有利于双边经济增长的皆是对接的主体内容，可以是产业发展规划的对接，可以是部门制度建设的对接，可以是东盟成员内部的基础设施建设和东盟互联互通合作，可以是金融领域合作通道的建设，甚至可以是教育人文交流等领域的合作。就重点方向而言，“一带一路”倡议与东盟发展战略对接的领域主要有以下几个方面。

一是产能合作。产能合作是直接推动双方经济增长的着力点。中国220多项工业产品产量居世界第一，在产能领域有装备、技术、施工、资金、管理经验等优势。中国的发电输电、交通装备、冶金建材、家用电器、信息设备、建筑施工、农业开发等产能在全球都有竞争力。而当前东盟国家正在积极推进工业化和城镇化，仍处于工业化中期和初中期，产业发展的需求和潜力都很大，对引进设备、技术、资金有迫切需求。通过与东盟国家对接需求，合理转移部分产能，可以增强这些国家的工业能力，提高制造业发展水平。目前，中国和东盟产能合作的领域有电力、工程机械、建材、通信等。例如，马来西亚希望与中国加强在橡胶、汽车零部件、水泥、钢铁、碳纤维、电子通信行业、可再生能源等产业上的合作。

二是互联互通合作。互联互通是间接带动双方经济增长的基石。东盟各成员内部和成员之间的基础设施互联互通的水平普遍不高，互联互通因此成为“一带一路”与东盟发展战略对接的主体内容和合作的空间。[①] 从一些国际组织对东盟成员经济社会发展水平所进行的国际比较可以看出，东盟多数成员的一些指标仍处于落后水平（见表7）。目前，东盟发展中国家物流成本占GDP的比重仍高达25%，而发达国家的物流成本已控制在GDP的10%左右。据亚洲开发银行的最新估算，为发展缅甸落后的交通运输基础设施，需要从现在起到2030年间投入600亿美元；菲律宾2010～2020年基础设施建设资金缺口达1271.2亿美元，平均每年需吸引投资115.6亿美元，而菲律宾政府在过去的6年里并未完成引资任务。当然，基础设施不仅涉及如道路等硬件的建设，还包括一些软环境的建设，如人力资源的开发等。

表7　对东南亚各国经济社会发展评价

	2016年人力发展指数排名	世界银行2016年“物流表现指数”排名	世界经济论坛(WEF)：全球竞争力指数(2015—2016)排名	世界经济论坛：网络就绪指数(NRI)排名	世界经济论坛：发展阶段	世界银行“营商指数”：开办企业需要的天数
新加坡	13	1	2	1	创新推动阶段	3

① 姜凌、江蕴玉：《建设21世纪海上丝绸之路与中国的发展机遇——基于东盟国家基础设施视角》，《产业与科技论坛》2015年第24期，第17～18页。

续表

	2016 年人力发展指数排名	世界银行 2016 年“物流表现指数”排名	世界经济论坛（WEF）：全球竞争力指数（2015—2016）排名	世界经济论坛：网络就绪指数（NRI）排名	世界经济论坛：发展阶段	世界银行“营商指数”：开办企业需要的天数
马来西亚	42	—	18	—	转型阶段（从效率推动向创新推动）	4
泰国	48	—	31	—	效率推动阶段	28
印度尼西亚	72	63	37	—	效率推动阶段	48
菲律宾	49	71	47	77	转型阶段（从要素推动向效率推动）	29
越南	68	64	56	—	转型阶段（从要素推动向效率推动）	20
老挝	106	—	83	—	要素推动阶段	73
缅甸	109	—	131	—	要素推动阶段	13
柬埔寨	—	—	90	—	要素推动阶段	87
中国	71	27	28	—	效率推动阶段	31

资料来源：世界银行，http://blogs.worldbank.org/opendata/2016 - edition - world - development - indicators - out - three - features - you - won - t - want - miss，http://data.worldbank.org/data - catalog/doing - business - database；世界经济论坛；https://www.weforum.org/reports/the - global - information - technology - report - 2016，https://www.weforum.org/reports/global - competitiveness - report - 2015。

三是金融领域合作。金融领域是打通双方经济增长的经脉，是双方未来最需要加强的领域。目前，中国—东盟在金融领域的合作仅限于双边货币互换及部分基金，用于服务双方的经济增长，但是双方还缺乏整体上的金融制度建设，这与双方的经济增长对资金的需要和灵活运用的要求存在相当大的差距。未来，中国和东盟的金融合作需要在扩大资金运作规模、建立完善的金融体系、相应的金融监管制度保障方向上有所发展。

当前，“一带一路”倡议与东盟发展战略实现对接已具备多种条件。

一是政治上的保障。由表 8 可见，中国—东盟政治关系的发展为双方实现战略对接创造了充分的条件。自“一带一路”倡议提出之后，东盟成员积极支持“一带一路”建设，纷纷表示愿意同中国做进一步的深化交流与互动，希望在积极支持“一带一路”倡议的同时，也使自身获得新的发展机遇。

表8　中国与东盟双边关系的发展

国别	时间	关系类型	国别	时间	关系类型
新加坡	2015年	与时俱进的全方位合作伙伴关系	菲律宾	2007年	和平与发展的战略性合作关系
马来西亚	2013年	全面战略伙伴关系	越南	2008年	全面战略合作伙伴关系
泰国	2012年	全面战略合作伙伴关系	老挝	2009年	全面战略合作伙伴关系
印度尼西亚	2013年	全面战略伙伴关系	缅甸	2011年	全面战略伙伴关系
文莱	2013年	战略合作关系	柬埔寨	2010年	全面战略合作伙伴关系

资料来源：作者根据外交部网站相关资料整理，http://www.fmprc.gov.cn/web/gjhdq_676201/gj_676203/yz_676205/。

二是一定的资金保障。中国经济的快速发展使中国开始有实力支持东盟国家的经济发展（见图2）。近年来，中国成立了多个促进东盟经济发展的合作基金，设立了中国—东盟合作基金、中国—东盟公共卫生合作基金、中国—东盟海上合作基金和中国—东盟投资合作基金，用于支持中国—东盟各领域合作。另外，丝路基金、亚洲基础设施投资银行等新设立的资金机构也积极参与东盟基础设施建设。目前，东盟成员基本上是作为创始成员参与上述基金，已发放的银行贷款也流向了东盟部分成员。中国在每年的“10+1”领导人峰会上已为东盟国家提供了各种形式的优惠贷款、合作基金等，用于支持双方开展务实合作，甚至也包括向东盟提供5000万元人民币无偿援助等，用于支持东盟共同体建设。中国还在互联互

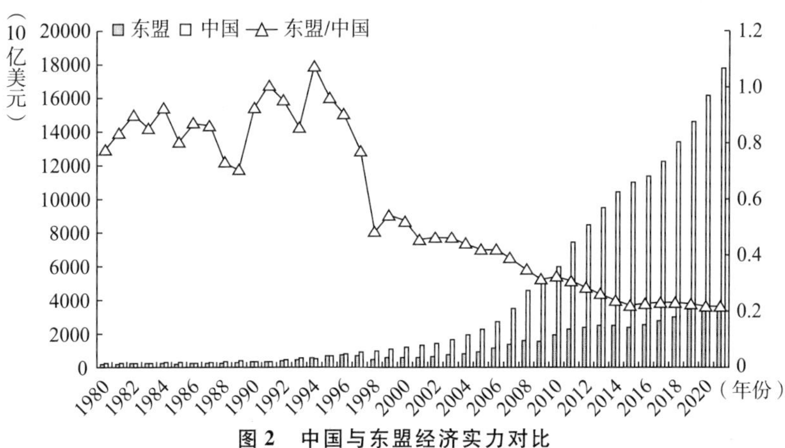

图2　中国与东盟经济实力对比

资料来源：国际货币基金组织，http://www.imf.org/external/pubs/ft/weo/2016/01/weodata/index.aspx。

通、减贫、能力建设等领域，通过人员合作等支持东盟共同体建设。

三是制度上的保障。当前，“一带一路”建设已进入全面实施阶段，东盟共同体已经宣布建成，中国—东盟自由贸易区升级版谈判结束，双方签署了《升级议定书》等成果文件，亚洲基础设施投资银行正式投入运营，丝路基金实际投资运作也已迈出重要步伐，这些都为中国和东盟实现经济共同增长创造了必要条件。东盟国家，尤其是落后成员，也在积极修改吸引外资的条款，如菲律宾准备进一步修改外资条款，以扩大外资进入菲律宾；越南在过去 20 年多次修改投资法，特别是 2014 年大幅修改；柬埔寨和老挝正在进行修订；缅甸已经对外资开放市场并正快速改革国内投资体制。

三 “一带一路”倡议与东盟发展战略对接的对策建议

“一带一路”倡议与东盟发展战略对接是基于中国和东盟经济发展新阶段和合作新阶段的结果。东盟是世界上最有发展潜力的地区之一。随着东盟共同体目标的初步落成，东盟已经是一个具有一定经济发展水平和制度建设水平的地区。东盟目前的经济总量接近 3 万亿美元，是世界第七大经济体，预计到 2050 年将成为第四大经济体。东盟目前有 6.4 亿人口，是世界第三大劳动力来源地，超过北美和欧盟，仅次于中国和印度。到 2030 年左右，东盟将为地区乃至全球的经济增长和一体化建设提供充足的动力，而不再是一个发展中水平落后的标志性地区。

2016 年是中国与东盟建立对话关系 25 周年，也是中国—东盟教育交流年。目前，中国与东盟国家正在共同打造“钻石十年”，力争到 2020 年双边贸易额达到 1 万亿美元，今后 8 年新增双向投资 1500 亿美元，双边企业合作广度和深度进一步升级。

当然，中国与东盟实现发展战略对接仍面临诸多挑战。

一是来自东盟的疑虑。东盟国家一直很担心中国对东盟发展机遇的抢夺，因此，“中国威胁论”始终萦绕在东盟心头。从现实情况来看，中国竞争能力的提升快于东盟，中国在与东盟对第三方市场竞争中和在中国—东盟双方本土的竞争中也略胜一筹。从双边的贸易平衡状况来看，中国对东盟的贸易早已从逆差转化为顺差，且顺差有扩大之势，这也是阻碍中国

—东盟经贸合作深度发展的重要因素。

二是来自制度建设方面。东盟多为发展中成员，在制度建设方面落后于发达国家[①]，同时，中国、东盟同为发展中国家或地区，双边的制度建设也落后于中国同其他国家的关系，如中国同韩国和澳大利亚签署的双边自由贸易区协定。制度建设是为经济增长降低成本的基本路径。在推进发展战略对接过程中，中国和东盟有可能因制度规则的差异始终难以有深度的战略合作，特别是在面临美国 TPP 规则时，东盟倾向于美国的 TPP 规则，而中国仍坚持本土规则，中国—东盟发展战略对接不得不面临制度上的考验。

三是来自领土等争端。南海问题目前已经成为干扰中国—东盟经济合作、政治关系向前发展的绊脚石。[②] 围绕南海争端，中国同东盟的关系处于分化的风险中，部分东盟成员甚至诉诸非正式途径，以寻求国际的同情，对中国进行施压；部分成员仍愿意同中国交好，希望继续利用中国的发展机遇，实现本国的经济增长。南海问题不可能求助于武力、法律，而只能回到经济合作途径上来。

四是来自域外大国的干扰。美国、日本对中国—东盟关系发展的干扰也是中国—东盟始终面临的困境。[③] 出于不同的战略目标，中美、中日之间的战略竞争尽管不直接相互面对，但是往往反映在第三方上，因此，东盟在与中国发展关系上始终不得不考虑美国因素、日本因素，在与中国进行深度的战略对接过程中，不得不被美国、日本所掣肘，以致不可能与中国发展更为深度的战略伙伴关系。[④]

不过，从发展大势来看，中国—东盟经济仍处于快速发展时期，仅就这一点，中国也好，东盟也罢，都不会破坏中国—东盟目前正处于良好发

---

① 据菲律宾《商业世界报》2016 年 5 月 13 日的报道，经济合作与发展组织（OECD）发布首份菲律宾投资政策报告，指称尽管菲经济增速是亚太地区最快的之一，其外资政策却是世界范围内最不开放的之一。菲对电信、交通、公共电力设施、农林渔业、建筑业、广告业、私人广播及不动产等行业的外资股比限制，是菲排名“外资政策限制指数”65 个经济体中最高之一的主要原因。此外，菲对外国投资者至少投入 20 万美元的最低资本要求也是世界范围内最高的之一。

② 陈相秒、马超：《论东盟对南海问题的利益要求和政策选择》，《国际观察》2016 年第 1 期，第 93 ~ 106 页。

③ 杨勇：《如何应对域外大国介入东亚一体化》，《唯实》2015 年第 3 期，第 91 ~ 94 页。

④ 胡必亮、葛成：《东盟国家的战略两难与中国之对策》，《人民论坛 · 学术前沿》2014 年第 7 期，第 48 ~ 57 页。

展时期的这一大局，都会小心谨慎处理双边关系。至少从中国方面来看，中国政府一直致力于与东盟的全方位合作，尽可能使双边关系处于平稳的发展状态，这一点是中国发展与东盟战略对接的主要起点，而中国也愿意付出一定的经济成本保持与东盟的友好发展。

未来，中国和东盟将围绕政策沟通、设施联通、贸易畅通、资金融通、民心相通五通领域，以推进基础设施、自由贸易区升级版、海洋经济、人文交流为合作框架，将中国—东盟合作从“边界上”合作向“边界后”合作转型，为中国—东盟战略伙伴关系发展创造新的动力。

今后推进中国和东盟经贸关系发展的主要政策方向有如下几点。

一是促进以定位区内市场为主的产业合作。目前的亚洲产业分工体系仍主要服务于传统的区外市场，形成了亚洲特殊的区外消费和区内生产相结合的经济结构特征。目前，由于区外消费的增长潜力受到发达国家经济结构的极大牵制而具有不确定性，尽管以发达国家为主的区外市场对于中国和东盟而言仍具有存量意义，但是否具有增量意义带有较大的疑问。而中国—东盟人均收入水平的提高可以部分填补发达国家留下来的消费需求缺口，这样以双方市场为目标定位的生产将会取代传统意义上的以服务区外市场为主的生产，其产业合作也将在新的产业分工基础上有所变化，过去亚洲的产业分工基本是以垂直型产业分工为主，未来有可能向水平型产业分工过渡，形成以服务区内市场为主的产业分工结构。

二是推进中国部分产业转移和产能合作，推动东盟落后成员的经济增长。东盟落后成员是亚洲地区市场扩张的潜在地区之一。加快这些成员的经济增长步伐是提升其消费能力的主要路径。中国可以适度向这些成员加快产业转移的步伐，这样不仅有利于这些落后成员的经济发展，同时也可以加大中国对东盟成员消费品的进口力度。尽管中国市场蕴藏巨大的消费规模，但是中国本身具有强大的制造能力和竞争优势，从而使东盟对中国出口的消费品规模增长缓慢。将部分产业向外推移在一定程度上可以加大中国从东盟进口产品的力度。

三是加强基础设施软硬环境建设。基础设施是中国—东盟在推进工业化进程中必不可少的要件之一，也是需要大规模投入的领域之一。目前，中国和东盟，尤其是东盟落后成员的基础设施还不足以满足这些成员的经济增长需要，未来除借助双方力量之外，也需要引入其他方面的力量对基础设施进行投入。今后，中国将进一步加强与《东盟互联互通总体规划

2025》对接，支持东盟基础设施互联互通，加快制定中国与东盟互联互通总体规划。

四是提高自由贸易区协定的合作水平和扩大合作范围。中国—东盟自由贸易区协定已经涵盖诸多领域，但是距离有发达国家参与签署的自由贸易区协定的标准还存在相当大的差距，比如知识产权、政府采购等领域，虽然协定有所涉及，但是达到的合作水平不如其他有发达国家参与的协定的水平高。为此，今后需要提高自由贸易区向纵深领域拓展，实现中国—东盟自由贸易区的更高水平。

五是对落后地区的关注。中国与湄公河国家刚刚启动的澜沧江—湄公河合作机制（简称“澜湄合作机制”）将为东盟欠发达国家提供新的发展机遇。澜湄合作，旨在缩小地区发展差距，促进次区域经济社会发展，中国东盟共同体建设和地区一体化进程将进一步为欠发达地区的经济增长提供合作示范样本，也将带动该地区进入新的发展阶段。

The Coordination of "The Belt and Road" Initiative with ASEAN Development Strategies: From "on the Border" to "beyond the Border"

Abstract The integration between the "the Belt and Road" Initiative and the ASEAN Development Strategies is both the outcome of the rapid development of China-ASEAN economic and trade relations in the past and a future direction for deepening China-ASEAN bilateral economic and trade relations. It reflects a qualitatively significant leap of the China-ASEAN economic and trade relations from "on-the-border" cooperation towards "beyond-the-border" cooperation, which will make new contributions to the economic development and common prosperity of both China and ASEAN. In the future, China and ASEAN need to intensify their efforts in the fields of productive capacity cooperation, mutual connectivity and financial cooperation. In this way, a system of China-

ASEAN common economic growth can be built.

Keywords China-ASEAN Relations; Development Strategies; "On the Border" Coordination; "Beyond the Border" Coordination; The Belt and Road

Author Zhao Jianglin, Professor of the National Institute of International Strategy, Chinese Academy of Social Sciences.

中菲共建“一带一路”的基础、挑战与可能路径*

林勇新

【内容提要】阿基诺三世执政时期，中菲南海争议、“南海仲裁案”导致的两国政治互信不足和菲方出现战略误判致使菲律宾对“一带一路”倡议的理解和认知不足，猜疑有余，中菲在政策沟通、民心相通等方面的合作明显滞后。近期，菲律宾新政府关于在南海争议上可以同中国协商谈判的表态为中菲关系的改善及两国共建“一带一路”带来了契机。中菲建交以来达成的诸多共识、中菲贸易的逆势提升，以及两国进出口贸易的优势互补、中菲人文交流的逐渐恢复和地方友城交往，为中菲开展“一带一路”合作提供了政治、经济和人文基础。但同时，中菲合作也面临政治互信不足、美日掣肘、菲律宾国内政治文化和高涨的民族主义情绪的不利影响。中菲开展“一带一路”倡议下的政策沟通、基础设施和产业园建设、海洋事务、风险评估等领域的合作符合两国的发展战略需求，符合中菲关系的长远发展。

【关键词】中菲关系　一带一路

【基金项目】2014年度国家社科基金重大项目“21世纪海上丝绸之路建设与南海战略研究”（项目批准号：14ZDA078）；海南省社会科学2014年专项重大课题“海南资源优势和‘海上丝绸之路’建设研究”［课题编号HNSK（ZD）—B1］。

* 本文曾在复旦大学中国与周边国家关系研究中心、菲律宾大学亚洲中心举办的“中菲关系发展的前景与挑战”研讨会（2016年8月26日，上海）上宣读。

【作者简介】林勇新，中国南海研究院海上丝绸之路研究所副所长，博士，助理研究员。

“一带一路”倡议提出已逾三年，随着国际社会对“一带一路”倡议的逐步认同及共识的积累，基础设施建设等各领域合作的不断深入，一批标志性项目的推进落实，中国国家主席习近平评价认为，“‘一带一路’建设从无到有，由点及面，进度和成果超出预期”。[①] 菲律宾作为中国的海上邻国，位于“21世纪海上丝绸之路”两条重点路线的关键位置，[②] 在与中国共同开展建设“一带一路”上具有明显的地缘优势及便利因素，其本可与中国在“一带一路”建设合作上占有先机，并更多享受“一带一路”建设的成果。但由于中菲南海争议、菲“南海仲裁案”导致两国政治互信不足，菲方出现战略误判，致使菲律宾对“一带一路”倡议的理解和认知整体性不足，猜疑有余，参与“一带一路”建设的意愿不强，投入不足，在相关领域特别是政策沟通、民心相通即人文交流等方面明显滞后。

近段时间以来，菲律宾总统杜特尔特多次在公开场合表示“愿意与中国在南海议题上展开谈判”，[③] 意味着菲律宾处理南海问题的思路及政策或将进行一定调整，此举或为中菲两国关系的转圜和共建“一带一路”提供契机，为双方合作拓展空间。就目前而言，中菲合作的潜力巨大，但面对近三年来两国政府间的沟通机制几乎中断的现实情况，双方应着力协商重启政府间的磋商机制，正视分歧，积累互信，并共同推进项目合作与落实。对此，亟须双方立足于两国建交以来业已达成的共识，以既有的合作机制与平台为支撑，探讨符合两国共同发展利益的政治及合作框架，稳步

① 《习近平就“一带一路”建设提8项要求》，新华网，2016年8月18日，http://news.xinhuanet.com/mrdx/2016-08/18/c_135609953.htm，最后访问日期：2016年10月10日。

② 根据《推动共建丝绸之路经济带和21世纪海上丝绸之路的愿景与行动》，“21世纪海上丝绸之路”的重点方向包括两条路线：从中国沿海港口过南海到印度洋，延伸至欧洲；从中国沿海港口过南海到南太平洋。

③ 《菲律宾新总统今日宣誓就职　听听他对中国都说了啥?》，参考消息网，2016年6月30日，http://www.cankaoxiaoxi.com/world/20160630/1212674.shtml?_t_t_t=0.12772474810481071；《菲前总统拉莫斯同意担任赴中国谈判特使》，环球网，2016年7月24日，http://world.huanqiu.com/article/2016-07/9217763.html；《菲律宾总统望年内与中国就南海争端展开双边对话》，新华网，2016年8月24日，http://news.xinhuanet.com/world/2016-08/24/c_129252595.htm，最后访问日期：2016年10月10日。

推动实体项目的运行开展。

一　中菲共建“一带一路”的现实基础

“一带一路”建设推动的沿线国家的互联互通与基础设施建设、资源能源的可持续开发利用及全方位的贸易服务往来等，将有利于中国、菲律宾两国的经济社会和两国关系的健康发展。“一带一路”倡议所具有的“和平合作、开放包容、互学互鉴、互利共赢”的内涵，有利于中菲在共商的基础上共建海上丝绸之路，并共享最终的建设成果。除此之外，中菲两国在政治、经济等领域的既有共识与合作为双方共建“一带一路”打下了重要的现实基础。

（一）中菲建交以来达成的诸多共识为两国重启政治协商、开展合作提供了良好的基础和经验借鉴

中菲自1975年6月建交以来，均致力于睦邻合作、互信互利的合作关系。尤其是21世纪前10年，中菲关系进入了良性发展的黄金时期。[①] 高层的密切互访[②]，以及所达成的《中菲联合声明》《战略性合作共同行动计划》等一系列共识文件，将两国关系推至“同意进一步深化中菲致力于和平与发展的战略性合作关系”的高度。值得注意的是，中国在2002年分别同包括菲律宾在内的东盟十国签署的《南海各方行为宣言》、中菲越在2005年签署的《在南中国海协议区三方联合海洋地震工作协议》（以下简称“《三方联合海洋地震工作协议》”）为中菲双方妥善管控南海分歧，以及防止领土争端干扰双方在经济等其他领域的合作进行了有益的探索。虽然从2008年开始，《三方联合海洋地震工作协议》在菲国内遭到“污名化”炒作，即菲国内反对派有意将中菲南海合作与阿罗约政府的腐败联系在一起，导致该协议在2008年期满后未能续签[③]，但不可否认的是，《三方

① 杨讴：《中菲关系进入黄金时期》，《人民日报》（海外版）2007年1月16日，第1版。

② 其间，时任中国国家主席胡锦涛（2005年4月）、总理温家宝（2007年1月）、全国政协主席贾庆林（2009年11月）等先后访菲；时任菲律宾总统埃斯特拉达（2000年5月）、阿罗约（2001年11月和2004年9月）等先后访华。

③ 查雯：《菲律宾南海政策转变背后的国内政治因素》，《当代亚太》2014年第5期，第132～133页。

联合海洋地震工作协议》的签署与实践表明，只要争端当事方政治意愿充足，南海争议可以通过协商谈判、“搁置争议，共同开发”的途径解决。这为未来中菲就南海问题重启谈判、推进南海海上合作提供了宝贵的经验借鉴。

与此同时，中菲建立的外交磋商、国防部防务安全磋商、经贸联委会（全称“经济、技术和贸易合作联合委员会”）机制为两国有效开展政治安全和经贸等领域的合作提供了有力支撑。例如 2013 年 4 月和 6 月，中菲在中国北京分别进行了第四届国防部防务安全磋商和第 19 次外交磋商，双方在地区安全形势、海上安全、两国两军关系及两国关系发展上进行了良好的沟通与交流。

（二）中菲经济贸易额逆势提升，双方进出口贸易的优势互补有益于促进两国经济的协同发展

近年来，受黄岩岛对峙、“南海仲裁案”等事件的影响，中菲两国关系有所倒退，但双方贸易额在全球经济环境不佳，特别是中国同亚洲国家、中国同东盟国家的贸易额均下滑的情况下逆势增长。根据菲律宾方面的统计，中国是菲律宾第二大贸易伙伴、最大进口来源和第三大出口市场。[①] 数据表明，2014 年，中菲贸易同比增长 16.75%；中方进口增加 15.1%。[②] 2015 年，中菲双边贸易额达到 456.5 亿美元，同比增长 2.7%。2016 年前 5 个月，中菲贸易额同比增长 5.9%。双方进出口贸易优势互补明显。中国对菲出口的主要商品为机械电子产品（主要是半导体器件、家电产品及配件、无线电信设备及零附件、电动机及发电机等）、纺织品、轻工塑料产品等。中国自菲进口的主要商品为机电产品（主要是电子产品，如集成电路及微电子组件、自动数据处理设备及其零部件等）、未锻造的铜及铜材、橡胶等。目前，中菲贸易中电子和机械的产业内贸易占比较大，虽然这些产品均为日本、韩国和中国台湾地区的大公司在中菲所设工厂之间的贸易，但随着贸易规模的扩大，亦直接促进了中菲产业链式合

① 《中国外贸成绩不易，中菲贸易逆势而上》，中华人民共和国商务部网站，2016 年 3 月 3 日，http://www.mofcom.gov.cn/article/i/jyjl/j/201603/20160301267887.shtml，最后访问日期：2016 年 10 月 10 日。

② 《2014 年中菲经贸合作概况》，中华人民共和国商务部网站，2015 年 9 月 16 日，http://ph.mofcom.gov.cn/article/zxhz/hzjj/201509/20150901114521.shtml，最后访问日期：2016 年 10 月 10 日。

作的发展。同时，矿物燃料、车辆等新兴产品近年来在中菲贸易中迅速增加，中菲经贸合作正朝着多元化的方向发展。未来，中菲在“一带一路”市场不断拓展、国际产能合作不断推进的大背景下合作的前景十分广阔。

（三）人文交流逐渐恢复，有助于降低两国民众对彼此的错误认知，提升文化认同感

值得一提的是，菲律宾是东盟国家中最早与中国签订文化协定的国家。自该协定 1979 年 7 月签署以来，中菲在人文交流方面进行了多个领域、多种形式的合作，获得了积极的发展。目前，两国已签订 12 个涵盖文学、文物、表演艺术、广播电视、教育、体育、卫生等领域的年度文化交流执行计划。[①]

然而，黄岩岛对峙事件后，菲国内民族情绪高涨和华人在菲遭袭事件频发，中菲的人文交流明显受到影响。以旅游为例，2012 年第一季度，中国赴菲旅游人数 9.65 万人次，同比增长 77.5%；[②] 而黄岩岛事件发生后，中国赴菲旅游人数迅速下降，全年不及预期 45 万人次的一半，[③] 此后有所改善。据菲官方数据统计，2015 年中国是菲律宾第四大外国游客来源国，达 49.1 万人次，同比增长 24.3%，占比 9.2%。[④] 但相较于中国赴东盟国家游客超过 1700 万人次，同比增长 49.9%，[⑤] 中国赴菲游客仅占 2.8%。显然，中菲在旅游领域的合作空间仍有待进一步挖掘。

---

① 《中菲文化交流概况》，中华人民共和国驻菲律宾共和国大使馆网站，2012 年 2 月 18 日，http://www.fmprc.gov.cn/ce/ceph/chn/zfgx/whjy/t537705.htm；《菲律宾第四所孔子学院在国立菲律宾大学成功揭牌》，中华人民共和国驻菲律宾共和国大使馆网站，2015 年 10 月 13 日，http://www.fmprc.gov.cn/ce/ceph/chn/zfgx/whjy/t1309752.htm，最后访问日期：2016 年 10 月 10 日。

② 《一季度菲律宾入境旅游人数创历史新高》，中华人民共和国商务部网站，2012 年 5 月 9 日，http://www.mofcom.gov.cn/aarticle/i/jyjl/j/201205/20120508114929.html，最后访问日期：2016 年 10 月 10 日。

③ 《菲律宾 2012 年吸引中国游客不足预期一半》，参考消息网，2013 年 1 月 6 日，http://finance.cankaoxiaoxi.com/2013/0106/145727.shtml，最后访问日期：2016 年 10 月 10 日。

④ 《2015 年菲律宾经济形势及 2016 年展望》，中华人民共和国商务部网站，2016 年 5 月 16 日，http://www.mofcom.gov.cn/article/i/jyjl/j/201605/20160501319042.shtml，最后访问日期：2016 年 10 月 10 日。

⑤ 《2015 中国与东盟互访人数创历史新高》，新华网，2016 年 5 月 26 日，http://news.xinhuanet.com/politics/2016-05/26/c_129018826.htm，最后访问日期：2016 年 10 月 10 日。

（四）地方友城合作兼具官民交流的优势，可有效推动中菲全方位、宽领域、多层次的务实合作

地方友城的建立为政府间、民众间的交流搭建了重要平台，通过其纽带功能、桥梁功能和经贸促进功能，可有力推动城市间资源共享、优势互补、合作共赢，是国家间合作的有机组成部分。对于中菲而言，南沙群岛的领土争端显然不应是两国关系的全部。地方友城所推动的“民间外交、城市外交、公共外交”可有效拓宽国家外交的沟通渠道和合作空间。例如，自 1996 年海南省和宿务省、2009 年海口市和大雅台市建立友城机制以来，两地方省市在经贸、农业、旅游、文化文艺等领域的合作得到长足发展，民间交往频繁。① 特别是近几年，在中菲关系紧张、国家层面的交往降温的情况下，地方友城所保持的交流与合作无疑将为两国关系的“破冰”和“一带一路”框架下合作领域的探索与深化发挥关键性的促进作用。

二　中菲共建“一带一路”的挑战

（一）南海争议及其升温导致的中菲互信不足是双方深化合作短期内难以轻易逾越的障碍

2012 年以来，围绕南沙岛礁争端，中菲之间发生了黄岩岛对峙、仁爱礁冲突、中国渔民被非法抓扣等局部冲突事件，以及菲律宾单方面提起的“南海仲裁案”，对中菲双边关系的发展产生了一定的负面影响，最直接的体现即包括两国外交部门正式对话磋商机制、中菲经贸联委会机制等对话交流机制被迫中断，并动摇了两国的政治互信基础。究其原因，除阿基诺三世激进的南海政策外，与双方彼此的疑虑也不无关系，中国对菲律宾的疑虑主要集中在菲律宾的外交事务上，体现为对菲律宾地缘政治的重要性与对美关系的“独立性”认识不足，同时低估了菲国内因素对其外交事务的影响。菲律宾对中国的疑虑主要集中在中国的领土政策上，菲以为中国的最终目标是无止境地攫取地盘，怀疑中国政治

① 《“友城外交”的袖里乾坤》，新华网，2015 年 3 月 10 日，http://news.xinhuanet.com/herald/2015-03/10/c_134054363.htm，最后访问日期：2016 年 10 月 10 日。

协商的诚意，以及迷信美国干预能够制约甚至改变中国政策。[①] 正是中菲两国间的领土争端和彼此疑虑所导致的政治互信不足，致使菲律宾对中国提出的“一带一路”倡议产生了一定的战略猜疑，迟滞了中菲两国共建“一带一路”合作进程。

与此同时，鉴于“南海仲裁案”裁决认为，中国基于南海断续线内海域的资源主张历史性权利没有法律依据，否定了中国南沙岛礁的法律地位及整体性，主张中国南沙诸岛为礁。中国政府已表示将坚持与菲的双边谈判不以仲裁裁决为前提，而菲律宾坐拥对己如此有利的裁决，以及面对美日施压、菲国内部分舆论与民意的压力，杜特尔特政府在双边谈判中亦不可能完全“搁置裁决”。因此，中菲在未来的一段时间能否妥善处理仲裁案的最终裁决，将直接影响中菲对话磋商的进程。

（二）中美、中日的战略博弈日益加剧，中菲合作将不可避免地遭遇美日的掣肘

自2010年实施“亚太再平衡”战略以来，美国通过加强美菲军事合作、升级美越战略伙伴关系和加强在南海的军事活动等手段加大了对南海问题的介入深度和广度。当前，美国在南海问题上的立场已从“有限介入”转向政治、外交、军事、经济的全面介入。美国已将中美之间的博弈上升至规则秩序的主导权的竞争，如奥巴马总统在2009年11月访问日本时强调：“作为太平洋国家，美国将在这一非常重要的地区加强并维持领导力。”[②] 因此，美国对中国在南海地区的岛礁建设等主动作为感到更为敏感和焦虑不安，其进而所采取的措施和行动亦可能更加激进。2016年9月21日，在美国国会举行的听证会上，葛来仪（Bonnie Glaser）、艾立信（Andrew Erickson）和克拉斯卡（James Kraska）建议美国政府要敢于冒险，阻止中国在黄岩岛填海造地和设立南海防空识别区；建议美国政府继续在“南海仲裁案”上做文章，迫使中国至少部分接受裁决；建议美国拒绝中国舰只进入菲专属经济区，并鼓动日本也这么做，以阻止中国舰只驶

① 李开盛：《超越领土争端：中菲关系的旧观念与新框架》，《亚太安全与海洋研究》2016年第4期，第15～31页。

② 《奥巴马自称美国首位“太平洋总统”》，中国新闻网，2009年11月16日，http://www.chinanews.com/gj/gj-gjrw/news/2009/11-16/1966979.shtml，最后访问日期：2016年10月10日。

向大洋等。[①] 可以预料，未来中美在南海地区的地缘政治博弈将日趋激烈。再者，在作为“亚太再平衡”战略经济支柱的“跨太平洋伙伴关系协定”（TPP）的磋商中，美国通过在企业改革、政府采购、知识产权等领域设立高标准，将中国排除在外，并分散了部分国家参与“一带一路”的热情。

对于菲律宾而言，作为美国的同盟国，以及阿基诺三世执政时期所积累的“亲美”基础，杜特尔特政府即使采取独立平衡的外交政策，也将不得不顾及美国的“关切”，从而在与中国的合作上有所顾虑。

另外，近年来，日本追随美国，通过不断加大对菲律宾的军事、经济投资或援助，企图向中国施压，降低中国在菲律宾的影响力。鉴于目前日本是对菲律宾援助最多的国家，以及美日主导的亚洲开发银行总部设立在马尼拉，菲律宾在评估参与“一带一路”建设对菲日关系的影响时将更加谨慎。

（三）菲律宾国内“政治清算”的传统，以及其所引发的菲政策的连续性不足，或将影响中菲合作的可持续发展

菲律宾一届政府任期只有 6 年，不能连任，而且国内政治呈现出寡头政治的特征。根深蒂固的家族政治斗争使菲新上任的总统均以反腐赢得民众支持，进行“政治清算”成为菲政坛的一个传统。[②] 据报道，自马科斯开始，菲律宾历任总统几乎没有不被“秋后算账”的。[③] 这意味着菲律宾外交政策的制定及对外经贸合作的可持续性会不可避免地遭受菲国内政治环境的影响。例如阿基诺三世高举“反腐”与“民族主义”旗帜，对阿罗约进行的“政治清算”，就将中菲南海合作《三方联合海洋地震工作协议》的签署与 2007 年陷入丑闻的中兴通讯股份有限公司在菲律宾的国家宽带网

---

① 《南海反制中国，美学者们支狠招：继续在南海仲裁案上做文章》，美国中文网，2016 年 9 月 22 日，http://news. sinovision. net/politics/201609/00387557. htm，最后访问日期：2016 年 10 月 10 日。

② 吴金平、鞠海龙：《2011 年菲律宾经济、政治与外交形势回顾》，《东南亚研究》2012 年第 2 期，第 23 ~ 29 页。

③ 许春华：《菲律宾：“政治清算”牵动家族政治》，共识网，2012 年 3 月 1 日，http://www. 21ccom. net/articles/qqsw/ qqgc/article_2012030154676. html，最后访问日期：2016 年 10 月 10 日。

络项目（简称 NBN - ZTE）相关联，[①] 指责阿罗约以出卖国家“主权”的方式换取来自中国的贷款，以及在其他一些商业合作项目上的支持并从中获益。[②] 正是中菲南海合作遭受的“污名化”导致中菲南海合作停滞不前，阿基诺三世出于“政治清算”及个人利益的需要，也借势调整了菲南海政策。

（四）文化认同差异和菲律宾国内高涨的民族主义情绪将增加中菲合作的社会风险

中菲两国在历史、文化与政治上的差异使两国在彼此认知上容易出现误差。菲律宾是个受西方影响极深的天主教国家，奉行美式民主制度。菲国内的外交政策因寡头政治或者精英们的文化偏好而倾向于法律主义及自由制度主义。“南海仲裁案”就是具体实例。[③] 当然，对于单纯的文化认同差异，只要保持畅通的沟通渠道，并不会对两国的关系产生负面影响，反而可能有促进作用。“一带一路”的内涵之一即是倡导不同文明、不同文化间的“互学互鉴”。何况很长一段时间，菲律宾的民众并不太关心国家大事，民众的大量争论集中在国内政策上。[④]

然而，在阿基诺三世执政时期，“民族主义”被作为其“政治清算”阿罗约的旗帜之一。阿基诺三世在南海问题上多次发表对华挑衅性言论，煽动菲国内的民族主义情绪。2011 年 6 月 12 日，阿基诺三世在菲外交部成立 113 周年纪念会上称：“如果菲律宾当初坚持遵守 2002 年的《南海各方行为宣言》，而且前政府未与中国和越南签订《三方联合海洋地震工作协议》，那么南海目前的局势不会这么紧张。”[⑤] 更为极端的言论是，阿基诺三世将中国在南海的立场比作第二次世界大战爆发前纳粹德国吞并捷克

① “Thread: Linking NBN to Spratlys Deal Threatens RP - China Relations,” March 19, 2008, https://www.tsikot.com/forums/politics - economy - religion - talk - 100/linking - nbn - spratlys - deal - threatens - rp - china - relations - 48322/，最后访问日期：2016 年 10 月 10 日。

② 查雯：《菲律宾南海政策转变背后的国内政治因素》，《当代亚太》2014 年第 5 期，第 132 ~ 133 页。

③ 李开盛：《超越领土争端：中菲关系的旧观念与新框架》，《亚太安全与海洋研究》2016 年第 4 期，第 21 页。

④ 叶飙、刘斌等：《在马尼拉街头感受菲律宾》，《南方周末》2012 年 7 月 24 日，http://www.infzm.com/content/78627，最后访问日期：2016 年 10 月 10 日。

⑤ 《菲律宾一组织欲搞全球反华示威，声称规模史无前例》，《环球时报》2011 年 7 月 8 日，http://world.huanqiu.com/roll/2011 - 07/1807799.html，最后访问日期：2016 年 10 月 10 日。

斯洛伐克苏台德地区的行为。[1] 这些言论在菲国内媒体的推波助澜下，叠加菲媒体报道南海争端对“争议岛礁在菲专属经济区内，离菲本土或巴拉望群岛仅多少海里，以及中国对几乎整个南海主张权利”等“重点”的刻意突出，[2] 2012 年以来，菲国内的反华游行明显增多，民族主义情绪明显高涨。这在一定程度上恶化了菲律宾民间对华的友好态度，致使针对中国公民和华人的恶性犯罪上升，破坏了两国民间的正常交往。据统计，2013～2014 年 9 月，菲律宾绑架受害者共有 109 人，华人受害者的比例高达约 40%。[3]

在南海问题持续升温的大背景下，中菲的争议问题极易被激化和扩大化。今后中菲关系的发展和合作的推进难以排除菲国内部分力量利用民族主义情绪进行干扰或阻碍。

三 中菲共建“一带一路”的可能路径

杜特尔特自上台以来对中菲关系、南海争议的多次表态，意味着其将对阿基诺三世激进的南海政策进行调整。特别是委派菲律宾前总统拉莫斯作为总统特使，以私人身份在中国香港与中国全国人大外事委员会主任傅莹、中国南海研究院院长吴士存的会晤（以下简称“香港会晤”），为杜特尔特 2016 年 10 月中旬的访华，[4] 以及两国未来的官方对话做了良好的铺垫。同时，“香港会晤”所达成的共识和探讨的七大领域的合作若能落实，[5] 则将

① 《美媒：阿基诺称中国为纳粹太无知，应多读点历史》，《环球时报》2015 年 6 月 9 日，http://mil.huanqiu.com/observation/2015-06/6633273.html，最后访问日期：2016 年 10 月 10 日。

② 李开盛：《菲许多人认为被中国欺凌，却不愿与华冲突》，环球网，2015 年 9 月 7 日，http://mil.huanqiu.com/observation/2015-09/7428402.html?_t=t，最后访问日期：2016 年 10 月 10 日。

③ 《中国公民屡屡遭袭，菲律宾的承诺要打个问号了！》，国际在线，2014 年 9 月 15 日，http://gb.cri.cn/42071/2014/09/15/6611s4692598.htm，最后访问日期：2016 年 10 月 10 日。

④ 《外媒称杜特尔特 10 月中旬或将访华，中方：期待早日成行》，环球网，2016 年 9 月 23 日，http://world.huanqiu.com/article/2016-09/9480301.html?from=bdwz，最后访问日期：2016 年 10 月 10 日。

⑤ 七大领域的合作为：（1）鼓励进行海洋生态保护；（2）避免紧张局势和促进渔业合作；（3）开展禁毒和反走私合作；（4）打击犯罪和反腐败合作；（5）开拓增进旅游合作的机会；（6）鼓励便利贸易和投资的措施；（7）鼓励就共同关心和感兴趣的问题进行二轨（智库）交流。具体内容详见《吴士存赴港会晤拉莫斯》，中国南海研究院网，2016 年 8 月 12 日，http://www.nanhai.org.cn/index.php/Index/Dynamic/content/cid/35/id/3354/datatype/1.html，最后访问日期：2016 年 10 月 10 日。

有助于中菲通过合作，尤其是海洋事务合作，管控南海分歧，妥善处理争议，并可为中菲更大范围、更多领域的合作创造较为良好的政治环境。

就目前而言，本文认为可对中菲开展“一带一路”框架下的合作持比较积极的预期。杜特尔特的从政经历所体现出来的实用主义或现实主义决定了其或将重新评估菲律宾与美国的同盟关系及其对菲政治外交的影响比重。另外，尽管菲律宾近几年的经济增长位居东南亚国家中前列，但菲律宾所面临的基础设施落后、减贫任务艰巨等经济发展的瓶颈或困境，短期内仍难以突破。因此，反毒肃贪、结束内乱、打造良好的营商环境、吸引外资发展经济显然是菲律宾新政府最为紧迫的任务。而“一带一路”倡议所重点推动的基础设施建设、产业园合作等，加之亚洲基础设施投资银行和丝路基金的资金支持，可以说为菲律宾经济发展摆脱基础设施落后的掣肘、创造充足的就业岗位以减少贫困提供了“搭便车”的机会。此外，值得一提的是，《2015 年度中国对外直接投资统计公报》显示，在“一带一路”倡议和国际产能的引领和推动下，2015 年，中国对外直接投资创下 1456.7 亿美元的历史最高值，超越日本，首度跃居世界第二位。[①] 但 2015 年，中华人民共和国对菲律宾的直接投资仅为 2371 万美元，同比下降了 58.9%。[②] 上述数据对比表明，菲律宾若改善与中国的关系，参与“一带一路”建设，那其在吸引来自中国的企业投资方面将具有巨大的潜力。

另外，鉴于杜特尔特对“南海仲裁案”的最终裁决与中菲谈判立场的表态的前后不一，中菲合作从阿罗约时期到阿基诺三世时期的巨大落差，在菲律宾新政府将南海争议磋商谈判的表态及立场落实为具体政策或行动之前，中国政府或将对中菲合作保持审慎的开放态度。可以预料的是，若中菲关系得到改善，中国对中菲合作的项目和资金支持或有一定的倾斜。因为，一个对中国友善的菲律宾符合中国保持南海地区和平与稳定以延长自身发展战略机遇期的战略需求，也符合中菲关系长远发展的需求，从而或将对亚太关系及中美战略博弈产生影响。

① 《国新办举行〈2015 年度中国对外直接投资统计公报〉发布会》，中国国务院新闻办公室网站，2016 年 9 月 22 日，http://www.scio.gov.cn/xwfbh/xwbfbh/wqfbh/33978/35181/index.htm，最后访问日期：2016 年 10 月 10 日。

② 《中国菲律宾双边经贸合作简况》，中华人民共和国商务部网站，2016 年 2 月 5 日，http://yzs.mofcom.gov.cn/article/t/201602/20160201252456.shtml，最后访问日期：2016 年 10 月 10 日。

鉴于此，本文认为，在中菲“一带一路”建设合作滞后的背景下，中菲当前亟须开展以下几个方面的合作。

其一，共同制定中菲共建“一带一路”的实施规划方案，并深化两国媒体、智库的交流与合作，强化对规划方案的宣传推介力度，提升菲国内政府官员、学者和民众对“一带一路”的正确认识，弥补两国在政策沟通、民心相通方面的“短板”。

其二，加强在《南海各方行为宣言》框架下的海上合作，特别是在反海盗、打击毒品走私、跨国犯罪和恐怖主义等非传统领域的合作，探索适合两国共同需求的海上争议管控与合作的新模式。另外，可以中国—东盟海上合作基金为支撑，以“中国—东盟海水养殖技术联合研究与推广中心”等项目为依托，着重开展中菲两国渔业养殖等技术领域和人才培养的合作，培养一批菲律宾急需的技术类人才。

其三，加强两国的产业园合作，重点打造几个中菲“一带一路”建设合作的示范性项目。中菲可借鉴中马“两国双园”（中马钦州产业园区和马中关丹产业园区）的模式，以中国沿海省份的特殊保税区（如海南的洋浦保税区）和菲律宾经济特区管理委员会下属的苏比克、卡加延、三宝颜等特区为基础，开展中菲的“两国双园”合作；亦可借鉴中国红豆集团在柬埔寨建立西哈努克港经济特区的经验，建立具有菲律宾特色的“经济特区”。

其四，中菲应共同推动在“一带一路”相关项目上的风险评估合作，以保证基础设施建设、产业园等项目的顺利进行，保证这些项目有效促进两国的经济社会发展。

The Foundations, Challenges and Feasible Paths for China and Philippines to Jointly Build "The Belt and Road"

Abstract Due to the South China Sea disputes, especially the arbitration unilaterally initiated by the Philippines during the Aquino III's administration, political distrust and strategic misjudgment between China and Philippines led to misunderstanding and suspicion on the "The Belt and Road" initiative by Philippines, resulting in a negative influence on Philippines' willingness to participate in the 21st Maritime Silk Road. Duterte administration may change the policy towards China, which will help to improve the Sino-Philippines relations and promote bilateral cooperation. In fact, the political, economic, and cultural foundations for China-Philippines cooperation on the "The Belt and Road" can be found in the developments of China-Philippines relations in the past, such as the China-Philippines consensus that have been reached ever since the establishment of formal diplomatic relations between these two countries, the growth of bilateral trade and the nature of mutual complementarity of this trade, and the gradually recovered cultural exchanges. However, the cooperation is facing some challenges, including political distrust, constraints from U. S. and Japan, Philippines' domestic political culture and the rise of its nationalism in Philippines. At present, two countries can cooperate in the fields of policy communication, infrastructure investments, constructions of industrial parks, marine affairs, risk assessment and so on. Such cooperation not only fit for the demands of development strategy of both countries, but also benefit the long-term development of relations between China and Philippines.

Keywords China-Philippines Relations; The Belt and Road Road

Author Lin Yongxin, Research Associate, Deputy Director of Research Center for Maritime Silk Road, National Institute of South China Sea Studies.

中国“一带一路”与印尼“全球海洋支点”战略的对接分析

何永朋

【内容提要】印度尼西亚作为东南亚地区大国，其提出的“全球海洋支点”战略在内涵、目标上存在与中国“一带一路”倡议的契合点。“一带一路”与“全球海洋支点”之间存在对接的可能性、可行性和必要性。双方之间的对接可以从互联互通、渔业合作及安全合作三条路径中寻找可能的突破。但是关于对接的风险评估也是中国必须审慎对待的问题。在与印尼对接的问题上，需要注意中国自身的主体地位和政治账与经济账之间的平衡，注意印尼国内治理不健全和大国平衡带来的可能风险。中国与印尼的对接固然存在诸多挑战，但是对接的成功不仅能够促进双边关系的发展和中国地区环境的改善，更会带来战略意义上的突破。

【关键词】一带一路　全球海洋支点　风险评估　路径实施

【基金项目】国家社会科学基金一般项目“‘一带一路’沿线支点国家与我国发展战略的衔接研究”（批准号：15BGJ012）。

【作者简介】何永朋，复旦大学国际关系与公共事务学院硕士生。

中国倡议的“一带一路”从当初的概念构想、愿景规划逐步走到今日的政策实施，这既是概念的深化，也是战略发展的必经阶段。对“一带一路”的研究在从战略上予以规划和展望之后，学界开始从战术的层面研究，通过对沿线国家予以探讨，对战略支点国家进行选取和衡量，研究已经深入到具体的国别层面和实务层面。

对于"一带一路"与印度尼西亚"全球海洋支点"的战略对接这一问题，学界予以了深入细致的讨论。无论是对"全球海洋支点"这一计划的来龙去脉，还是关于两国战略对接的可能性、现实性及潜在的挑战，学界都有进行严肃的分析。[①] 本文在对既有研究进行归纳的基础上，提出了中国与印尼战略对接可能性的另外一种逻辑，并就两国的具体对接方式提出构想，不仅需要战略对接，也需要实务层面的对接。战略对接需要注意对接的多元性和丰富性，注意在互联互通、海洋渔业合作及海上安全合作方面的对接可能。此外，在对可能的挑战予以关注的同时，也需要对中国、印尼两国对接的意义予以明确，两国的对接成功可能会在双边、地区与国际层面都产生深远的影响。

同时，更为重要的是，"一带一路"和"全球海洋支点"战略提出已逾两年，两者之间的对接已经完成了从理论到现实的衔接，现在到了成果显现期。此时，评估对接成果和布局对接未来便成为当务之急。基于此，本文在述评"全球海洋支点"战略的基础上，阐述"一带一路"和"全球海洋支点"战略对接的可行性和对接路径，并回顾了对接成果。

一 "全球海洋支点"战略述评

理解"全球海洋支点"战略可以从两个维度入手，第一是从印尼总统佐科·维多多（Joko Widodo）的施政设想维度理解"全球海洋支点"的战略演变，第二则是"全球海洋支点"战略的内政和外交意涵。"全球海洋支点"战略从雏形到最后的完善，可以说是佐科本人长期推动的结果。这一战略构想源于印尼的发展需要，在印尼之前的发展规划中也有体现。

"全球海洋支点"（Global Maritime Fulcrum）战略在佐科历次提到的场合中不断丰富完善，从竞选宣言（2014 年 5 月）到就职演讲（2014 年 10

① 关于"全球海洋支点"战略的介绍可以参见刘畅《试论印尼的"全球海洋支点"战略构想》，《现代国际关系》2015 年第 4 期。关于战略对接的相关文章可参见翟崑《中国与印尼：共同推进海上全球互联互通》，《世界知识》2014 年第 23 期；吴崇伯《中国—印尼海洋经济合作的前景分析》，《学术前沿》2015 年第 1 期；张洁《"一带一路"与"全球海洋支点"：中国与印尼的战略对接及其挑战》，《当代世界》2015 年第 8 期；马博《"一带一路"与印尼"全球海上支点"的战略对接研究》，《国际展望》2015 年第 6 期。

月），再到东亚峰会（2014 年 11 月），“全球海洋支点”战略经历了提出、丰富、定型三个阶段，在国内和国际等多种场合得到宣讲。

2014 年 5 月，佐科在竞选宣言中称，其在未来的执政中将会注意三处：第一，专注加强印尼的海洋安全；第二，扩大区域外交范围，覆盖整个印太地区；第三，将印尼海军打造为东亚地区受人尊敬的海上力量。[①] 随后，佐科正式提出“全球海洋支点”这一概念。所谓“支点”有两层含义，即印尼不仅将作为连接印度洋与太平洋的枢纽，也会成为强大、巩固的国度，以造福国民。2014 年 10 月，佐科在就职演讲中呼吁“重塑印尼作为海洋大国的荣耀。大洋大海、海峡海湾是印尼文明的未来”[②]。

佐科执政以后，其又在不同的国际场合阐述了“全球海洋支点”的内涵。2014 年 11 月第九届东亚峰会上，佐科发表海洋宣言，更为全面、系统地阐述了“全球海洋支点”的内涵。佐科提出海洋支点战略有五大支柱。一是重建印尼海洋文化。作为由众多岛屿组成的国家，印尼的发展和繁荣取决于如何管理海洋。二是维护和管理海洋资源。三是构建海上高速公路，通过兴建现代化港口和深水海港提高船舶运输、物流水平。四是发展海洋外交，消除海上冲突的来源。五是加强海上防卫力量。[③] 可以说，“全球海洋支点”战略至此已初步定型，相比于在 2014 年竞选宣言中仅提出概念雏形，“全球海洋支点”战略至此已更为全面具体，明确了战略的内涵，也完成了从战略到战术层面的设计。

对这一战略的理解，可以从政策的国内和国际指向两个层面来阐释。

一方面，支点战略很大程度上是针对印尼国内的发展水平和发展需求提出的。印尼国内发展水平落后，基础设施不完善，群岛国家很大程度上成为经济发展的负担。群岛之间交通不便，海洋成为经济发展、人员流动的障碍。印尼海洋的经济潜力并没有得到开发利用，海上资源中约 80% 未被开发

① Joseph Chinyong Liow and Vibhanshu Shekhar, “Indonesia as a Maritime Power: Jokowi's Vision, Strategies, and Obstacles Ahead,” November 7, 2014, accessed August 26, 2016, https://www.brookings.edu/articles/indonesia - as - a - maritime - power - jokowis - vision - strategies - and - obstacles - ahead/#_ftn1.

② “Jokowi's Inaugural Speech as Nation's Seventh President” (Jakarta, October 2014), accessed August 26, 2016, http://jakartaglobe.beritasatu.com/news/jokowis - inaugural - speech - nations - seventh - president.

③ “Presenting Maritime Doctrine” (Jakarta, November 2014), accessed August 26, 2016, http://www.thejakartapost.com/news/2014/11/14/presenting - maritime - doctrine.html.

利用。2014年印尼年产水产品1900万吨,[①] 这与2019年达年产4000万~5000万吨仍旧有段距离。即使海洋经济中最基础的渔业，印尼也停留在比较落后的阶段。印尼渔业和造船产业处于相对不发达的状态，捕捞能力有限。同时，印尼国内缺乏满足经济增长所需要的基础设施。“由于印尼的道路和港口现状仍较落后，使商品的运输成本增加（印尼企业平均运输成本要占其总收入的30%），以致商品在国内的成本高于直接进口。”[②] 这一尴尬的事实严重阻碍了印尼本国经济的均衡发展和国内不同地域的联通。“公路和水路是印尼重要的运输手段，其中公路担负着国内近90%的客运和50%的货运。铁路设施相对落后，仅爪哇和苏门答腊两岛建有铁路。”[③] “很多跨国公司希望进军这个东南亚规模最大、发展最快的消费市场，但落后的港口、频繁的停电及糟糕的道路，让许多公司望而却步。”[④] 基础设施的建设既会带来国际资本的进入，也会带来国民福利的提高，这成为未来印尼经济新的增长点。

另一方面，支点战略也是从地区实力和国际地位的现实考虑出发的，致力于印尼国际影响力的提高。印尼横跨印度洋和太平洋，扼守马六甲海峡、龙目海峡、巽他海峡、望加锡海峡四大海上通道，是沟通亚洲和大洋洲、太平洋和印度洋的交通枢纽，战略位置显著，这是印尼努力成为“全球海洋支点”构想的重要基础。[⑤] 由于特殊的地缘条件，印尼对全球贸易和经济至关重要。超过一半的世界贸易需要经过该地区，而这其中包括世界石油贸易中的约30%。[⑥] 这对印尼来说虽为“地利”，但也需要与之相

---

① 《印尼海洋与渔业部称印尼80%海上资源未开发》，中华人民共和国驻印度尼西亚共和国大使馆经济商务参赞处，http://www.mofcom.gov.cn/article/i/jyjl/j/201508/20150801080831.shtml，以及《印尼新任海洋与渔业部长表示渔业部门应提高经济效益》，http://id.mofcom.gov.cn/article/bankbx/201411/20141100781933.shtml，最后访问日期：2016年8月26日。

② 《印尼基础设施发展情况分析》，中华人民共和国商务部网站，http://www.mofcom.gov.cn/aarticle/i/jyjl/j/201206/20120608193636.html，最后访问日期：2016年8月26日。

③ 韦红主编《印度尼西亚国情报告（2015）》，社会科学文献出版社，2015，第21页。

④ 《印尼基础设施发展情况分析》，中华人民共和国商务部网站，http://www.mofcom.gov.cn/aarticle/i/jyjl/j/201206/20120608193636.html，最后访问日期：2016年8月26日。

⑤ 李皖南、刘呈祥：《印尼佐科维政府执政绩效初评》，《东南亚研究》2016年第2期，第29页。

⑥ “Making Defence Policy in Uncertain Times: General (Retd) Ryamizard Ryacudu,” IISS Shangri-La Dialogue 2016 Third Plenary Session (04 June 2016), August 26, 2016, http://www.iiss.org/en/events/shangri%20la%20dialogue/archive/shangri-la-dialogue-2016-4a4b/plenary3-b139/ryacudu-c735.

匹配的国家实力。印尼可以通过“全球海洋支点”战略的实施开发潜在收益，实现其国际地位和地区实力的提升。这是“全球海洋支点”的国际内涵。

尽管“全球海洋支点”战略存在国际、国内的双重内涵，但总体来说，这一构想对印尼国内的偏重是显而易见的。“全球海洋支点”战略对国内政治、经济意义更加关注，而在外交意义上，佐科政府的关注度也并未超过前任政府，佐科也不太可能在外交事务及国内对外交政策的争论上耗费太多精力。① 印尼宣布的外交优先议程将维护主权、增强对印尼公民的保护及加强经济外交作为外交的优先关注点②，这其中与“全球海洋支点”的重叠极为有限。这既是受印尼发展议程所限，也是印尼的实力使然。所以，从某种程度上讲，“全球海洋支点”计划是印尼国内发展规划的延续。“全球海洋支点”战略是印尼在原有经济发展规划基础上的增量改革。③

二　中国与印尼政策对接的可行性分析

“一带一路”与“全球海洋支点”战略对接首先面对的是对接可行性的问题。无论是“一带一路”还是“全球海洋支点”，都需要彼此借力实现共同发展。印尼是“一带一路”的沿线国家，地位突出，作用关键，而印尼的发展存在巨大的资本需求，本国政府并不能在财政上完全实现自给自足，需要借助外国资本的力量。与此同时，印尼的发展提供了巨大的市场空间，无论是构建海洋高速公路，还是加强海上防卫力量，这意味着存在经济合作和军工合作的可能。两者之间对接的必要性不言而喻，但是对战略对接的可行性需要予以细致的分析。笔者认为，关于中国与印尼政策对接的可行性，可以从四个方面予以论证。

---

① Aaron L. Connelly, “Indonesian Foreign Policy under President Jokowi” (October 2014), accessed August 2016, http://www.lowyinstitute.org/publications/indonesian-foreign-policy-under-president-jokowi.

② Prashanth Parameswaran, “The Trouble with Indonesia's Foreign Policy Priorities under Jokowi” (January 09, 2015), accessed August 26, 2016, http://thediplomat.com/2015/01/the-trouble-with-indonesias-foreign-policy-priorities-under-jokowi/.

③ 张洁：《“一带一路”与“全球海洋支点”：中国与印尼的战略对接及其挑战》，《当代世界》2015 年第 8 期，第 38 页。

第一，印尼作为东南亚大国的地位决定了其在中国东南亚外交中的特殊地位。

印尼是世界人口第四大国，2015 年人口约 2.58 亿，是唯一参与 G20 的东南亚国家。印尼在东南亚的区域大国地位决定了中国必须将其置于特殊位置。印尼国内也有将自己视为东南亚领袖国家的意图，在实力上也有成为东南亚领袖的可能。中国的对印尼外交存在双边和地区意义。一方面，中国与印尼双边关系的稳定有利于中国和印尼之间经济、人文交流的展开，为经济合作和人文交往提供必要的政治基础；另一方面，中国与印尼的外交交往的意义不局限于双边层面，需要在地区和周边的视角中考察。中国与印尼关系的稳定意味着中国在推进周边外交中少了一点阻力。在南海争端发酵的特殊时刻，中国与东南亚国家关系的稳定和发展意味着中国能够减少地区国家的抵触和怀疑，这对中国来说是关涉周边外交的大局问题。

第二，印尼的特殊地缘位置。印尼处于“一带一路”的特殊地缘位置，扼守特殊通道，《推动共建丝绸之路经济带和 21 世纪海上丝绸之路的愿景与行动》中规划的互联互通必须倚重印尼。

正如上文所说，印尼地缘位置重要，而印尼也试图借此获得潜在收益。南海对中国来说是重要的能源通道，作为石油净进口国，印尼位处中国的“生命线”沿线。21 世纪海上丝绸之路战略是习近平主席在访问印尼时提出的，[①] 这一倡议与印尼战略的对接对确保中国能源通道的安全具有潜在的积极意义。一个通畅、安全、高效的运输通道对于中国来说是关乎国家能源安全的大事，对于印尼来说则是关系国际地位提高和经济实力增长的要事，中国与印尼之间存在利益的契合点。

第三，中印尼关系良好，双方达成了全面战略伙伴关系协定。

中国、印尼两国关系稳定良好是战略对接的基础与前提。2005 年，中国与印尼签署了《关于建立战略伙伴关系的联合宣言》，宣布两国达成战略伙伴关系。2010 年，两国又签署了《关于落实战略伙伴关系联合宣言的行动计划》，对两国战略伙伴关系予以确认、重申和共建。2013 年 10 月，中国与印尼达成了全面战略伙伴关系，签署了《中印尼全面战略伙伴关系

① 习近平：《携手建设中国—东盟命运共同体——在印度尼西亚国会的演讲》，《人民日报》2013 年 10 月 8 日。

未来规划》，两国关系从“战略伙伴关系”升级为“全面战略伙伴关系”，两国关系有了进一步的提升。同时，规划中提到，“欢迎和鼓励中国对印尼互联互通基础设施建设加大投资和贡献，如铁路、桥梁、高速公路、港口和机场”，以及“加强两国之间的互联互通，包括建立海上、航空和信息通讯直接联系。双方同意探讨两国产业园区、港口和机场之间开展合作的可能性”。[①] 规划中提及的中印尼两国在互联互通上的合作和在基础设施建设上的参与与印尼现在规划实施的“全球海洋支点”战略可以说一脉相承。规划中提及的《中印尼经贸合作五年发展规划》及《两国渔业合作谅解备忘录》都在两国领导人会谈后签署。

在佐科总统任期内，中国与印尼两国又分别发表了《关于加强两国全面战略伙伴关系的联合声明》及《联合新闻公报》。公报中提及，双方“同意发挥各自优势，加强战略交流和政策沟通，推动海上基础设施互联互通，深化产业投资、重大工程建设等领域合作，推进海洋经济、海洋文化、海洋旅游等领域务实合作，携手打造‘海洋发展伙伴’”[②]。可以说，中国和印尼高层都存在对接的意愿。

值得一提的是，印尼在南海问题上相比菲律宾和越南，显得更为中立，中国和印尼在南海存在海洋权益争议，但并未有大的冲突。即使在菲律宾在南海问题上“起诉”中国之时，印尼也显得较为谨慎和中立。印尼在南海问题上的态度和立场决定了中印尼搁置争议，进行务实合作的可能。相比于东南亚部分国家而言，选择印尼作为对接国更具可行性。

第四，印尼作为支点国家的可能。

“一带一路”建设需要重点突破，印尼作为支点国家有其必然性和合理性，中印两国的对接更具有必要性，而两国的成功也更具有示范性。“一带一路”的建设是全面的，但是由于资源的有限性，投入必须存在重点。印尼作为地区大国，对中国的“一带一路”建设有着强烈的参与意愿和利益契合，具有成为支点国家的前提条件。中国与印尼的对接成功具有

---

① 《中印尼全面战略伙伴关系未来规划》（全文），新华社，2013年10月3日，http://news.xinhuanet.com/world/2013-10/04/c_117592330.htm，最后访问日期：2016年8月26日。

② 《中华人民共和国和印度尼西亚共和国关于加强两国全面战略伙伴关系的联合声明》，新华社，http://news.xinhuanet.com/2015-03/26/c_127625705.htm，最后访问日期：2016年8月26日。

示范效应，会带来“一带一路”的落实和展开。

印尼的大国地位、特殊地缘位置，以及中国与印尼良好的关系和将印尼打造为支点国家的可能，决定了两国战略的契合与对接的可行性。就对接的必要性和可能性的问题，对于中国而言，一是解决资源的配置问题，尤其是在海上丝绸之路跨度大、覆盖广的情况下，更需要注意“以点带面”的必要；二是寻找合作的突破口和示范点的问题，“一带一路”建设是项大工程，不可能一朝一夕完成。确保既有投入在较长的时间内实现稳定的回报是建设长期性的必然要求。解决印尼与中国战略对接的可行性是解决资源投入和保证预期收益的必要功课。

三　中国与印尼政策对接的实现路径

解决政策对接必要性与可行性的问题是中国走出的第一步。印尼提出的“全球海洋支点”战略为“一带一路”建设提供了切入的契机和方向，保证了双方在战略上是彼此借力，而不是一厢情愿。但是，政策对接需要在做出可行性分析的同时规划好合作的蓝图。对接不仅是战略问题，也是战术问题。中国与印尼的对接既需要战略层次，需要双方的理念对接和战略对接，同时也需要解决实务对接的问题。只有实务对接才是出产成果和产生收益的关键点，实务层面的落实是影响中国与印尼合作成果的关键。

如今中国与印尼高层都已有对接意愿，但是实务层面有待突破和加强。两国在加强全面战略伙伴关系的声明中对未来的经济合作也提出了规划，包括举办中印尼高层经济对话会议，推动签署《中印尼合作五年发展规划优先项目清单》和《中印尼经济合作谅解备忘录》。中印尼高层经济对话会议目前已经举办了两次，首次会议于北京举办，第二次会议在雅加达举办，双方在高层交往上已经形成机制化和常态化，为对接提供了可能。这为实务对接创造了前提和可能。

中印尼实务层面的突破有以下三个方面。

第一，互联互通的对接，包括基础设施的建设，如港口、机场及铁路的建设。中国的资金和技术可以成为双方合作的基础。当前，印尼基础设施落后，不仅带来了国内的交往不便，造成了对国内经济发展的阻碍，同时也妨碍了印尼在国际上更好地发挥海洋轴心的作用，妨碍了外国资本的进入。尽管印尼人口众多，市场广阔，很多公司也希望开发东南亚最大国家这片"处女地"，但是欠发达的基础设施让许多国际公司在投资问题上望而却步。"良好的基础设施，包括道路、电力、水及通信，对经济体的竞争力和增长至关重要。高质量的基础设施在投入、产出及技术上将企业与市场有效连接。"① 印尼落后的基础设施极大地阻碍了经济的发展和资本的进入，这也成为历届印尼政府施政的着力之处。佐科在国家发展计划大会上宣布了印尼政府2015~2019年中期改革日程和经济发展规划，明确指出了基础设施发展的具体目标。"印尼政府计划兴建49座大型水坝，开发24个现代化港口，新建15个机场，新增电力装机总量3500万千瓦。加大高速公路、铁路等道路交通基础设施建设力度，未来5年将新建高速公路1000千米，铁路里长由现在的5434千米增加至8692千米。"② 规划中提出的基础设施建设计划意味着巨大的投入，"印尼财政部国家预算总司表示，据印尼《2015—2019年中期建设发展规划》，印尼基础设施建设未来5年约需4245亿美元。印尼国家计划发展部表示，未来5年内，印尼政府至少对外借款250亿美元，用于基础设施建设。最终确定的对外借款数额有可能达到400亿美元"。③ 如此庞大的建设资金和有限的政府财政支出决定印尼的基础设施建设必须依赖国家与民间及国际资本的共同合作。

这给中国带来了三方面的机遇。一是中国可以成为印尼互联互通建设的资金提供国，尤其是亚投行的设立，中国作为资本提供方的角色更为明确。中国可以通过单边、多边的形式提供资金支持，而这也为中国民间资本的"出海"提供了机会。二是印尼的基础设施建设意味着巨大的业务空间，这对国内相关企业可以说是大有作为。"全球海洋支点"战略提到了海上高速公路的建设，也就意味着港口、船舶的建设，这对于当前低迷的造船行业和重工行业来说是可以利用和把握的时机。印尼水坝、港口、机场、电站的建设对于承包国际工程业务的相关公司来说也是实现业绩拓展的机会。三是印尼巨大的市场为中国的产品带来了消费空间，可以实现中

① The World Bank Group, *Enterprise Surveys: Indonesia 2015 Country Profile*, accessed August 26, 2016, http://www.enterprisesurveys.org/~/media/GIAWB/EnterpriseSurveys/Documents/Profiles/English/Indonesia-2015.pdf.

② 《印尼总统公布未来5年宏大经济发展和建设计划》，中华人民共和国驻印度尼西亚共和国大使馆经济商务参赞处，http://id.mofcom.gov.cn/article/bankbx/201412/20141200841311.shtml，最后访问日期：2016年8月26日。

③ 《印尼基础设施建设未来5年需约4245亿美元》，中国新闻社，http://www.chinanews.com/gj/2015/06-14/7342528.shtml，最后访问日期：2016年8月26日。

国对印尼贸易出口的提升。而同时，中国的企业也借助“工业园区”的形式在印尼投资建厂，直接在当地生产和销售产品，实现了产品的“出海”。例如，青山工业园作为中印尼合作的典范起到了很好的示范效应。与此同时，印尼政府也将在全国范围内开发建设13个工业园区。[①] 总之，中国和印尼实现互联互通的对接是彼此借力，双方均可从中获益。

第二是渔业合作。印尼“全球海洋支点”战略的重要部分是对渔业资源的保护和对偷盗渔业资源行为的打击。为此，印尼曾直接击沉越南、马来西亚等国家的渔船，并且抓扣了中国的渔民。这既是双方冲突的地方，也是双方可以大有作为的领域。渔业合作是小的切入口，相比于互联互通建设更容易操作，也更容易在短时间内立竿见影。印尼作为海洋国家，渔业是经济发展的重要推动力，也是重要利益所在。中国与印尼于2013年10月签署过渔业协议，然而在2014年却被印尼政府单方面撕毁，这对双方渔业合作的发展是个挫折，但是也提供了双方合作的变通路径。印尼当前的渔业发展存在技术水平落后的问题，而中国可以借此向印尼出售渔船或相关的捕鱼设备，并且中国也是印尼渔业潜在的出口国，这是双方可以进行变通合作之处。

第三是安全合作。安全合作一直是既有研究中所忽视的地方，也是对接的难点所在。安全合作是敏感问题，但是安全的含义是丰富的，合作可以在打击海盗和维护海洋通道安全方面着手，而印尼加强海上防卫力量的建设也意味着双方军工贸易存在合作空间。海盗问题是东南亚潜在的问题，尽管东南亚的海盗问题并不猖獗，并且呈现出低暴力的特征，但是海上恐怖主义的潜在威胁不容忽视。[②] 印尼是中国海上能源通道沿线的重要国家，与印尼展开安全合作的重要性不言而喻。确保能源通道的安全有利于能源供应的稳定和经济的可持续发展。这一方面依赖沿线各国对海上安全的维护和对海盗等潜在海洋威胁的打击；而另一方面，海上安全受到多种因素的干扰，包括上述海盗和恐怖主义海上安全挑战、海洋通过条款的变化，以及国家间冲突。在现有条件下未雨绸缪是对未来的一种长远投

① 《印尼工业部将重点发展13个工业园区》，中华人民共和国驻印度尼西亚共和国大使馆经济商务参赞处，http://id.mofcom.gov.cn/article/bankbx/201411/20141100799670.shtmlfang，最后访问日期：2016年8月26日。

② Catherine Zara Raymond, “Maritime Terrorism in Southeast Asia: A Risk Assessment,” *Terrorism and Political Violence*, 18: 2, pp. 239 - 257。

资。与此同时，安全合作方面也意味着军贸往来。印尼致力于把自身建设成“令人尊敬的海上力量”，这就需要对国家的海上力量予以提升，对海上武器装备予以充实，这给中国军工的出口带来了可能的空间。事实上，2016 年印尼与中国签订了军售合同，购买中国北方工业公司生产的 73 式近防系统（close - in weapon system，CIWS）。①

总之，中国与印尼对接的路径是多元的，存在互联互通、渔业合作及安全合作的多重路径。这其中，互联互通是主流，渔业合作是另辟蹊径，安全合作则是长远投资，三者之间彼此互补共进。互联互通的建设发展是“全球海洋支点”与“一带一路”最大的契合点所在，而渔业合作虽小，但可以成为切入口，尤其是在南海争端此起彼伏之时，对双边关系具有一定的稳定和推动作用，处理好渔业合作也就避免了潜在的争端。至于安全合作，这是在经济合作的同时需要时刻把握和注意的，“一带一路”的“铺路”和“行路”便与安全合作密切联系。

四　中国与印尼政策对接的风险评估

风险评估是“一带一路”倡议实施过程中绕不开的问题。对于中国来说，海上丝绸之路的建设需要巨大的投入，更需要确保与之匹配的产出。但无论是海上丝绸之路还是丝绸之路经济带，沿线国家千差万别，治理能力高低不一，对于中国来说，这就需要在投入前、投入中进行评估，定期进行产出评估，对“止损”“退出”“继续投入”予以明确的等级划分。这是针对沿线国家的一般性评估，针对具体国别之时，还需要予以细致深入的研究。

中国与印尼的战略对接存在两大共通风险和三大特定风险。所谓共通风险是指普遍存在于对接相关国的风险，而特定风险则是针对印尼提出的。在与印尼对接的过程中，需要注意中国的主体地位和平衡政治与经济投入和收益的共通问题，也需要注意印尼的大国外交、自身限制与对接长期性的问题。

---

① *Janes Defence Weekly*, “Indonesia Acquires Chinese - Developed CIWS for Another Kapitan Pattimura - Class Corvette,” accessed August 26, 2016, http://www.janes.com/article/63184/indonesia - acquires - chinese - developed - ciws - for - another - kapitan - pattimura - class - corvette.

第一，把握主体地位，避免丧失对议题与议程的掌控。

对接是相互的，需要彼此借力，中国与印尼的双边对接不能成为中国的单边付出，不能只是为印尼的基础设施和互联互通建设提供资金、技术，却得不到回报。在与印尼的对接过程中，印尼需要的是中国的资本、技术，中国需要的是印尼的市场和两国关系的稳定，相比较而言，印尼的地位比较主动，处于有利位置，而中国的地位则比较被动，需要通过印尼的配合来实现中国海外利益的维护。

中国的主体地位意味着把握双边关系发展的节奏、议程和议题。节奏、议程和议题的把握是国家交往的软实力，也是国家外交艺术的体现。在与印尼的对接过程中，议程的规划和议题的设置应该是中印尼共同参与、中方把握节奏的状态，在做到“为我所用”的同时也“以我为主”，在彼此借力的过程中也服务于自身战略。

第二，平衡政治经济上的投入与收益。

在与印尼的战略对接中，中国提供的资金、技术更多的是成本的付出，相比于印尼而言，中国更需要有风险和收益的评估与预期。但是在全球经济低迷的时刻，中国的对外投资可能会拉动全球经济的复苏，但是也可能会面临成本与收益不匹配的问题，尤其是基础设施建设具有长期性和高投入特征，短期内无法获益。这是风险之二。

政治和经济之间遵循着不同的逻辑。“市场的逻辑是在最有效率、最有利可图的地方开展经济活动，而国家的逻辑是控制经济发展和资本积累的过程，以便增加本国的权力和经济福利，市场逻辑和国家逻辑之间必然发生这种冲突。”[①] 这对于“一带一路”而言更具有现实性。市场与国家需要在战略实施的过程中妥协和平衡，没有单纯的市场逻辑和国家逻辑起作用，市场会在资源的配置中起到主体作用，但是国家也需要引导和规范资本。

当前，中国与印尼的双边进出口贸易额偏低。2015 年，中国与印尼双边进出口贸易额为 542 亿美元，落后于马来西亚、泰国、越南、新加坡。[②] 中国与印尼的双边贸易额基数偏低，发展空间较大的同时也说明了现有发

---

① 〔美〕罗伯特·吉尔平：《全球政治经济学》，杨宇光等译，上海人民出版社，2003，第 89 页。

② 参见《海关统计快讯》，海关信息统计网，http://www.chinacustomsstat.com/aspx/1/NewData/Stat_Class.aspx?state=1&t=2&guid=7081，最后访问日期：2016 年 8 月 26 日。

展水平的不足，这与双方在《中印尼全面战略伙伴关系未来规划》中设立的既定目标600亿美元存在一定的缺口。中国在与印尼对接的过程中如何超越既有水平，实现贸易的大幅增长，在短期内仍旧是个难题。

第三，印尼大国外交中的日本和美国因素。

中国对印尼外交与合作不是中国对东南亚外交的全部，不是“一带一路”在东南亚的全部，这也正如印尼对华外交不是印尼大国外交的全部一样。中国和印尼在对接的过程中都并未将彼此作为外交政策中的全部。需要注意的是，中国与印尼只是彼此战略中的一环，在相互借力的同时，也在注意把握合作的限度。印尼在发展对华关系的同时，在安全和经济上对美、对日外交也在同步推进。

印尼作为区域大国、中等强国和海洋强国的三种身份认知决定了印尼在外交政策中的复杂多元。印尼奉行“独立与积极”的外交基本原则，以东盟为区域合作基石，实行跨区域与全球合作，辅之大国平衡战略。[①] 为此，印尼加强与东盟的合作，发展与中国、日本、美国的关系，积极进行国际合作。[②] 尤其是在对日、对美外交方面，印尼取得了丰硕的成果。在对日外交上，印尼与日本在高铁问题上进行了密切的交流，尽管雅万高铁项目最终花落中国，但日本也提出了相关援助作为替代措施，同时，双方也建立了外交与防务部长磋商会议。在对美外交上，印尼与美国发表《美国与印尼联合声明》，加强长期伙伴关系，深化在海洋、防务、能源等方面的合作，并达成备忘录的签署，双方也由“全面伙伴关系”升级为“战略伙伴关系”。[③] 可以说，印尼在对美、对日、对华外交上齐头并进，并不存在偏重。印尼的外交政策在符合本国利益的同时，也为中国的对印尼政策带来了挑战。尽管中国与印尼的关系取得了长足的发展，但是相比较日本、美国而言，中印尼之间的进步也并没有实现跨越式发展。

第四，印尼治理水平有限带来的限制。

---

① 李峰、郑先武：《历史承续、战略互构与南海政策——印尼佐科政府海洋强国战略探析》，《太平洋学报》2016年第1期。

② 李皖南、刘呈祥：《印尼佐科维政府执政绩效初评》，《东南亚研究》2016年第2期，第26~27页。

③ The White House, “Joint Statement by the United States of America and the Republic of Indonesia” (October 26, 2015), accessed August 26, 2016, https://www.whitehouse.gov/the-press-office/2015/10/26/joint-statement-united-states-america-and-republic-indonesia.

印尼自身限制的问题是许多学者的论述重点。以中国和印尼签署的渔业协定为例，这本是双方联合声明中规划的成果之一，而印尼与中国相关部门也签署同意，但是在随后的事态发展中，印尼单方面撕毁了协定。印尼的前后态度判若两人，国家在执行政策和协定上的反复使中国既有利益可能得不到印尼政府的尊重和维护，条约得不到遵守，这种违约的风险也有可能发生在中国的投资上。在雅万高铁项目上，不仅前期谈判一波三折，反反复复，即使在双方签订协定之后，协定也并没有得到迅速有效的落实，印尼国内治理水平的不健全带来了投资收益的不确定预期。

印尼自身限制的风险其实对中国的印尼研究提出了更高的要求。中国对印尼不仅需要在政府层面予以研究，同时对其国内的政治现状、社会发展、政治与社会体制也应该有深入透彻的分析。学会与治理水平不同的国家、与中国国内制度迥异的国家打交道，是“一带一路”发展过程中的必修课。

第五，作为一项战略的考量：对接长期性的风险。

从战略角度而言，“全球海洋支点”战略的实施和中印尼两国战略的对接显然不是一两届领导人任期内所能完成的，这需要长时间的推进和不断的坚持。对于两国的合作成果是否能够得到继任者的推进和保护，这是一大考验。这也是中国在与这种选举型国家打交道时需要注意的一点。“中国制度的预期性和确定性更强。反过来，中国则不得不适应如何同多党制和分权政治国家打交道，后者的不可预期性和不确定性要更强。”[①] 下届政府到底是“接着干”还是“对着干”都是不确定的问题，也是中国需要研究和预判的问题。

“一带一路”倡议与“全球海洋支点”战略对接的长期性意味着：一是需要两国政府的长期推动，没有政策和政府的支持，市场的作用也会大打折扣；二是对既有政策如何维护和坚持，战略对接的长期性对双方都提出了较高的要求。相比于中国而言，印尼方面的不确定性更大。未来印尼总统是否会坚持落实“全球海洋支点”战略，至少坚持政策核心和实质内容，是否会对既有的合作予以确认和维护，对于战略的长期性问题都是极

① 苏长和：《从关系到共生——中国大国外交理论的文化和制度阐释》，《世界经济与政治》2016 年第 1 期，第 16 页。

大的挑战。

总之，政策对接是长期的投入，需要在前期、中期及后期这三个不同阶段予以评估。如果不能把握对接的风险问题，那就无法真正实现两国的互利合作。只有在对共通风险和特定国别风险进行细致、深入评估的基础上，才能确保投资的回报率。对风险的把握和预期是国家能力的体现，也是国家外交艺术和政治成熟的体现。迄今为止，中印尼两国的对接已经过了初级阶段，对这一阶段如何评估，对未来阶段如何推进，这对投资者和决策者来说应该了然于胸。风险评估的问题是对合作对方的评估，也是对合作本身的评估，更是对自身实力与能力的评估。“铺路难”和“行路难”的问题应该得到同等的重视。

五　中国与印尼对接的三重意义

中国与印尼的对接是双方的必然之举，也是推进共建“一带一路”的必要举措。在得到沿线国家的支持、沿线国家参与的情形下，战略的开展更易扎根和落实。在分析印尼“全球海洋支点”战略的演变、对接可行性、对接路径与对接风险的基础上，对于对接的未来，中国在持有谨慎态度之时不妨抱有乐观的心态。如果中国与印尼的对接能够顺利进行，那么无论是对于海上丝绸之路的实施，还是对于中国外交的布局和海外利益的拓展，都具有深远的意义和影响。

理解中国与印尼对接的意义有三个维度。双方之间的对接存在双边、地区与战略层面的三重意义。

第一，双边意义。对接成功可以将印尼打造为“一带一路”建设的关键点和示范点。“一带一路”是在周边国家疑虑重重的前提下实施的，中国与印尼对接成功具有示范意义，一着落手，满盘皆活。中国与印尼对接的成功可以为“一带一路”正名，为中国的外交正名。中国和印尼对接的成功也会带来中印尼双边关系的稳定和提高，带来双方全面战略伙伴关系的充实和提升。

第二，地区意义。这是考察对接的又一维度。中国与印尼的关系需要放在双边关系与地区关系的不同维度中考察。与印尼关系的提升是中国对东盟外交的胜利，印尼作为东盟大国，地位举足轻重。与印尼外交的成功会带来中国与东盟关系的提升，减轻东盟国家的疑虑和猜忌。与印尼开展合作的意义不单局限于双边。此外，中国与印尼对接的成功会为印尼带来便利，也会为东南亚地区提供区域公共产品。东盟内部也推出了《互联互通计划》，但是仅凭东盟的力量无法满足其巨大的资金缺口和技术需求，中国与印尼的对接加速了东盟互联互通的进程，体现了中国作为区域大国在提供公共产品、履行大国责任方面的担当。

在中国与印尼的对接从战略规划和高层意向走向政策落实和业务跟进之时，在对双方对接予以审慎考察的同时，也需要注意对接的远景和未来。中国与印尼的对接只是“一带一路”中的一环，但这一环与“一带一路”其他合作是环环相扣的。我们在考察“一带一路”建设中的印尼角色时，会注意到印尼的特殊性，注意到印尼在东南亚地区的重要性，这同样也会在“一带一路”与他国对接发展过程中起到一定的借鉴意义。中国与印尼的对接如果成功，将会是中国海外利益拓展的胜利，更会是中国外交实力与外交智慧的胜利。

Possible Integration of China's "The Belt and Road" and Indonesia's Strategy of "Global Maritime Fulcrum"

Abstract The pace of the "the Belt and Road" initiative is largely connected to the orientations of countries along the road. Indonesia as the regional power in Southeast Asia, proposed the strategy of "Global Maritime Axis", which shares similar implications and objectives with China's initiative. It is possible, feasible, and necessary to integrate Indonesia's strategy with China's initiative. China and Indonesia may find out breakthroughs through the three paths of mutual connectivity, fishery cooperation, and security cooperation. However, a somber evaluation on the risks of such integration should be made, because risks are a great concern that China should deal with cautiously. On this issue of integrating its own initiative with the Indonesia's strategy, China should insist on its leading role and strike a balance between political and economic gains. Besides, the deficiency of Indonesia's domestic governance and its foreign policy of keeping a balance between great powers may pose a potential threat to bilateral cooperation. Despite of all these risks and uncertainties, a success on this integration will promote bilateral relations, improve the regional diplomatic environment and bring strategic breakthroughs to China.

Keywords The 21st-Century Maritime Silk Road; Global Maritime Fulcrum; Risk Evaluation; Implementing Approaches

Author He Yongpeng, Postgraduate for Master's Degree in International Relations, School of International Relations and Public Affairs, Fudan University.

东北亚次区域研究

俄罗斯的朝鲜半岛政策与中国的应对

徐 博

【内容提要】 俄罗斯作为“六方会谈”的成员之一，朝鲜半岛局势的发展与变化与俄罗斯的国家利益息息相关。在朝鲜第四、第五次核试验之后，俄罗斯一方面坚决反对朝鲜的核计划，另一方面则不希望因此破坏俄朝关系良好发展的局面，朝鲜日趋孤立的国际处境则为俄罗斯发展俄朝关系提供了更加充足的动力。同时，“萨德”系统的部署成为影响俄韩关系的新变量。俄罗斯判断朝鲜半岛不会出现“硬着陆”，希望降低朝鲜半岛局势的紧张度。当前，俄罗斯对半岛的政策是平衡、对等和独立接触。俄罗斯一方面回应朝鲜的安全关切，另一方面扩大与韩国的经济合作。中国应鼓励俄罗斯与朝鲜加强经济合作，并就“萨德”系统和边防问题与俄罗斯展开沟通和协调。

【关键词】 俄罗斯　朝鲜　韩国　外交政策

【基金项目】 长吉图开发开放先导区的周边外交功能研究（立项号：2014B021）。

【作者简介】 徐博，吉林大学东北亚研究院国际政治研究所副教授，吉林大学东北亚研究院与美国爱荷华大学博士后，法学博士。

俄罗斯作为“六方会谈”的成员之一，在朝鲜半岛问题上有着重要的相关利益及一定的影响力。朝鲜半岛局势的发展和变化与俄罗斯的国家利益息息相关。如果俄罗斯想实现其亚太战略和东部地区经济的快速发展，一个稳定的半岛局势对俄罗斯至关重要。朝鲜的核设施距离俄罗斯仅100

多英里，一旦半岛出现严重的安全问题，其破坏性结果也是俄罗斯不能接受的。因此，俄罗斯在朝鲜半岛政策的首要目标是维持半岛局势稳定，避免半岛可能失控的局势给俄罗斯的国家安全带来不利影响。另外，俄罗斯也希望能够实现半岛的无核化，但其对这一目标的追求并不急迫。在朝鲜和韩国中间发挥“平衡的斡旋者”作用，对于俄罗斯是其实现利益最大化的有效手段。当前，俄罗斯对朝鲜半岛仍然采取在朝韩之间的“平衡政策”，即希望同时与朝鲜和韩国开展合作，同时发展与两个国家的合作关系，从而扩大自己在半岛问题上的影响力。

一 第四、第五次朝核爆后俄罗斯朝鲜半岛政策的目标

第四、第五次核试验是金正恩政权为加强自身安全而进行的冒险举动。俄罗斯对朝鲜这两次核试验的态度秉承其一贯立场，谴责朝鲜核试验是严重违反联合国决议的举动，会激化朝鲜半岛的紧张局势，呼吁各方“保持克制，不采取任何导致东北亚局势失控的行为”，强调应该通过六方会谈等外交途径解决朝核问题。但是，俄罗斯并没有如同西方国家那样对朝鲜进行强烈批评，其外交部的表述更多是留有余地，目的在于既表明俄罗斯对朝核问题的态度，又不至于过于激怒朝鲜，继续在朝韩之间保持中立，发挥“平衡手”的作用。

在第四、第五次核试验之后，俄罗斯朝鲜半岛政策的目标主要有以下几个方面。

（1）俄罗斯反对朝鲜核计划的政策没有改变，但不主动打破俄朝关系发展的良好态势。俄罗斯反对朝鲜的核计划主要是出于自身安全的考虑。俄罗斯上院议长马特维延科在朝鲜第五次核试验后明确强调，俄罗斯不会接受有核国家数量的扩大。俄罗斯联邦委员会国际事务委员会主席科萨切夫也发表声明称，从平壤到符拉迪沃斯托克只有不到 700 千米，朝鲜的任何核计划都会直接涉及俄罗斯的国家安全。① 尤其是在俄罗斯计划开发远东地区领土的背景下，俄罗斯对朝鲜核爆炸给其带来的不稳定因素更加重视。普京总统在朝鲜核试验当天已经责成包括地震测量站在内的相关机构

① Косачев, Ядерные испытания КНДР затрагивают безопасность России, https://ria.ru/world/20160106/1355303421.html，最后访问日期：2016 年 8 月 1 日。

核实朝鲜的核试验结果，并就其影响进行分析。[①] 俄朝关系取得快速发展的根本原因在于俄罗斯外交政策出现了重大调整。2014 年初，乌克兰危机使俄罗斯与西方的关系遭遇了冷战结束以来最为严重的倒退。更为重要的是，美国和欧盟国家对俄罗斯采取政治孤立的手段，中断原有的合作与对话机制，对俄罗斯经济进行制裁。这一系列“惩罚”措施严重损害了俄罗斯与西方国家的互信，其外溢效应使俄欧、俄美关系难以在短期之内快速恢复到乌克兰危机之前的水平。俄罗斯与西方国家的地缘政治博弈将持续相当长的时间。因此，俄罗斯加速其“东进”战略，将加快发展与亚太国家的伙伴关系视为实现外交“突围”，增加未来与西方国家进行地缘政治博弈筹码的关键性一步。朝鲜作为长期与西方存在对立关系的亚太地区国家，是俄罗斯增加战略博弈筹码的重要合作目标。俄罗斯希望通过发展与朝鲜的合作来遏制美国同盟体系对俄罗斯的战略挤压。在乌克兰问题继续发酵的背景下，俄罗斯与西方国家关系的“重启”之路仍然漫长。为此，俄罗斯不会放弃朝鲜作为其战略博弈棋子的地位，不会主动采取激进措施破坏俄朝关系。

（2）朝鲜日趋孤立的国际处境为俄罗斯发展俄朝关系提供了更加充足的动力，俄罗斯将其视为扩大在朝鲜半岛影响力的重要契机。俄罗斯学者认为，从朝鲜外交战略的历史来看，朝鲜对外战略的重要目标就是追求外部援助和合作对象的多样化，保证同时有至少两个大国愿意与其进行平等贸易并对其进行援助。近年来，朝鲜对中国单方面的高度依赖不符合朝鲜外交战略原则，未来一段时间，朝鲜必然要重新追求对外合作对象的多样化。[②] 在第四次核试验之后，朝鲜在国际舞台上日趋孤立。在第五次核试验之后，国际社会对朝鲜的制裁更加严厉。俄罗斯已经成为朝鲜实施“外交突围”战略中为数不多的选择之一。[③] 2016 年 8 月 15 日，在朝鲜摆脱日

---

① Путин поручил проанализировать ситуацию вокруг ядерного испытания КНДР, https://www. gazeta. ru/politics/news/2016/01/06/n_8093333. shtml，最后访问日期：2016 年 8 月 1 日。

② Андрей Ланьков, Кому выгоден Северокорейский прорыв России, *Россия в глобальной политике*, http://www. globalaffairs. ru/global – processes/Komu – vygoden – severokoreiskii – proryv – Rossii – 16723，最后访问日期：2016 年 8 月 3 日。

③ Андрей Ланьков, Кому выгоден Северокорейский прорыв России, *Россия в глобальной политике*, http://www. globalaffairs. ru/global – processes/Komu – vygoden – severokoreiskii – proryv – Rossii – 16723，最后访问日期：2016 年 8 月 3 日。

本统治 71 周年纪念日金正恩致普京总统的信函中，金正恩强调，朝鲜有信心坚定不移地发展与俄罗斯的友好合作关系。俄罗斯也希望借此机会进一步扩大在朝鲜问题上的发言权，在间接制衡美国亚太同盟体系的同时，保障自己在半岛事务中的地位。同时，俄罗斯判断当前朝鲜的国内政治基本稳定，[①] 具备进一步深化双边合作的前提条件。朝鲜国内的政治稳定一直被俄罗斯视为其发展与朝鲜关系的先决条件之一。当前，俄罗斯认为金正恩作为朝鲜的最高领导人，已经消除了金日成和金正日时期遗留下来的对其执政的限制性力量，真正成为掌控朝鲜政治结构和武装力量的领导者。[②] 在朝鲜劳动党“七大”金正恩就任朝鲜国务委员会委员长之后，普京致电金正恩，希望扩大俄朝建设性对话和合作，增进朝鲜半岛的和平与安全。在朝鲜第四次核试验之后，俄罗斯并未停止与朝鲜的政府间合作，俄罗斯与朝鲜的各个政府间合作委员会仍然照常运转。2016 年 5 月，俄朝的渔业合作委员会商定一揽子协议，并签署议定书，表明俄罗斯没有改变继续扩大对朝双边合作的态度，虽然在现实层面，俄朝合作的落实面临诸如资金缺乏等多方面问题，但俄罗斯政府的这一态度无疑会加大朝鲜对俄罗斯的依赖，从而使俄罗斯在半岛问题上获得更大的影响力。在朝鲜第五次核试验之后，俄罗斯外交部部长拉夫罗夫强调解决朝鲜核问题应该有更为创造性的方法，而不仅仅是采取“大棒政策”，这显然是针对美日韩的对朝方针而言。

（3）“萨德”系统在韩国的部署成为影响俄罗斯朝鲜半岛政策目标的新变量，但俄韩关系不会因此受到大的影响。“萨德”系统在韩国的部署是对俄罗斯国家安全的新威胁。俄罗斯远东地区的领土将被置于“萨德”系统的监控和威慑之下。这对俄罗斯东部地区的安全影响无疑是负面的。因此，在美韩宣布部署“萨德”系统的当天，俄罗斯外交部即声明表示反对。俄罗斯驻韩国大使季莫宁也表示俄罗斯“绝不接受美国在韩国部署‘萨德’系统”，因为此举“对俄罗斯的安全构成了直接威胁”，而且“无助于地区局势的正常化”。[③]“萨德”系统的部署当前正在成为影响俄罗斯

① А. Жебин, “КНДР: Несменяемый вектор,” *Проблемы дальнего востока*, 3 (2014): 58.

② Георгий Толорая: Арест Чан Сон Тхэка—эпохальное событие для режима Северной Корея, http://interaffairs.ru/read.php? item = 10294，最后访问日期：2016 年 8 月 3 日。

③ Посол РФ в Южной Корее высказался против размещения THAAD на полуострове, https://ria.ru/world/20160822/1474976134.html，最后访问日期：2016 年 8 月 5 日。

朝鲜半岛政策目标的新变量。随着朝鲜第五次核试验之后“萨德”系统部署的加快，朝鲜半岛局势对俄罗斯战略安全的影响正在呈上升态势，[①] 成为中国与俄罗斯深化在朝鲜半岛问题上的政策协调的新动力。需要指出的是，尽管俄罗斯对“萨德”系统的部署持明确的反对态度，但俄罗斯既不会因此主动恶化与韩国的关系，也不会在短期内加大对半岛问题的介入。韩国是乌克兰危机后美国盟国体系中少数没有参与对俄罗斯制裁的国家，俄罗斯对与韩国的关系十分看重，并一直保持着与韩国就半岛问题进行积极磋商。俄罗斯的远东领土开发计划需要韩国政府和企业的积极参与，俄罗斯尽管对韩国接受“萨德”系统持谴责态度，但明白这不能影响美韩部署“萨德”系统实施的决心，俄也无意因此破坏与韩国的关系。当前，俄罗斯的主要反制措施仍然是加强本国的军事部署，包括打造新型的军舰和潜艇，加强太平洋舰队的实力，同时在滨海边疆区部署俄东部第三支伊斯坎德尔战术导弹部队。[②] “萨德”系统是俄罗斯在制定半岛政策时需要考虑的新因素，但俄罗斯不会为此加大对半岛问题的介入。俄罗斯仍然希望中国在半岛问题上发挥主导作用。当前，俄罗斯对外战略的重点主要集中在东欧和中东地区，在远东地区，俄罗斯则希望继续其领土开发计划，俄罗斯既无心也无力加大对半岛问题的介入。保持在朝韩之间的平衡仍然是实现俄罗斯国家利益的最好方式，随着俄美关系因双方在叙利亚问题上进行磋商而逐渐开始“解冻”，俄罗斯无意将自己置于新一轮与美国的地区争端。因此，俄罗斯尽管会继续在半岛问题上进行斡旋，就“萨德”系统与中国进行合作，但不会加强自己在半岛问题上的介入。

二　朝鲜第四、第五次核试验后俄罗斯的政策应对

随着朝鲜短期内两次进行核试验及试射导弹所带来的半岛局势紧张，朝鲜半岛未来局势的走向存在多种可能性，俄罗斯将会根据局势的不同走向而采取相应的政策应对。具体来说分为以下几个方面。

---

① России нужна независимая КНДР, http://politrussia.com/world/chto-rossii-delat-554/, 最后访问日期：2016 年 8 月 3 日。

② Военные на Дальнем Востоке провели электронные пуски “Искандеров,” https://ria.ru/defense_safety/20160811/1474087825.html，最后访问日期：2016 年 8 月 10 日。

（一）朝鲜半岛局势出现“硬着陆”

尽管中国和俄罗斯坚决反对以武力解决朝鲜核问题，但随着美韩对朝鲜施压的不断增大，朝鲜可能会在“战争边缘”政策中越走越远，继续进行更多的核试验和导弹试射，由此带来局势紧张及双方战略误判增加，朝鲜半岛局势出现“硬着陆”的可能性仍然存在。俄罗斯的应对政策可以概括为以下几点。

（1）俄罗斯会坚决反对并尽力阻止朝鲜半岛局势出现“硬着陆”。朝鲜半岛局势出现“硬着陆”对于俄罗斯来说无疑是最不利的选项。普京政府任期内的最重要目标——俄远东地区的开发开放计划将会面临前所未有的冲击，甚至面临全面失败的危险。这是俄罗斯坚决反对武力解决朝核问题，主张重回六方会谈轨道的核心原因所在。

（2）目前，俄罗斯对朝鲜半岛局势的主要判断是，朝鲜并没有做好战争准备，朝鲜军队不会主动攻击韩国。当前朝鲜所奉行的“战争边缘”政策的最大目的在于向有关国家彰显解决半岛问题的高成本性，从而使这些国家放弃这一打算。同时，朝鲜政权内部出现大规模变乱的可能性也不大。[①] 外部力量对朝鲜的经济制裁无力引起朝鲜内部发生自下而上的政权更迭。

（3）当前，俄罗斯对朝鲜半岛“硬着陆”最主要的担忧仍然是“非理性因素”和武装挑衅走向失控，由此引发的难民潮及核泄漏对俄罗斯的边境安全产生了严重冲击，诸如阿斯莫罗夫、卡申等俄罗斯专家建议俄罗斯政府应当协调国防部、内务部、紧急情况部等相关联邦机构就半岛局势做出相关的应对预案，包括在滨海边疆区部署用于紧急情况的难民营，并视情况给予相应物资支持，加强俄朝边境的安全保障；加强远东地区的军事部署，包括建设覆盖滨海边疆区的防空体系，在远东军区制定针对半岛安全问题的紧急预案等。[②]

（4）在当前背景下，即使朝鲜半岛局势出现“硬着陆”，俄罗斯也不会采取主动介入的姿态，而是更多地采取防御性措施对危机进行管控。因

---

① Кому КНДР грозит “ядреной” бомбой, http://pravdanews.info/komu-kndr-grozit-yadrenoy-bomboy.html，最后访问日期：2016 年 8 月 10 日。

② К. Асмолов, В. Кашин, “Война на корейском полуострове: насколько угроза велика?” *Проблемы дальнего востока*, 1 (2014): 50.

为俄罗斯的主要战略精力集中在东欧和中东地区，因此在西部战略方向核心问题解决之前，俄罗斯不会付出重大战略代价将自己卷入东方地区的冲突之中。实际上，由于中国对朝鲜半岛“不乱不战”的坚决态度，俄罗斯并不认为朝鲜半岛局势会在短期内出现“硬着陆”。因此，当前俄罗斯对朝鲜的整体安全政策是在大规模战争冲突可能性减小的情况下预防突发性事件可能带来的人道主义灾难。

（二）朝鲜半岛局势出现“不着陆”

目前来看，朝鲜核问题“长期化”基本已成定局。俄罗斯作为在东北亚地区有重要战略利益的相关国家，朝鲜半岛核危机的长期化对其的影响主要是负面的。俄罗斯的应对政策主要包括以下几个方面。

（1）俄罗斯是朝鲜半岛危机长期化的受害方。俄罗斯的远东开发开放计划将受到极大的影响。由于俄罗斯远东开发开放计划的中心在于发展与朝鲜相邻的滨海边疆区，并将其首府符拉迪沃斯托克市建成自由港，朝鲜半岛局势的长期紧张十分不利于这一地区的发展。为此，俄罗斯希望降低朝鲜半岛局势的紧张度。同时，朝鲜半岛局势紧张带来的美韩军事合作的加强及“萨德”系统的部署也是俄罗斯所不愿意看到的。

（2）当前，俄罗斯政府将朝鲜半岛局势定义为“高度紧张”。俄罗斯的首要目标是降低朝鲜半岛由对抗走向冲突的可能性。俄罗斯的主要手段仍然是同时保持与朝鲜和韩国的接触。在朝鲜第四次核试验之后，俄罗斯政府与朝鲜继续维持高层接触，劝说朝鲜不要进行进一步挑衅行为。同时，俄罗斯也积极开展与韩国在各个层面的磋商。除了强调俄罗斯不承认朝鲜是拥核国家的立场外，俄罗斯政府还多次强调美韩军事同盟的反复施压是朝鲜不断加强自身核计划的重要诱因，因此应该努力促使美韩军演的规模受到限制，避免进一步刺激朝鲜采取过激的行为。

（3）对于当前的俄罗斯来说，“重要的是把局势控制在可以调节的范围内”。同时，对于“萨德”系统在韩国的部署俄罗斯持反对的态度，在与韩国政府进行沟通的过程中，俄罗斯强调“萨德”系统会进一步刺激朝鲜，导致地区局势走向不稳定。在俄罗斯看来，朝核问题无法在短期内得到解决，其最为关键的原因就在于参与朝核问题对话的大国难以通过有效保障来解除朝鲜对自身安全问题的担忧。因而，俄罗斯政府的主要目标是不使局势进一步升级。俄罗斯的做法是当前半岛局势紧张情况下的现实选择，也是对中国周边安全有利的选项。

（三）朝鲜半岛局势出现“软着陆”

如果美朝、朝韩双方能够停止当前高紧张度的对抗，将无核化和外交磋商纳入双方互动的轨道，逐渐重启双边和谈或六方会谈，则朝鲜半岛局势会出现“软着陆”。但需要指出的是，这种“软着陆”并不能彻底解决朝核问题乃至实现半岛统一，而只是将南北双方的对抗烈度降低到相对安全的等级，南北关系中的突发事件和政府轮替仍然可能使半岛危机重新复发。俄罗斯的主要对策有以下几点。

（1）俄罗斯支持通过六方会谈实现“软着陆”。俄罗斯一直是六方会谈机制的积极支持者。俄罗斯外交战略中长期的“欧洲中心主义”使其在亚太地区的实际影响力十分有限，六方会谈这种多边安全对话是俄罗斯维持在朝鲜半岛乃至亚太地区安全机制建构过程中发挥影响力的重要形式。在朝鲜第四次核试验之后，俄罗斯仍然强调其基本立场是“恢复六方会谈”。俄罗斯政府的这一态度是未来朝鲜半岛危机实现“软着陆”的一个有利因素。

（2）在六方会谈短期内无望重启的情况下，俄罗斯正在加快单独发展与朝鲜的贸易合作。这种合作是促进半岛局势走向“软着陆”的重要助力。俄罗斯认为朝鲜在经济方面比较有吸引力的是矿产出口、劳动力输出及过境贸易。当前，俄朝贸易合作的主要项目是罗津—哈桑转运系统建设，以及俄罗斯帮助朝鲜更新换代基础设施，以换取朝鲜的矿物资源。同时，俄罗斯也保持着对朝鲜的人道主义援助。就在朝鲜第四次核试验之后，俄罗斯再次向朝鲜提供了2500余吨的小麦。俄罗斯针对朝鲜的经济合作及人道主义援助能够在一定程度上保障朝鲜内部的社会稳定，从而避免由政权崩溃引发的地区安全风险，为未来的南北对话提供基础。

（3）在朝鲜半岛局势“软着陆”的过程中，俄罗斯会继续采取在朝韩间保持平衡的外交政策。俄罗斯作为同时与朝韩保持友好关系的国家，其以“中间人”的身份沟通朝鲜与韩国也是未来六方会谈的有利因素。从总体上看，俄罗斯当前的半岛政策对实现半岛危机的“软着陆”是有利的。但鉴于俄罗斯本身的经济困境和有限的地区影响力，不应对其发挥的作用有过高的期待。

（四）朝鲜半岛局势出现“和平转型”

半岛局势出现“和平转型”应当是解决半岛问题的长期愿景，而非短期目标。鉴于当前朝美、朝韩互信的全面缺失及外部世界对朝鲜日益增强的压力，半岛局势出现和平转型的可能性微乎其微。普京政府对这一问题尚没有形成完整的政策构想，在这方面更多抱有实用主义的态度，其具体表现如下。

（1）俄罗斯对半岛危机的解决不抱不切实际的期待。此前俄罗斯曾希望通过修建俄—朝—韩三方天然气管道来扩大其对朝鲜半岛的影响力，并实现自身的经济利益。当前这一计划已经被彻底搁置，因为俄罗斯认为这一计划由于朝鲜的不确定性及韩国合作意愿的降低而在短时间内难以推行。

（2）随着朝韩经济差距的加大，俄罗斯认为朝韩展开平等对话的可能性正在降低。核计划成为朝鲜加强自身实力及威慑美韩的主要手段。俄罗斯杜马国际事务委员会副主席卡拉什尼科夫认为朝鲜拥核的主要目标是避免重演伊拉克和利比亚的剧本，因而在其安全得到充分保障之前，朝鲜的核计划没有放弃的可能。①

（3）当前，俄罗斯对半岛的政策是平衡、对等和独立地接触。俄罗斯一方面回应朝鲜的安全关切，另一方面扩大与韩国的经济合作。这可以保证一旦半岛和平转型进程开始启动，甚至半岛统一进程加速，俄罗斯可以在其中扮演更加灵活的角色。在半岛局势出现“和平转型”之前的斡旋过程中，俄罗斯将发挥辅助性角色，而非主导性角色。

三　中国应对俄罗斯半岛政策的对策

俄罗斯作为东北亚地区的重要大国，在朝鲜半岛有着重要的相关利益。尽管中俄两国在朝鲜核问题上的关切并不完全一致，但双方的基本立场和主要主张基本吻合。加强中俄在朝鲜问题上的合作对于缓解半岛紧张局势至关重要。同时也应当意识到，当前俄罗斯承认也希望中国在半岛问

① Л. И. Калашников, «Причины, подтолкнувшие Северную Корею к ядерным испытаниям, достаточно очевидны», https://kprf.ru/dep/gosduma/activities/115463.html，最后访问日期：2016 年 8 月 11 日。

题上发挥主导作用，这样俄罗斯既可以节省战略资源，避免陷入新一轮的地区争端，同时还可以及时分享半岛局势缓解的成果。半岛问题的解决仍然需要以中国为主，然后引导俄罗斯在半岛问题上发挥相应的积极作用。

（1）可以预见，普京政府任期内俄朝关系将保持高位，俄对朝的政治影响力将得到扩大。中国应与俄罗斯积极沟通，利用俄罗斯的影响力促使朝鲜重回轨道。乌克兰危机当前并没有解除，“冷却化”的危机处理随时可能爆发新一轮的冲突，同时，西方对俄罗斯的制裁仍在持续。随着美国进入选举周期及俄罗斯国内杜马选举的临近，俄罗斯与西方国家之间的关系在短时间内将难以获得根本性的好转。沟通协调渠道的不畅及互信的缺失注定俄美、俄欧关系在3～5年都难以恢复到乌克兰危机之前的水平。受此影响，朝鲜在俄罗斯外交战略整体“东移”的背景下体现出对抗美欧战略挤压的重要作用。为此，普京政府将继续重视对俄朝关系的发展。在这一背景下，中国应当加强与俄罗斯在半岛政策上的协调，利用俄罗斯日益增长的影响力敦促朝鲜重新回到谈判桌前。中俄之间可以建立应对朝鲜半岛问题的特别工作组，就半岛问题进行更加紧密的沟通，一旦半岛地区紧张局势加剧，中俄可以加强政策协调，发挥战略协作伙伴关系的潜力，在应对危机时采取一致、有力的步骤。需要指出的是，俄罗斯并不希望对朝鲜施加过大的压力，从而破坏当前俄朝关系的良好局面，所以中国不应期待俄罗斯能够对朝鲜的决策做出决定性影响，但在诸如缓解朝鲜安全关切、逐步推进多边会谈重启等方面，应积极发挥俄罗斯的影响力。

（2）对于俄朝之间的正常经济合作，中国应持支持态度。俄罗斯与朝鲜的经济合作在朝鲜被日益孤立的背景下，可以在一定程度上保障朝鲜国内稳定，符合中国针对朝鲜半岛“不乱不战”的方针。从长远来看，俄罗斯难以取代中国和韩国在朝鲜对外贸易结构中的决定性作用。俄朝经贸关系尽管发展迅速，但其制约因素也十分明显，一是双方的经济结构互补性很差，朝鲜有将近一半的出口是矿产资源，难以给予俄罗斯远东开发开放计划中急需的资金与先进技术，而其他朝鲜产品对俄罗斯几乎没有吸引力①；二是双方在具体合作领域都面临资金短缺的现实性难题。俄罗斯由

① Андрей Ланьков, Кому выгоден Северокорейский прорыв России, *Россия в глобальной политике*, http://www.globalaffairs.ru/global-processes/Komu-vygoden-severokoreiskii-proryv-Rossii-16723.

于受到西方制裁，经济发展遭遇困境。这一经济困境仍将持续2~3年的时间，俄罗斯整个远东开发开放计划都将面临资金投入不足的问题。朝鲜则由于自身经济发展水平的限制，难以在俄朝合作项目中提供资金支持。这就使俄朝在诸如铁路建设、港口建设、资源开采等很多具体合作领域，都会因资金不足而举步维艰。实际上，俄朝2015年的贸易额已经出现明显下降。因此，无须担心俄罗斯成为朝鲜替代中国的选项。但俄罗斯的援助与经济合作可以在中朝关系面临困境时成为稳定朝鲜政权的有益补充。

（3）中俄两国在应对美韩部署“萨德”系统上有共同利益，应就此问题加强沟通协作。普京政府在原则上反对美国所有的反导系统接近俄罗斯边境，其对“萨德”系统的关注是明确的。随着美国加强在亚洲尤其是东亚地区的军事部署，俄罗斯已经明确感受到来自美国的压力。中国应当加强与俄罗斯的军事互动，以应对美国施加的军事压力。中俄之间更加紧密的合作也可以防止美韩军事同盟的进一步加强，防止东亚地区“小北约”的出现。同时，俄罗斯政学两界都有人将“萨德”系统的部署视为向中国推销导弹技术的机会，尤其是S-300和S-400防空系统。[①] 中国也可加强与俄罗斯在军事技术领域的合作，比如定期化中俄计算机反导模拟系统演习、加强在海上和陆上两方面应对反导系统的合作、共同成立针对反导系统的沟通联络组、定期就安全问题进行磋商。俄罗斯在应对东欧反导系统方面有更为丰富的经验，通过这方面的合作，可以弥补中国在导弹系统方面的短板。需要意识到的是，“萨德”系统对中国的威胁要大于对俄罗斯的威胁。因此，俄罗斯对“萨德”系统的关切远不如中国强烈。俄罗斯尽管会加强远东的军事部署对此加以应对，但其对“萨德”系统的反应不会如针对东欧反导系统那样强烈。一旦俄罗斯与美国在关系上出现好转，其态度也可能会发生变化。

（4）中俄应当进一步加强边境合作，以应对朝鲜半岛局势出现“硬着陆”的可能。尽管当前朝鲜半岛危机出现“硬着陆”的可能性较小，但中国仍应未雨绸缪。对此，中国可以借鉴俄罗斯的经验，加强外交、边防、卫生、安全等各个有关部门的协调和信息沟通，制定出一致的应对朝鲜半

① Американская система ПРО в Южной Корее: угроза безопасности в АТР, http://viperson.ru/articles/amerikanskaya-sistema-pro-v-yuzhnoy-koree-ugroza-bezopasnosti-v-atr，最后访问日期：2016年8月10日。

岛人道危机的应急处置方案。这一处置方案应当包括“核泄漏—难民潮—局部小规模冲突—全面战争”的多个处置层次，对朝鲜半岛可能出现的情况进行充分的预估，尤其是对核泄漏可能带来的环境污染及居民迁移问题进行管控。同时，在中朝俄三国交界地带加强中国与俄罗斯的边防合作，提前进行边防沟通，统一制定应对半岛局势“硬着陆”的协作方案，必要时可以在中俄两国境内进行针对半岛问题出现危机的联合军事演习。在演习中应着重演练针对朝鲜半岛的人道主义灾难中俄两军和边防人员应如何共同应对和协作以管控危机。应当清醒地意识到，在当前情况下，一旦半岛危机演变成“硬着陆”，尤其是演变为局部战争，普京政府会全力避免俄罗斯卷入新一轮的地区争端之中，我们难以期待俄罗斯在军事上给予中国大力的支持，所以应提前与俄罗斯政府进行协调，一旦朝鲜半岛出现战事，应以中国为主，将应急处置的责任布置到市县一级，保证朝鲜半岛的人道主义危机不会蔓延到中国东北地区。

Russia's Policy towards the Korean Peninsula and China's Response

Abstract Russia is a key member of "Six Party Talks" because its national interests are closely connected to the situational changes of the Korean Peninsula. After DPRK's fourth and fifth nuclear tests, Russian government firmly opposed DPRK's nuclear program. On the other hand, it did not intend to undermine the current development of Russia-DPRK relations. The increasingly isolated position of North Korea in the international community also adds more incentives for Russia to develop its relations with DPRK. Meanwhile, THAAD system has become a new variable affecting Russia-DPRK relations. Russia government judges that a "hard landing" will not take place in Korean Peninsula, and intends to downgrade the tension in the region. Russia's current policy is to contact both DPRK and ROK equally so as to keep a balance and maintain its independent position. On the one hand, it responds to DPRK's security concern. On the other hand, it takes an effort to improve economic cooperation with ROK at the same time. China should not hold a high expectation on Russia's policy towards the Korean Peninsula. China's leading role on the Korean Peninsula should be recognized if any resolution can be found out for this Peninsula. Particularly, it should be encouraged to intensify its economic cooperation with DPRK and expand its communication and coordination with DPRK on the issues related to THAAD system and border problems.

Keywords Russia; DPRK; ROK; Foreign Policy

Author Xu Bo, Associate Professor of Northeast Asian Studies College, Jilin University, Postdoctoral Scholar of Research Programs Jointly Conducted by the Jilin University and Political Science Department of University of Iowa (U. S.).

东南亚次区域研究

日本对东南亚外交中的非政府组织及其对中国的启示

包霞琴　黄　贝

【内容提要】作为一个拥有成熟公民社会的发达国家，日本在海外有着为数众多、分布广泛的非政府组织（NGO）。其中，东南亚是日本 NGO 进入时间最早、活跃程度最高的地区之一。在东南亚地区的日本 NGO 与日本政府通过一系列合作机制建立了长期稳定的合作关系，在资金、智力等方面受到日本政府的大力支持。日本 NGO 在东南亚地区的活动不仅对当地社会各个领域产生了影响，还在一定程度上对日本的东南亚外交起到了推动作用。日本的这一案例也能从一定程度上为中国的 NGO 外交提供借鉴。

【关键词】非政府组织　日本外交　东南亚　中国

【基金项目】2011 年国家社科基金一般项目“中国崛起背景下日本亚太外交战略的转型研究”（批准号：11BGJ026）。

【作者简介】包霞琴，复旦大学国际关系与公共事务学院教授，国家领土主权与海洋权益协同创新中心研究员，法学博士；黄贝，复旦大学国际关系与公共事务学院硕士研究生。

近年来，随着全球化进程的不断加深，非政府组织（NGO）逐渐成为国际政治舞台中的一支新兴力量。面对这一趋势，越来越多的国家认识到 NGO 在国际关系中具有的独特优势，并通过多种方式与本国 NGO 展开合作，使其成为国家外交政策的重要推动力。日本 NGO 的发展虽然晚于欧美发达国家，但在20世纪90年代之后呈现出方兴未艾之势，活跃于众多国家和地区的不同领域之中。其中，东南亚是日本NGO进入时间最早、活跃程度最高的地区之一，日本NGO就经贸、教育、卫生、环保、人道主义援助等诸多课题在该地区开展了活动。同时，东南亚地区也是日本外交的重点关注地区，日本政府与该地区的日本NGO进行了积极互动。日本NGO对日本与东南亚关系所发挥的作用越发引人注目。

目前，国内外学界关于日本NGO如何影响日本对东南亚外交的相关研究主要集中在三个方面。第一，从宏观角度讨论日本NGO对日本外交的影响和作用。有国内学者对日本NGO在外交中的作用及对日本外交决策的影响进行分析，认为日本NGO对日本国际形象的塑造、民间友好关系的深化发挥着积极作用①；也有日本学者对日本NGO在政府开发援助（ODA）外交、“人类安全保障”外交和“民主化外交”中的作用进行讨论。② 第二，部分对日本对东南亚国家外交政策的研究提到NGO所发挥的作用，把其作为日本外交政策中的一个影响因素，如有学者对2007年之前日本对缅甸的接触政策中的NGO因素进行了讨论，也有学者对包含日本NGO在内的国际NGO对东南亚的“民主化支援”进行了研究。③ 第三，对日本NGO在东南亚地区的活动情况进行了梳理和分析。这方面研究关注的活动领域主要集中于社会福利、人道主义援助、女性权益等社会层面。④ 总的来看，目前既有的相关研究已对日本NGO与日本外交的关系进行了一定程度的讨论，也有研究介绍了NGO在东南亚地区的具体活动情况，但将NGO作为

① 胡澎：《日本NGO的发展及其在外交中的作用》，《日本学刊》2011年第4期。

② 野田真里「ODAとNGOのパートナーシップ強化にむけて——人間の安全保障の観点から（特集　日本のODAは脱皮できたか）」、『外交フォーラム』、2006年、221号；高橋清貴「NGOから見る日本の外交——ODAを通して（新世紀の日本外交の展望特集号）」、『愛知大学国際問題研究所紀要』、2002年、118号；豊島名穂子「日本における人間の安全保障とNGO」、『東洋哲学研究所紀要』、2009年、30号；杉浦功一『日本の「民主化外交」——1990年代以降の日本の民主化支援活動』、『現代社会研究』、2006年、9号。

③ 山田満，and ヤマダミツル，“The Role of International NGOs in Democratization Assistance in Southeast Asia: Cooperation with Local NGOs through Election Monitoring Activities,” 東洋英和大学院紀要，4（2008）；Morii，Kazunari，“Japan's Persistent Engagement Policy toward Myanmar in the Post - Cold War Era: A Case of Japan's Problem - Driven Pragmatism，” Diss. University of Warwick，2011。

④ Kim D.，Reimann *The rise of Japanese NGOs: Activism from above*，Routledge，2009；鎌田隆「ベトナムにおける日本のNGO活動と地域に根ざした社会福祉（中）」、『沖縄国際大学総合学術研究紀要』、2005年。

主要研究对象，从外交层面尤其是传统外交层面讨论它在该地区所发挥作用的研究较少。

本文将主要试图回答以下问题：日本 NGO 如何对日本的东南亚外交发挥推动作用？通过考察日本 NGO 与日本政府在该地区的互动关系及其活动所产生的影响，厘清它们在日本对东南亚外交中扮演的角色，进而联系中国外交的现状分析日本 NGO 活动对中国的启示。

一　日本 NGO 在东南亚地区的发展和现状

“非政府组织”（NGO）一词最早出现于 1945 年签署的《联合国宪章》，联合国经济社会理事会在 1950 年第 288（X）号决议中将其定义为“凡非经各国政府相互同意建立之国际组织”。[①] 在日本，NGO 通常被定义为参与国际合作等国际性活动的团体，以便与作为“从事地方公益事业的国内团体”的“非营利组织”（NPO）相区分。

日本 NGO 的历史最早可以追溯至第二次世界大战时期，战后日本的 NGO 主要出现于 20 世纪 50 年代末。此后，日本涌现了一批活跃至今的 NGO，其中就包括一些将东南亚地区作为主要活动范围的 NGO，如成立于 1960 年的“东南亚农村领导人养成所”（后改名“亚洲学院”）和向印度尼西亚派遣医务人员进行医疗救助的日本基督教海外医疗协力会，日本 NGO 在东南亚地区的活动也自此开始。20 世纪 70 年代末及 80 年代，随着柬埔寨、越南等国家难民问题出现，许多日本国民前往这些地区，成立了一批从事难民救助工作的 NGO，包括日本难民救助会、日本国际志愿者中心等，它们的活动内容也从初期的紧急救援、战后重建逐渐扩展至扶贫开发和教育事业。20 世纪 90 年代是日本 NGO 蓬勃发展的时期，目前正在活动的约 49% 的日本 NGO 都成立于该时期。[②] 其中，1995 年阪神大地震是日本 NGO 发展历程的一个重要节点。日本国内外 NGO、NPO 震后所发挥的重要作用使日本社会对 NGO 的关注度迅速提升，进而催生了日本 NGO

---

① 参见联合国经济社会理事会网站，http://daccess-dds-ny.un.org/doc/RESOLUTION/GEN/NR0/138/99/IMG/NR013899.pdf? OpenElement，最后访问日期：2016 年 7 月 22 日。

② Japan NGO Center for International Cooperation（JANIC），“Understanding Japanese NGOs from Facts and Practices,” Nov. 19, 2014, http://www.jica.go.jp/english/publications/jica_archive/brochures/2008/pdf/ngo_dis.pdf，最后访问日期：2016 年 7 月 22 日。

数量的急剧增长。1998年，《特定非营利活动促进法》的制定和实施进一步推动了NGO发展的浪潮。21世纪之后，日本NGO进入稳定发展时期，东南亚地区继续成为日本NGO积极活动的区域，日本NGO在该地区的活动也呈现出范围更广泛、活动更深入的趋势。

由于NGO的非官方性和不确定性，目前尚无关于在东南亚地区开展活动的日本NGO数量的准确数据。日本国际合作NGO中心（JANIC）的NGO名录显示，目前在东南亚地区进行活动的日本NGO共有185个，占收录总数的43.3%，具体活动区域涵盖了东南亚所有国家（见表1）。从具体的国家分布来看，日本NGO活动数量较多的国家主要有两类，一类是日本NGO进入时间较早、当地NGO法律制度发展较为完善、政府对NGO管制较为宽松的国家，如菲律宾、泰国和印度尼西亚；另一类则是曾经历过战乱或自然灾害、国内社会经济发展较为落后、对外援助需求较大的国家，如柬埔寨和老挝。值得强调的是，缅甸自2010年结束军政府统治之后，已成为日本NGO活动新的热点地区。2006年，在缅甸活动的日本NGO数量为20个，[①] 目前这一数字已增加至42个。

表1　目前日本NGO在东南亚地区的分布情况

单位：个

国家	菲律宾	柬埔寨	泰国	印度尼西亚	缅甸	越南	老挝	东帝汶	马来西亚	新加坡	文莱
数量	81	71	52	48	42	40	32	19	16	3	1

资料来源：整理自日本国际合作NGO中心（JANIC）网站，http://www.janic.org/directory/。

根据JANIC对NGO活动的分类，日本NGO在东南亚地区从事的活动主要包括农业和渔业开发、经济贸易、教育事业、医疗保健、饥饿和灾害应对、环境保护、和平和政治方面（包括民主化、裁军、维和及预防外交活动）、人权保护和其他非实践性活动（包括政策建议、NGO的联络和服务等）（见表2）。从表2可以看出，从事教育事业的日本NGO数量最多，而致力于农业和渔业开发、医疗保健与饥饿和灾害应对的社会事业的NGO数量也较多，这些方面都是日本NGO自20世纪60年代进入东南亚地区以来长期关注的领域。冷战后，随着民主化浪潮的出现，以及东南亚地区内

① 日本国际合作NGO中心（JANIC）网站，http://www.janic.org/directory/。

一些国家民主化进程的开始和加速，日本NGO在维和、政治和人权相关领域的关注度也逐渐提升。

表2 日本NGO在东南亚地区的活动类型和数量

单位：个

活动类型	教育	农业和渔业开发	医疗保健	饥饿和灾害应对	环境保护	和平和政治	经济	人权	其他
数量	133	83	74	60	48	35	30	24	59

资料来源：整理自日本国际合作NGO中心（JANIC）网站，http://www.janic.org/directory/。

此外，目前在东南亚地区活动的收入规模超过1亿日元的大型NGO已有43个，其中收入规模超过10亿日元的日本NGO共有5家（见表3），它们活跃于东南亚各国的不同领域，作为重要的海外NGO在东南亚地区发挥着一定的影响力。而其他中小NGO也凭借其灵活性、专业性等优势，在东南亚地区积极开展活动。总之，东南亚是日本NGO在海外活动最早和最主要的地区之一。经过战后半个多世纪的经营，日本NGO已在东南亚地区开展了范围广泛和议题多样的活动，并成为东南亚社会中一支不容忽视的海外力量。

表3 主要大型日本NGO（年收入超过5亿日元）在东南亚地区的活动情况

名称	成立时间	主要活动区域	主要活动内容	针对对象
日本计划生育国际合作组织（JOICFP）	1968年	老挝、柬埔寨、缅甸、东帝汶	教育、医疗保健、家庭健康	妇女、儿童
工业、精神和文化国际发展组织（OISCA）	1961年	菲律宾、泰国、马来西亚、老挝、柬埔寨、缅甸、东帝汶、印度尼西亚	农业开发、教育、金融、环保	—
Shanti国际志愿者会（SVA）	1981年	泰国、柬埔寨、缅甸	教育	难民、儿童、少数民族、灾民
日本YMCA同盟	1903年	菲律宾、泰国、马来西亚、缅甸、东帝汶、印度尼西亚	教育、职业培训、防灾、维和	青少年、女性、贫困地区人民
日本国际民间协力会	1979年	缅甸、菲律宾	小规模区域性产业、医疗、供水、防灾	灾民
Oxfam Japan	2003年	菲律宾、印度尼西亚	农业开发、小规模产业开发、教育、医疗、防灾	—

续表

名称	成立时间	主要活动区域	主要活动内容	针对对象
救助儿童会（日本）（SCJ）	1986年	缅甸、越南	卫生保健	儿童
日本难民救助会（AAR Japan）	1979年	柬埔寨、缅甸、老挝	教育、残障人士支援、地雷问题	—
日本和平之风（PWJ）	1996年	东帝汶、缅甸	农业、水资源援助	—
日本平台（JPF）	2000年	—	NGO、企业与政府之间的联系与合作	—
国际计划（日本）（Plan Japan）	1983年	印度尼西亚、柬埔寨、泰国、东帝汶、菲律宾、缅甸、老挝、越南	教育、医疗、儿童保护	儿童

资料来源：整理自日本国际合作NGO中心（JANIC）网站，http://www.janic.org/directory/。

二　日本政府对日本NGO在东南亚地区活动的支持

20世纪80年代，日本提出成为“政治大国”的目标，提升日本的国际影响力成为日本外交的一个重要课题。此时，全球范围内NGO的发展和日本NGO海外活动的日益活跃使日本政府逐渐认识到NGO对日本外交所具有的重要价值。以提升NGO在政府开发援助（ODA）中的作用为起点，日本政府开始与NGO加强联系，并通过设立一系列合作机制与其建立了长期稳定的合作关系，日本NGO在东南亚地区的活动也在这些机制框架下，受到日本政府的大力支持。

（一）日本政府与NGO的合作机制

目前，日本政府已建立起三种与NGO进行合作的机制：资金支持机制、NGO组织建设支持机制和定期沟通机制（见表4）。首先，日本政府建立的资金支持机制主要有外务省设立的“NGO事业补助金”和“NGO支援无偿资金合作”，由外务省管辖的独立行政法人“日本国际合作机构”（JICA）向包括NGO在内的团体所提供的“草根技术合作”资金，联系NGO、财界和政府的网络型NGO组织“日本平台”接受自外务省的“紧急人道支援资金”，以及由其他行政法人机构向 NGO 提供的相关资金支持。

其次，为了提高日本 NGO 的工作能力和专业性，外务省及 JICA 设立了 NGO 组织建设的支持机制，从意见咨询和人才培训等方面向 NGO 提供帮助。

最后，为了保证政府与 NGO 之间的及时沟通，以日本外务省为主的官方机构与 NGO 建立了定期对话机制，双方得以就加强合作、落实 ODA 援助等各项议题保持沟通，使 NGO 的诉求和意见传达至政府决策层，同时也有利于 NGO 更好地接受和落实政府政策。

表 4　日本政府与 NGO 的主要合作机制

资金支持机制	NGO 事业补助金	为 NGO 提升工作能力和专业性的资金，是对 NGO 调研、评价、研讨等活动费用的补助
	NGO 支援无偿资金合作	向在发展中国家从事经济和社会开发事业的 NGO 提供政府资金的制度
	JICA 草根技术合作	日本国际合作机构（JICA）向 NGO 和大学、地方自治体、公益法人、一般社团或财团法人等其他团体提供的用以提高发展中国家人民生活的项目资金
	紧急人道支援资金（Japan Platform）	外务省通过 Japan Platform 组织向 NGO 的紧急人道救援活动提供资金
	其他官方机构的资金支持	如日本邮政储蓄及简易生命保险管理机构下设“国际支援服务储蓄基金”、环境恢复和保护机构下设“地球环境基金”等
NGO 组织建设支持机制	NGO 咨询员	外务省委托经验丰富的 NGO 职员作为咨询员回答市民及 NGO 相关人员对 NGO 的设立、运营、国际合作活动等问题
	NGO 实习项目	向 NGO 提供招募和培养实习生的资金，为 NGO 事业提供青年人才
	NGO 海外学习项目	为 NGO 的中坚职员提供 1～6 个月的海外 NGO 进修机会
	NGO 研究会	委托 NGO 通过调查、研讨会等形式就提升 NGO 自身能力和专业性提出研究报告和建议建言
	JICA 相关支持项目	由 JICA 组织的 NGO 人才培训和进修活动
定期沟通机制	NGO—外务省定期协商会	参加者为 NGO 与外务省，是为实现双方加强合作、促进对话及交流 ODA 相关情报而定期举行的意见交流会议
	NGO—在外 ODA 协商会	为了有效落实 ODA 援助，在 NGO 活动较多的受援国由 ODA 相关的大使馆人员、JICA 和 NGO 共同参加的会议
	官方机构参与的其他机制	包括 NGO—JICA 协商会、财务省—NGO 定期协商机制、与外务省就“全球问题倡议”（GII）进行的恳谈会等

资料来源：整理自日本外务省网站，「国際協力とNGO」，http://www.mofa.go.jp/mofaj/gaiko/oda/shimin/oda_ngo.html；Kim D. Reimann, *The Rise of Japanese NGOs: Activism from Above*, New York: Routledge, 2009, pp. 88－95。

（二）日本政府对NGO在东南亚地区的资金支持

与欧美发达国家相比，日本NGO面临的资金短缺问题更为突出，资金问题是日本NGO在海外开展活动需要解决的主要问题。在日本NGO收入来源中，来自日本政府的资金占据了相当大的比例。据统计，2009年度，日本NGO总收入中分别有15%和9%的收入为项目收入和补助金。项目收入中有42%的资金来自包括“NGO支援无偿资金合作”“草根技术合作”资金等在内的政府和JICA的项目经费，而补助金中则有32%是由以“NGO事业补助金”为主的外务省补助金、国际支援服务储蓄基金和地球环境基金所提供。① 对于在东南亚地区进行活动的日本NGO，日本政府也对其给予了力度较大的资金支持。其中，外务省的“NGO支援无偿资金合作”作为日本NGO项目收入的主要来源之一，为其在东南亚地区具体项目的开展直接提供资金。自2002年设立以来到2015年为止，外务省在该机制框架下共为日本NGO在东南亚地区开展的479个项目提供了资金支持，总额已超过118.5亿日元（见表5）。② 从项目总金额及项目所在国的资金投入变化情况来看，外务省对NGO在东南亚地区的项目资金支持与日本的东南亚外交政策之间存在密切联系。例如，2010年后日本NGO在缅甸项目所获资金的迅速增加顺应了进入政治变革期的缅甸在日本东南亚外交中地位不断上升的趋势。

表5　2002～2015年日本外务省“NGO支援无偿资金合作”项目金额

单位：百万日元

所在国＼年份	2002	2003	2004	2005	2006	2007	2008	2009	2010	2011	2012	2013	2014	2015
印度尼西亚	2.1	20.2	57.6	9.9	37.3	18	32.2	50	40.5	5.3	31.8	16.1	167	127.4
菲律宾	8.8	13.8	20.2	13	29.1	28.5	42.7	74.4	38.1	147.6	103.4	87.1	198.1	209.5

① “项目收入”是指由于受其他机构委托实施特定的项目而从该机构获得的收入，“补助金”是指由于实施的项目符合实现某个特定目的的条件而获得的作为项目实施费用的收入。数据整理自国際協力NGOセンター、「NGOデータブック 数字で見る日本のNGO 2011」、2011年7月、79－82頁，http://www.mofa.go.jp/mofaj/gaiko/oda/shimin/oda_ngo/shien/pdfs/databook_10.pdf，最后访问日期：2016年7月22日。

② 整理自「日本NGO連携無償資金協力実績」，日本外務省，http://www.mofa.go.jp/mofaj/gaiko/oda/shimin/oda_ngo/shien/jngo_j.html，最后访问日期：2016年7月22日。

续表

年份 所在国	2002	2003	2004	2005	2006	2007	2008	2009	2010	2011	2012	2013	2014	2015
马来西亚	0	9	0	0	0	9.9	0	0	0	0	0	0	0	0
泰国	77.7	27.5	74.7	112.7	4.3	26.4	61.4	52.3	57.6	25.7	10	10.9	14.4	46.4
老挝	20	20	7.9	88	134.1	135.7	135.5	146.5	71	243.8	177.9	219.8	183.1	220.7
缅甸	22.6	58.7	70.5	114.5	54.9	54.1	97	205.7	154.9	354	434.3	730.1	483.3	336.8
柬埔寨	72.2	10.5	122.3	149.9	130.6	272.4	243.6	262.5	198.4	165.3	193.7	232.2	305.9	231.8
东帝汶	15.2	29.7	19	87.6	9.2	9.4	65.1	38.5	63.8	70.1	130.9	104	153.1	126.1
越南	10	38.4	28.3	47.7	65.9	61.2	89.4	12.2	48.9	24.7	180.1	196	225.3	86.9
合计 （项目数）	228.6 （16）	228 （22）	400.5 （30）	623.3 （37）	465.3 （24）	615.5 （31）	766.8 （37）	842.1 （36）	673.1 （33）	1036.5 （36）	1262.1 （40）	1596.3 （51）	1730.2 （48）	1385.6 （38）

资料来源：整理自日本外务省网站，「日本 NGO 連携無償資金協力実績」，http://www.mofa.go.jp/mofaj/gaiko/oda/shimin/oda_ngo/shien/jngo_j.html。

（三）日本政府对 NGO 在东南亚地区的智力支持

除了对日本 NGO 在东南亚地区的活动直接提供项目资金外，日本政府还借助与 NGO 之间的定期沟通机制，对 NGO 在东南亚地区的活动提供包括所在地信息、项目评价及活动建议在内的智力支持。每年，日本政府会对该年度内日本 ODA 政策实施情况发布一系列报告书。其中，不仅关于国家和重点课题的各份报告都对日本 NGO 的参与情况有所涉及，而且外务省会专门针对“NGO 支援无偿资金合作”项目发布“外务省—NGO 合同评价”。“外务省—NGO 合同评价”始于 1997 年，是由外务省和 NGO 在“NGO—外务省定期协议会”的框架下共同参与评价工作，旨在提高 NGO 参与援助活动的水平。该评价机制每年将选择一个国家的日本 NGO 实施项目作为评价对象，对东南亚地区的日本 NGO 项目的评价报告书至今已达 9 份，项目所在地包括菲律宾（2 次）、柬埔寨（3 次）、老挝（2 次）和越南（2 次）。[①] 通过对日本 NGO 在这些东南亚国家所实施项目的评价，日本政府对 NGO 在活动方式、组织与人员配置及政府与 NGO 之间的协作关

① 整理自「個別評価報告書」，http://www.mofa.go.jp/mofaj/gaiko/oda/shiryo/index_hyouka-01.html，最后访问日期：2016 年 7 月22 日。

系等方面都提出了建议。此外，日本外务省每年还会委托 NGO 发布 NGO 研究会报告，并主办以 NGO 事业为主题的研讨会，就不同领域的问题，对包括在东南亚地区的 NGO 在内的所有海外日本 NGO 提供建议。通过这些评价报告、研究报告和研讨会议，日本政府为日本 NGO 在东南亚地区持续、有效、深入地开展活动发挥了极为有力的推动作用。

总的来看，日本政府与 NGO 在东南亚地区活动的合作具有以下三个特点。第一，日本政府对 NGO 的支持力度大。与其他地区相比，东南亚地区是日本政府对 NGO 活动资助的重点地区，如 2015 年“NGO 支援无偿资金合作”中用于东南亚地区项目的资金比重达到 36.7%。① 在该地区内，日本政府资助的 NGO 数量多，支持内容涵盖人力、财力和物力，资助的项目涉及经济、社会及人权和民主等各个领域，成为日本 NGO 在该地区活动的坚强后盾。第二，双方沟通及时，联系密切。日本政府与 NGO 之间建立起的各种定期沟通机制为双方的沟通提供了稳定的平台，而且由于处于 ODA 政策的重点区域，东南亚地区的 NGO 也能及时从日本政府获得有用信息和有力建议。第三，日本政府与 NGO 的合作关系对其活动具有引导性。一方面，政府可以通过资金支持引导 NGO 在日本外交关注的地区和领域开展活动；另一方面，政府可以通过向 NGO 提供咨询和建议对其活动进行引导，以落实政府政策，如在 2013 年初，安倍政府推出积极的女性政策之后，该年度外务省 NGO 研究会的一份报告就以“性别与 NGO”为题，提出日本 NGO 应与民间部门共同落实“女性绽放光辉的社会”战略。②

三　NGO 在日本对东南亚外交中发挥的作用

近年来，广泛活跃于东南亚地区的日本 NGO 在与日本政府的合作日益深化的同时，也对日本的东南亚外交发挥着越来越显著的积极作用。NGO 在日本对东南亚外交中发挥的作用具体体现在以下四个方面。

---

① 整理自「日本 NGO 連携無償資金協力　平成 27 年度　地域・国名別」，日本外務省，http://www.mofa.go.jp/mofaj/gaiko/oda/region/page23_000477.html#section8，最后访问日期：2016 年 7 月 22 日。

② 『外務省平成 25 年度 NGO 研究会「ジェンダーと NGO」事業完了報告書』，2014 年 3 月，http://www.mofa.go.jp/mofaj/gaiko/oda/shimin/oda_ngo/houkokusho/pdfs/2013_01_report.pdf，最后访问日期：2016 年 7 月 22 日。

第一，日本 NGO 在东南亚地区的活动获得了当地民众的好感，有助于日本推进公共外交。如前所述，众多长期致力于东南亚地区发展的日本 NGO 在经济、社会和人道主义援助等各领域开展了积极活动，为该地区的社会发展和民众生活水平的提高发挥了重要作用。以日本难民救助会为例，在东南亚地区开展活动的 30 余年中，该组织从难民救助开始，活动领域逐渐扩展至灾害救援、教育事业、禁止地雷、医疗卫生、人权保障等各个方面。目前，该组织在东南亚地区以设在柬埔寨、老挝、缅甸三国的事务所为支点，进行紧急支援、残障人士支援、禁止地雷、传染病防治及教育五个方面的活动。仅在 2014 年一年间，该组织在东南亚地区活动的直接受益人约为 12935，包含间接受益者在内的总人数则达到 29 万。[①] 日本 NGO 进行的这些颇有成效的活动无疑会获得所在地的受益者及其他民众的好感。此外，来自日本的 NGO 成员和志愿者在东南亚地区活动时与当地民众的接触更是一种直接的跨文化交流，而 NGO 的非官方性也会降低当地民众对其产生抵触心理的可能性，当地民众通过接触日本 NGO 及其成员加深了对日本的了解。因此，日本 NGO 通过增强东南亚民众对日本的好感和理解，对日本政府推进公共外交起到推动作用，有利于日本在该地区良好的国家形象的塑造和影响力的提升。

第二，日本 NGO 在某些东南亚国家通过影响该国政府的决策，推动日本外交战略意图的实现。作为公民与政府、母国与所在国、国家与国际社会之间的桥梁，日本 NGO 主要通过三种方式对东南亚国家政策进行影响：与该国政府机构直接接触，制造国际舆论和塑造该国民意。这三种影响方式的具体运用可以从日本 NGO 在缅甸的活动中得到体现。首先，一些影响力较大的日本 NGO 可以直接与缅甸政府沟通，一定程度上影响缅甸政府的决策。缅甸军政府时期，日本 NGO 笹川和平财团在缅甸进行经济开发、医疗卫生等援助活动，而且还借助主席笹川阳平的个人影响力，推动前首相桥本龙太郎于 1999 年对缅甸进行访问，为日本与缅甸恢复政府交往打开了一扇窗口。[②] 其次，一些关注人权与民主问题的日本 NGO 在缅甸军政府时

① 難民を助ける会（AAR Japan）「2015 年度総会記録（2014 年度報告、2015 年度計画）」，http://www.aarjapan.gr.jp/about/pdf/2015report_plan.pdf，最后访问日期：2016 年 7 月 22 日。

② Kazunari, *Japan's Persistent Engagement Policy Toward Myanmar in the Post - Cold War Era: A Case of Japan's' Problem - Driven Pragmatism*, Diss. University of Warwick, 2011, p. 181.

期通过制造国际舆论，迫使军政府改善人权状况和进行民主化改革。20 世纪 90 年代之后，流亡日本的缅甸难民和关注缅甸局势的日本公民建立起一批 NGO，如缅甸市民论坛、日本缅甸事务所等。这些组织与其他海外 NGO 进行合作，在人权和民主化问题上给缅甸军政府制造国际舆论压力，成为推动缅甸民主化进程的重要力量。最后，日本 NGO 利用与当地民众及本地 NGO 的联系在某些议题上塑造民意，进而影响缅甸政府的决策。在 2010 年的密松水电站事件中，日本 NGO“湄公河观察”通过与“萨尔温观察”等缅甸 NGO 的合作积极参与其中，最终通过合力塑造“反坝”和“疑华”民意，促使缅甸政府决定搁置密松水电站建设。由此可以看出，无论是在军政府时期对日缅关系的推动和民主化的倡导，还是在民选政府时期对以中国为主的外国水电产业的抨击，日本 NGO 都对日本在东南亚地区战略意图的实现产生了积极影响。

第三，日本 NGO 在人权和民主领域的积极活动配合了日本的价值观外交。冷战结束后，西方国家推动国际“民主化”的力度增强，日本政府也将“民主化支援”作为其外交的重要课题，并对 NGO 的积极参加给予期待。[①] 在这种情况下，越来越多的日本 NGO 参与到人权和民主化推动的活动中，并将东南亚地区作为活动的主要区域。在一些东南亚国家的政治改革中，日本 NGO 积极参与，如“亚洲自由选举网络”成员组织之一的日本 NGO“Interband”，自 1998 年起先后对柬埔寨、东帝汶、印度尼西亚、菲律宾和泰国大选进行了选举观察；[②] 又如 2010 年开始的缅甸民主改革，受到包括日本 NGO 在内的海外 NGO 的大力推动和密切关注。此外，目前日本 NGO 在东南亚地区的人权和民主活动的重点之一集中在教育领域，即进行所谓“人权教育”和“民主教育”。这些日本 NGO 通过对所在地的儿童、青年及普通民众进行人权和民主观念的教育，直接向当地民众传播自由、民主等“普世价值”。同时，参与这些项目的讲师多从日本派遣，所使用的教材翻译自日本教材和资料，参与者所接受的民主价值观带有浓重

---

① 木村徹也「主催者あいさつ（NGOによる民主化支援セミナー報告書）」，http://www.mo-fa.go.jp/mofaj/gaiko/oda/shimin/oda_ngo/shien/19_minshuka/pdfs/j_00_02.pdf，最后访问日期：2016 年 7 月 22 日。

② 参见インターバンド（Interband）网站，http://interband.jimdo.com，最后访问日期：2016 年 7 月 22 日。

的“日本色彩”。[①] 这些日本 NGO 在民主和人权领域的活动既直接推动所在国的“民主化”进程，又对民众进行潜移默化的价值观输入，进而对日本近年来大力推动的价值观外交起到配合作用。

第四，日本 NGO 在东南亚地区的活动具有专业性、长期性和深入性，可以为日本政府的外交活动提供情报与建议。JANIC 发布的数据显示，目前有 48% 的日本 NGO 雇用了拥有国际关系专业教育背景的职员，其他拥有教育学、经济学、社会学、农学等各专业教育背景的职员也活跃于 NGO 之中。[②] 同时，大多数在东南亚地区的日本 NGO 在该地区活动时间长，接触的领域和对象相对深入和广泛。这种专业性、长期性和深入性的结合使日本 NGO 能够较为全面和深刻地掌握所在地和活动领域的相关信息。此外，日本 NGO 在东南亚地区进行活动时会直接受到日本对东南亚外交政策和派驻当地的日本外交机构活动的影响，从而能根据对日本外交的直观认识提出建议。因此，许多在东南亚地区活动的日本 NGO 通过与政府之间的各类定期沟通机制，向外务省和各驻外使馆提供情报和建议，为日本外交补充了大量从政府渠道不易获得的信息。

四　对中国外交的启示

随着中国融入国际社会的步伐加快，外交中的 NGO 因素同样成为中国外交中不容忽视的话题。日本 NGO 在东南亚地区的活动是国家利用 NGO 推动外交的一个成功案例，这些活动在一定程度上对中国的东南亚外交带来了挑战。因此，日本的例子可以为中国政府如何处理与本国 NGO 和国外 NGO 两方的关系提供借鉴。

对于本国 NGO，中国政府应该与其进行合作，鼓励本国 NGO 在外交领域发挥积极作用。与欧美和日本等发达国家相比，中国 NGO 的整体发展较为落后。而且由于中国的国情，中国 NGO 较少涉及政治与安

① 如 2013 年日本外务省“NGO 支援无偿资金合作”项目“提高缅甸国民人才能力的民主教育的普及”，参见项目计划书，http://www.mofa.go.jp/mofaj/gaiko/oda/data/zyoukyou/ngo_m/e_asia/myanmar/140225.html，最后访问日期：2016 年 7 月 22 日。

② 国際協力 NGOセンター「NGOデータブック 数字で見る日本のNGO 2011」，2011 年 7 月，134 頁，http://www.mofa.go.jp/mofaj/gaiko/oda/shimin/oda_ngo/shien/pdfs/databook_10.pdf，最后访问日期：2016 年 7 月 22 日。

全议题。[①] 为了更好地应对国外 NGO 对中国外交带来的冲击，并更有效地推动公共外交，中国政府应该借助本国 NGO 的力量，鼓励它们更多地走向海外。

首先，政府应为中国 NGO 的海外活动提供资金支持，并尝试让 NGO 参与对外援助项目。目前，大多数中国 NGO 面临着不同程度的资金不足问题，为了让它们能够在海外开展活动，政府应该给予其更多支持。具体方式除拨款补助之外，还可以借鉴日本将 ODA 援助与 NGO 相联系的机制，让 NGO 也成为中国对外援助项目的参与者。政府可以将一些涉及教育、文化、医疗领域的中小型项目委托由中国 NGO 进行落实。通过这种项目委托的方式，中国 NGO 可以获得更多资金，以支持其海外活动，并通过实施项目增强其活动能力，为其在海外的长期活动打下基础；同时，借助来自民间的中国 NGO 开展项目，还能一定程度上淡化对外援助的官方色彩，更易获得对方民众的好感，消除部分对中国对外援助的质疑和批评。

其次，外交部门应加强与中国 NGO 的联系。对于 NGO 来说，在海外长期有效地开展活动，不仅需要获得政府在资金上的支持，也需要政府能为其发展进行指导，以及对其的海外活动提供安全上的保障；对于政府来说，借助 NGO 的力量开展外交，需要与其保持有效的沟通，及时向其传递政府的政策，并获得它们提供的信息和建议，以便让 NGO 为外交政策的实施发挥作用。外交部门可以建立与海外中国 NGO 的定期沟通机制，从中央和驻外机构两个层面与在海外进行活动的中国 NGO 建立稳定的合作关系。

最后，政府应鼓励中国“网络型 NGO”的发展。“网络型 NGO”是指为 NGO 之间及 NGO 与政府、企业和其他社会组织之间提供沟通平台的 NGO 组织，前文提到的日本国际合作 NGO 中心和日本平台均属于这类组织。通过鼓励网络型 NGO 的建立和发展，政府可以借助网络型 NGO 实现与 NGO 更为顺畅的沟通，也能对 NGO 资源进行高效的整合和管理；NGO 则能利用此平台加深彼此间的合作，并能与更为广泛的社会力量加强交流，从而从资金、技术和信息等方面获得更多支持。

对于国外 NGO，中国外交部门应同时与国际 NGO 和发展中国家

---

① 王逸舟：《探寻全球主义国际关系》，北京大学出版社，2005，第 241～248 页。

NGO 保持接触和联系。当前，一些来自发达国家的 NGO 已成为“中国威胁论”的主要推手，它们通过在国际社会上制造舆论，对中国的国际形象产生了极为不利的影响。而且，它们还在发展中国家直接向当地民众散播“中国威胁论”，或借由与当地 NGO 的合作，影响它们对中国的认知。这些国际 NGO 在发展中国家通过塑造民意，对中国的对外援助及中国企业的海外投资进行干扰，甚至一定程度上影响了中国与一些发展中国家之间的双边关系。部分日本 NGO 在东南亚地区的活动正给中国在该地区的利益带来负面影响。中国政府必须认识到国外 NGO 对中国外交的重要性，并采取积极的应对措施。一方面，外交部门驻外机构应与当地的发达国家 NGO 进行接触，了解它们的对华态度和活动意图。对于并无反华立场的国际 NGO，外交部门应与它们加强沟通，消除它们对中国的误解，并鼓励中国 NGO 与它们进行合作，增进双方互信；对于反华立场明显的国际 NGO，则应对其活动保持关注，及时应对其活动可能带来的不利影响。

另一方面，外交部门和中国 NGO 也应重视与发展中国家当地 NGO 的关系。当地 NGO 不仅与当地民众保持着密切联系，也往往是国际社会了解和参与该地区事务的窗口与渠道。因此，外交部门应与当地 NGO 进行积极沟通，将其视为公共外交的重要对象，开展增信释疑工作；中国 NGO 也应与当地 NGO 建立合作关系，在其帮助下更好地在该地区开展活动。

总之，作为民间力量的 NGO 如今已经越来越频繁地出现在以国家为传统主体的国际社会中，它不仅活跃在经济、教育、环境等社会领域，更因其具有的跨国性、专业性、草根性等特征而成为国家外交的重要参与者。在日本，因受到政府相关机制的支持，NGO 在外交领域的独特价值已经在东南亚等地区得以实现，作为一种“隐形的外交行为体”为日本外交政策的落实起到越发显著的促进作用。而对于中国外交来说，NGO 的角色更为复杂，定位也更为模糊。然而，无论它们是给中国外交带来更大的冲击抑或更大的机会，如何应对 NGO 已经成为中国外交今后无法回避的问题，也需要包括中国 NGO 在内的社会力量的共同思考。

The Roles of NGOs in Japan's Diplomacy towards Southeast Asia and the Implications for China

Abstract As a developed country with a vibrant civil society, Japan has a great number of non-government organizations widely distributed around the world. Southeast Asia is one of the regions into which Japanese NGOs entered first and play an active role so far. In this region, Japanese NGOs share a long-term stable partnership with Japanese government under a series of cooperation institutions and are strongly supported by the government from many aspects like finance, intelligence and etc. The activities of Japanese NGOs in Southeast Asia not only make a difference in many aspects of Southeast Asian society, but also benefit Japanese diplomacy in this region to some degree. Thus, the case of Japan could also offer a reference for China's NGO diplomacy.

Keywords Non-Government Organizations; Japanese Diplomacy; Southeast Asia; China

Author Bao Xiaqin, Professor of the International Studies, Research Fellow of the Collaborative Innovation Center of Territorial Sovereignty and Maritime Rights, Fudan University; Huang Bei, Postgraduate of School of International Relations and Public Affairs, Fudan University.

印尼海洋经济发展及其与中国海洋经济合作政策思考*

吴崇伯

【内容提要】印度尼西亚蕴藏着丰富的海洋资源，近些年，印尼制定了新的海洋发展战略，推出多项政策措施，推动海洋经济发展，朝着建设海洋强国的目标迈进。但印尼要实现发展海洋经济、打造海洋强国的目标面临多方面的挑战。中印尼应以联合开发海洋油气资源、海洋渔业、船舶制造、内海航运及相关产业为重点，深化两国的海洋经济合作。

【关键词】印度尼西亚　海洋经济　中印尼海洋经济合作　海洋生态环境保护　滨海旅游

【作者简介】吴崇伯，厦门大学东南亚研究中心南洋研究院教授，博士生导师。

21 世纪是海洋的世纪，世界各沿海国家纷纷调整海洋战略，制定海洋发展政策，促进海洋经济可持续发展。作为世界上最大的群岛国家，印尼 70% 以上的国土面积为海洋滩涂，每年经济潜力可达 1.2 万亿美元，约等于 2012 年国家财政收入的 10 倍，可吸收的投资超过 255 亿美元。印尼目前的海洋资源收入约等于国内生产总值（GDP）的 22%。印尼政府正在制订并实施海洋综合管理计划，积极推动“蓝色经济”，整合政府资源，加强中央、地方政府的统筹协调，推动国际交流与合作，加快海洋综合开

* 本文曾在复旦大学中国与周边国家关系研究中心、复旦大学亚洲研究中心与复旦发展研究院举办的“东盟共同体发展与‘一带一路’倡议的对接”国际研讨会（2016 年 6 月 27 ~ 28 日，上海）上宣读。

发，保持海洋资源可持续发展。

一　印尼推出多项政策措施，推动海洋经济发展

印尼 2000 年正式成立了海洋与渔业部，在健全机构的同时，其开始逐步从整体上考虑海洋政策问题，制定新的海洋发展战略，朝着建设海洋强国的目标迈进。

（一）加强水产养殖，促进渔业可持续发展

渔业是印尼国民经济主要部门之一，2010 年印尼渔业出口创汇达 60 亿美元，2011 年渔业产值占印尼 GDP 的 3.5%。印尼是世界第七大渔业国，仅次于中国、秘鲁、日本、智利、美国和印度。苏门答腊东岸的巴干西亚比亚是世界著名的大渔场，勿里洞沿海产海参，马鲁古群岛沿海产珍珠，马都拉岛沿海产海盐。政府正计划投入更多资源发展渔业，以振兴国内经济，应对全球日益激烈的渔业竞争压力，保持印尼的世界渔业大国地位。

印尼国土面积的 2/3 是水域，海洋渔业资源丰富，目前只开发利用了不到 10%，仍有极大的发展空间，是印尼具有比较优势的一个行业。印尼政府较为重视渔业，并从资金、技术和政策上推动渔业发展。经过多年的发展，印尼的渔业生产能力有了很大提高，近海捕捞技术成熟，远海捕捞量持续增加。2010 年印尼的鱼产量首次突破 1000 万吨，达到 1083 万吨，比上年增长 10.29%①，2011 年为 1226 万吨。2012 年，印尼海洋渔业产量达 1526 万吨，超过 1487 万吨的原定目标，创历史新高。其中，海洋捕鱼 581 万吨，同比增长 7%；海水养殖鱼产量 945 万吨，同比增长 35%。2013 年，印尼渔产品捕捞产量 1956 万吨，养殖产量 1370 万吨。② 2015 年，印尼渔业生产指标 2239 万吨，比 2010 年的产量提高 106%。③

① "RI Targets a Bigger Fishing Catch in 2010," *The Jakarta Post*, Feb. 28, 2011, http://www.thejakartapost.com/news/2009/12/30/ri-targets-a-bigger-fishing-catch-2010.html，最后访问日期：2016 年 6 月 26 日。

② 《印尼渔业产量去年有新突破》，《印度尼西亚商报》2014 年 4 月 10 日。

③ "Govt Eyes 22.39 Million Tons of Fish Production by 2015," *The Jakarta Post*, Oct. 6, 2011, http://www.thejakartapost.com/news/2011/10/07/govt-aims-produce-2239-million-tons-fish-2015.html，最后访问日期：2016 年 6 月 26 日。

渔业快速发展也促进了印尼海产品出口创汇，2012年尽管全球经济放缓，但印尼海产品出口创汇39.3亿美元，渔业方面享受的贸易顺差达5.2亿美元。2013年，印尼渔产品出口41.6亿美元，成为印尼大宗出口商品。[①] 据印尼企业家协会统计，2015年印尼渔类产品出口额仅39亿美元，位居世界第十一。[②] 印尼渔类产品三个最大的出口目的地为美国、日本、欧洲，因美、欧经济尚未复苏，对渔类产品的需求降低，2014年印尼渔业出口额较政府预期水平下降近两成。印尼国内的渔产品消费量近年大增，每年每人约达35.62千克。印尼海洋与渔业部将加强国际合作，力争在以下五个方面取得新进展：确立渔业优先发展项目；引导印尼企业积极争取外国投资；加强人力资源培训和管理；加强渔业经济宣传并争取社会支持；加大国际合作力度。按照印尼海洋与渔业部中期发展规划，印尼会争取在2019年跻身世界渔业生产出口大国行列。

（二）力推造船成为竞争性产业

印尼国内拥有250家大型的船舶制造企业，主要分布在廖内群岛的巴淡地区、楠榜省的坦哥目斯县和东爪哇省的南望安县。印尼造船业的发展状况很不错，能够生产、维修各种类型及容量的船只。本地造船厂能建造5万载重吨（DWT）的船只，修理15万DWT的船只，印尼造船业年产能达到80万DWT，修理能力达到1000万DWT，目前仅有巴淡地区的船厂正在发展制造7万DWT船只的设备。印尼国内正在计划建造3000～5000艘150～200DWT的挖泥船，在渡船和油船、LNP船等其他船舶方面也有很大的需求。长期以来，印尼对造船业进口零配件征收10%的增值税，而对船舶进口免征进口税，这对印尼国内造船业的造船积极性构成了重大冲击。为了鼓励和推动国内船舶工业的发展，以实现2015年全年建造500艘船舶的目标，印尼政府将为国内船舶企业提供财政补贴等优惠政策，印尼工业部将采取两项措施，一是为进口部分船舶零配件提供免征增值税优惠，以减少国内造船厂的生产成本，提高国内船舶竞争力；二是把船舶建造列为基础设施工业，实施更低税率。同时，为加快发展和振兴印尼的造船业，

① 《印尼今年渔业出口指标50亿美元》，中国水产门户网，2014年7月15日，http://www.shuichan.cc/news_view-197308.html，最后访问日期：2016年6月26日。

② 《印尼对中国渔类产品出口大幅增长为中国第五大供应国》，《印度尼西亚商报》2016年7月16日。

造船业者呼吁，除了已有的财政激励措施外，印尼政府还应该降低贷款利率，取消对本地船厂征收的10%的增值税。另外，由于地价较高，本地船厂生产用地无法保证，造船业者呼吁印尼政府为本地造船厂建设专业造船工业区。

（三）海洋油气资源的开发

海洋油气开采业在当今世界面临日趋严重的能源危机的情况下，成为增加能源供应的新途径。印尼已把油气勘探、开采的重点转移到海上，海洋石油天然气的产量所占的比重将不断增加，成为油气产量中的重要组成部分。英国石油公司在2013 年统计评论会上表示，印尼目前石油储藏量为37 亿桶，仅占全球已探明储量的0.2%，为世界第二十八大产油国，印尼能源消耗十分依赖石油，并且未发现大储藏量的油田，印尼已成为石油净进口国。根据当前的开采速度，印尼石油将在未来11 年内耗尽。[①] 根据印尼国内估计，其石油储藏量不超过40 亿桶，每天开采84 万桶，只够用10 年而已；天然气储藏量103 万亿立方英尺，虽然更多，但也只够用35 年。[②] 为了增加油气储藏量，印尼正在加速海上油气资源勘探，寻求新的资源。2000 年印尼原油产量100 万桶/天，2012 年已下滑至90 万桶/天。2013 年，印尼将其原油产量目标进一步调整为84 万桶/天。印尼希望2014 年底达到原油87 万桶/天的目标，比2013 年产量目标提高3.5%。目前，印尼经济仍严重依赖油气产业，该行业对印尼GDP 的贡献率高达7%。至少4 家企业被印尼政府寄予厚望，以实现2014 年的油气产量目标，这4 家企业分别是美国的雪佛龙股份有限公司、印尼国家石油公司、中国海洋石油总公司和法国道达尔石油公司。

印尼拥有亚太地区最大、世界第十一大已探明天然气储量，达109 万亿立方英尺，虽然在过去的10 年中印尼原油产量一直在下降，但天然气产量却在逐年增加并于2002 年产量超过原油，2011 年11 个油气区的产量更是达到每天64.6 亿标准立方英尺，比2001 年增加了19%。印尼天然气大部分（60%）产自东加里曼丹、南苏门答腊、北苏门答腊和南纳土纳海的近海气田。许多成熟气田，如拥有印尼最大的液化天然气（LNG）工厂的

---

① 《印尼石油将于11 年后耗尽，原油储藏量仅37 亿桶》，《国际日报》2013 年7 月10 日。

② 《我国油气储藏量维持不了多久》，印尼《千岛日报》2013 年7 月13 日。

阿伦（Arun）和邦坦（Bontang）等地的产量已大不如前。预计印尼将有新的陆上和近海气源投产，以保证国内市场天然气的持续供应。BPMIGAS批准了10个天然气项目，2011～2014年每天所生产的天然气总量共计17.5亿标准立方英尺。这些主要用于天然气生产的项目需要47.3亿美元的投资。深水天然气储量是另一个具有潜力的领域，由雪佛龙公司（Chevron）领导的一个财团正在印尼进行第一笔风险投资，在距离东加里曼丹不远的深海区勘探，其目标是日产11亿标准立方英尺的天然气和31000桶的凝析油。日本国际石油开发公司（Inpex）也正在Arafuru海上开发马塞拉（Masela）项目，该海域的天然气储量估计为14万亿立方英尺。基于这些新建项目，印尼能源与矿产资源部预计，2012～2020年，17个新气田和现有气田的天然气产量有望达到5118亿标准立方英尺。

（四）大力发展海岸旅游，做强做大海洋旅游业

印尼海洋旅游资源丰富，每年海洋旅游业创汇35亿美元，并为420万人带来就业机会。2012年印尼接待到访外国游客数量创历史新高，达到804万人次，同比增长5.16%，而全球旅游增长率仅为4%；全年印尼旅游业外汇收入达到90亿美元，同比增长6%。2014年印尼接待的外国游客达到943.54万人次，比2013年的880万人增长了7.2%。[①] 旅游业为印尼国内生产总值贡献了4%，吸收就业853万人，占国内劳工总数的7.72%。

巴厘岛是印尼最著名的旅游胜地，巴厘岛以其独特的热带岛屿风光与丰富多彩的人文景观而成为世界各地游客的热门旅游目的地，已连续多年居世界海岛名胜旅游目的地首位。巴厘岛发挥自身优势，大力发展休假游、游轮游、潜水游、渔民生活体验游等多种旅游方式，旅游文化开发涉及乡村旅游、养生旅游、特色旅游商品开发和旅游人才培训等多方面。近年来，巴厘岛旅游业发展势头迅猛，2013年接待国际游客量达到327.8697万人，比2012年的289.2019万人增长了13.37%，酒店入住率平均达到90%，人平均停留7.5天，人均消费147.2美元/天，巴厘岛的旅游收入已

① 《印尼高官：中国成印尼旅游业重要客源国》，中国新闻网，2015年2月7日，http://www.chinanews.com/gj/2015/02-07/7044489.shtml；以及参见“Govt to Host Travel Fair to Support Bali and Beyond Tourism,” *The Jakarta Post*, April 19, 2014, http://www.thejakartapost.com/news/2014/04/19/govt-host-travel-fair-support-bali-and-beyond-tourism.html，最后访问日期：2016年6月26日。

占印尼旅游总收入的1/4。[①] 2014年巴厘岛接待外国游客350万人，旅游外汇收入55亿美元。[②] 2016年前6个月，巴厘岛接待国际游客91.52万人次，较上一年同期增长7.37%。[③]

巴淡岛正在成为印尼国内仅次于巴厘岛的第二大旅游目的地。巴淡岛拥有5600间客房，其中60%属于星级酒店和海滨度假村。巴淡岛占地面积415平方千米，拥有6个国际标准高尔夫球场和两个游艇码头，人口约52万。中北部是山丘，有原始森林；南部、西南部及西北部沿海是平原，海滩景色幽美。全岛海岸线曲折，多海湾和小港口。岛上规模最大的行业是电子及信息产品。旅游业在巴淡岛得到很大发展。

此外，印尼旅游和创意经济部投入1.99万亿印尼盾，从2012年开始，印尼海洋旅游朝绿色创意旅游业发展，印尼多姿多彩的自然景观将集绿色生态游、民俗风情游、观光、休闲、冲浪、潜水、海洋探险等为一体，重点突出环保意识。政府旅游部将与地方省、市、镇下属旅游区密切配合，共同推行各地旅游特色并落实旅游目标，由此可推动有关区域旅游和本地经济振兴与发展。北苏拉威西的布纳肯号称世界八大潜水胜地之首，2012年1月，在印尼北苏拉威西省省会万鸦老举行了东盟旅游论坛，印尼航空公司巴达维亚于2012年1月22日开通了中国广州至万鸦老的航线，以吸引更多中国游客到这个举世闻名的“潜水天堂”旅游。以恐龙活化石科莫多巨蜥著称的科莫多岛也日益闻名于世。与巴厘岛隔海相望，两岛相隔仅30千米的龙目岛（Lombok Island）拥有得天独厚的圣吉吉海滩（Senggigi）、湛蓝的海洋、珊瑚、鱼类和潜水等旅游资源，近年来，印尼政府开始着力发展龙目岛的旅游业。龙目岛国际机场已于2014年3月竣工，龙目岛与巴厘岛一起，成为印尼又一个重要旅游目的地和度假天堂。[④] 印尼总统佐科2015年4月11日视察龙目岛时表示，政府将致力于改善龙目岛基础设施建设的水平，打造新的旅游经济增长点。佐科称，政府2015年已经通

① “Bali Attracts 3.27 Million Foreign Tourists in 2013,” *The Jakarta Post*, January 24, 2014, http://www.thejakartapost.com/news/2014/01/24/bali-attracts-327-million-foreign-tourists-2013.html，最后访问日期：2016年6月26日。

② “Bali Targets $5.5b in Tourism Revenues,” *The Jakarta Post*, January 8, 2014, http://www.thejakartapost.com/news/2014/01/08/bali-targets-55b-tourism-revenues.html，最后访问日期：2016年6月26日。

③ 《旅游部长要全面开放海上旅游业》，印尼《国际日报》2016年8月24日。

④ 《冯慧兰：龙目旅游业前途辉煌》，印尼《国际日报》2013年7月27日。

过印尼旅游开发机构（ITDC）为龙目岛上的旅游建设拨款2500亿印尼盾，未来龙目岛将具备更完善的旅游业配套设施，除新建酒店、餐馆外，龙目市的国际机场设施也将得到改善，机场跑道将加长加宽，以适应大型客机的安全着陆和起飞。印尼政府正计划提高全国15个旅游区的发展潜力，其中包括把巴厘岛和龙目岛开发成旅游休闲中心，提升东南苏省瓦卡托比海洋旅游区、东努省科莫多和克里穆杜岛、千岛群岛等滨海旅游业的发展潜能，政府将鼓励和推动对这些地区的投资。

（五）大力发展港口基础设施建设，改善海上运输物流系统

目前印尼共有1324个港口和码头，为降低国内工业的生产成本，印尼政府需要采取措施改善物流系统，提高物流效率，不仅要改进港口的基础设施，改善硬件设施，还要提高港口的管理能力和运输船队服务能力，以增强海上运输软实力。港口是海洋交通运输的重要基础设施，为适应日益增长的对外贸易需求，印尼一些主要港口的扩建工程全面展开，将在今后几年重点发展29个国际港口，扩大港口吞吐量，使港口进一步现代化。2013~2014年，印尼启动131项港口建设项目，包括78项新港口工程和53项旧港改扩建工程，其中108个港口在印尼西部，23个港口在印尼东部。其中，印尼第一港口公司拟投资1.5万亿印尼盾（约合1.54亿美元），在亚齐省马拉哈雅蒂港口兴建集装箱码头和其他基础设施，一期年吞吐量约24万集装箱。2012年，印尼第二港口公司为港口建设投入2.1万亿印尼盾（约合2.2亿美元），比上年增长40%，作为港口等基础设施建设费用。2012~2016年，印尼第二港口公司投入约21万亿印尼盾（约合21.6亿美元），用于新建或扩建新丹戎布禄、芝拉玛雅、明古鲁、占碑、万丹、井里汶、坤甸、巨港等港口。2013年，印尼第三港口公司投资6.1万亿印尼盾（约合6.3亿美元）用于港口建设，其中3.1万亿印尼盾（约合3.2亿美元）用于扩建泗水丹戎北腊港口，1700亿印尼盾（约合1747万美元）用于改造三宝垄丹戎玛斯港口，其余用于建设南加里曼丹、中加里曼丹、西努沙登加拉和东努沙登加拉等省的港口。2013年，印尼第四港口公司投资6万亿印尼盾（约合6.2亿美元），用于扩建北苏拉威西省毕栋港口。[①] 政府特别计划扩建雅加达、泗水、棉兰等主要城市的29个

① 《印尼大力发展港口经济》，《印度尼西亚商报》2013年3月17日。

国际性港口，以改善海上物流系统，这些项目所需资金约达 130 亿美元。[①] 其中，雅加达丹绒布禄港将于 2017 年前从 590 万集装箱吞吐量扩建至 1100 万集装箱吞吐量。此外，印尼政府准备近期动工兴建 3 个国际港口，分别为西爪省的加拉璜（Karawang）、苏北省棉兰的库瓦拉丹绒（Kuala Tanjung）及邦加勿里洞省的勿里洞港口。由于这 3 大国际港口工程耗资庞大，政府无法单靠国家收支预算案拨款，印尼政府拟吸引国内外投资参与建设。

（六）加强海洋开发的国际与地区合作

2008 年 9 月，印尼与韩国签署了一项租用印尼 2.5 万公顷海岸水域的意向书，此水域将被用于培养可加工生产乙醇燃料的海藻。这份意向书由两国食品部、农业部、林业部和海洋事务与渔业部签订。以下所说水域所生产的海藻不仅可被用来制造食物产品，而且随着原油和天然气的价格上涨，还可被用于大力发展生物乙醇燃料。

印尼积极推进与亚洲国家的海洋旅游合作。印尼已同新加坡和马来西亚达成协议，共同投资 5.7 亿美元，将三国沿海地区开发成国际旅游度假胜地，建成“东方加勒比旅游区”。印尼与缅甸签订了旅游合作协定，将共同推进巴厘岛—额布里海滩—维桑海滩旅游线路，促使印尼婆罗浮屠和缅甸帕敢这两个佛教圣地成为友好城市。此外，印尼 2009 年初与迪拜的开发商毅马（Emaar）签订了一份项目协议，准备在龙目岛的南部修建一个投资额达 6 亿美元的度假村。

目前，印尼正积极与周边国家就发展海洋经济、保护海洋资源进行合作，其中一项重要工作就是实施“珊瑚礁三角区倡议”（CTI）。该倡议于 2009 年由印尼、马来西亚、菲律宾、东帝汶、巴布亚新几内亚、所罗门群岛共同发起，旨在加强保护珊瑚生态系统的国际合作。由于“珊瑚礁三角区倡议”发起国的海洋生物多样性极高，故其又被称作“海上亚马逊倡议”。“珊瑚礁三角区倡议”由 5 个行动计划构成：一是加强海洋产品的管理；二是在鱼产品加工中推广使用环保方法；三是保护海洋环境；四是帮助沿海地区应对气候变化；五是保护海洋珍稀物种。2013 年在印尼举办的

---

① 《印尼政府将投资 130 亿美元改善海上物流系统》，《印度尼西亚商报》2012 年 11 月 14 日。

APEC 会议重点讨论了海洋经济问题，印尼就发展海洋经济问题与多个国家进行了双边、多边磋商。

二　印尼发展海洋经济、打造海洋强国面临的主要挑战

海洋占据印尼 2/3 的国土面积，作为全球最大的海洋国家，印尼确实具备发展海洋经济、成为“全球海洋轴心”的巨大潜力，佐科总统已宣布将在五年任期内大力发展海洋产业，将印尼建设成军事与经济方面的“海洋强国”。但印尼发展海洋经济、打造海洋强国的目标面临多方面的挑战。

挑战一：海洋油气资源的勘探开发利用遭遇多种瓶颈。

在当今世界面临日趋严重的能源危机的情况下，海洋油气开采业成为增加能源供应的新途径。印尼所处 3 个板块具有丰富的石油、天然气和其他矿产资源，油气业仍是印尼的核心产业。但印尼的剩余可采储量、资源量多居于海上，多数为天然气；陆上主力油田多数都已进入开采后期，印尼已把油气勘探、开采的重点转移到海上，海洋石油和天然气的产量所占比重将不断增加，成为油气产量中的重要组成部分，该产业将带动印尼一系列相关产业的发展。然而，海洋石油和天然气开采是一项高技术、高投入、高风险的“三高”产业，由于资金、技术方面的限制，印尼海洋石油和天然气勘探、开采及配套设施建设方面尚无实质性进展。尽管印尼可能成为未来 5 年亚洲深海油气活动的主要地区，但就目前而言，印尼深海油气勘探活动规模较小，对大型跨国公司的吸引力不强。印尼油气工业的发展一直依赖外资，印尼政府积极引进外国企业，尤其是美国企业，目前引进的外国公司主要有雪佛龙股份有限公司、Total（道达尔）、Eni（埃尼集团）、埃克森美孚公司、康菲、BP、INPEX、中国海洋石油总公司、中国石油天然气集团公司等。近年来，印尼政府频繁招标，招标区块较多，主要分布在印尼中部、东部和海上。但外国公司在印尼石油部门的业务面临诸多困难，因此合作进展不大，多数业务处于停顿状态。印尼能矿部部长表示，印尼已探明油矿存量仅够用 12 年，届时如不开发新油田，12 年后印尼将出现油荒危机。

挑战二：渔业设备落后，渔民人力资源素质低。

渔业是印尼的主要经济支柱。印尼海洋事业与渔业部是实现新总统有关海上平台设想的关键部门。尽管印尼是个海洋大国，海产资源丰富，但

由于资金、捕捞设备和技术的限制，其海洋捕捞业发展比较缓慢，所以许多国家和地区都通过与当地政府或公司合作的方式进入印尼水域进行捕捞作业。人力资源素质低是长期困扰印尼海洋渔业，令其无法发挥最大效益的症结。多数渔民连小学文化程度都难以达到，印尼应该开办职业学校，让渔民获得培训机会；海洋产业员工一般缺乏训练，不知如何安全有效地操控业内所需的器械；不过更为迫切的问题是，与东南亚同业相比，印尼在这方面的机械设备明显落后，以致陷入增长瓶颈。印尼的海草养殖业就是个因设备落后而发展滞后的典型例子。印尼是全球最大的海草出产国之一，北苏拉威西数以万计的农民依靠养殖海草作为其主要收入来源，可是至今，当地养殖场仍不具备自行为海草加工的能力。相比之下，东南亚另一个千岛之国菲律宾却在逐渐掌握必要的技术之后，日益崛起为东南亚海草生产、加工和出口强国。在贫困线苦苦挣扎的广大渔民可能成为印尼海洋渔业发展的绊脚石。印尼沿海地区的贫民多达 787 万人，占全国贫民人数的 25.14%。印尼渔民必须开拓技能，开发其他海洋产品。印尼政府应让海洋渔业更具商业化，以改善渔民的福利，只有这样才能促进渔业发展，从而推动国家海洋经济发展。

挑战三：基础设施建设资金不足，港口设施老化，公路、铁路等配套设施缺乏。

目前印尼国内物流成本高昂，物流成本占 GDP 的比重为 23.5%，印尼政府希望在 2019 年将此比重降低至 19.2%。根据世界银行报告，2014 年印尼物流表现指数在全球 160 个国家（地区）中位列第 53 名，较 2007 年的第 43 名有所退步，落后于东南亚地区的泰国、马来西亚和越南等国家。其中，港口是海洋经济的支柱产业，同时也是重要的交通基础行业。港口不同于其他行业，其对区域经济发展具有强大的辐射与带动作用，因此，港口是海洋经济和社会发展的强大引擎。近年来印尼经济表现抢眼，连续数年 GDP 增幅 6% 以上，但由于基础设施落后，物流成本畸高，严重制约了印尼经济的进一步发展。印尼现有港口数目虽不少，但大多是小港和浅水港，特别是港口设备落后，满足不了日益增长的装卸要求。根据印尼交通部资料，印尼共有 111 个商业港口和 614 个非商业港口，其中只有 262 个港口的设施符合国际海事组织（IMO）颁布的国际船舶和港口设施安全规则（ISPS）的服务标准。该服务标准包括完备的基础设施、完善的港口装备、港口装卸速度，以及深海港口、海船停泊和相关货物在港口处理速度等。[①] 印尼港口的吞吐能力已远远无法满足急剧增长的贸易需求，加快海港系统的改扩建迫在眉睫，以保障货物顺利流通。

挑战四：对维护海洋利益采取前所未有的强硬立场，引起地区关系紧张。

东南亚水域，特别是印尼水域范围内渔业资源丰富，这对某些渔民包括外国渔民的吸引力极大，非法捕鱼现象时有发生。印尼社会各界一直抱怨政府忽视渔业投资及保护渔业资源的力度不够。易受非法捕鱼行为侵害的地区从亚齐北部水域、纳土纳海、苏拉威西海、印度洋南部海域、马鲁古海域一直延伸到巴布亚附近的阿拉弗拉海域。印尼本地和外国渔民利用印尼执法船只和监控力量不足的弱点，通过各种手段非法捕鱼。印尼方面认为，外国人的违法行为给印尼带来了巨大的经济损失，印尼每年因偷渔损失 160 万吨水产品，造成印尼渔业部门 300 万亿印尼盾年损失（约合 250 亿美元）。在佐科提出海洋大国梦的理念后，印尼对维护海洋利益采取了前所未有的强硬立场，被指侵犯印尼海域而被扣留的外国渔船相继被印尼海军拖至大海炸毁，向世人宣示其维护海洋主权的决心。自 2014 年底以来，印尼已经摧毁超过 170 艘外国渔船，印尼通过这一方式来显示其捍卫渔业利益的决心。印尼政府还在 2016 年 8 月 17 日印尼国庆日举行“沉船仪式”，摧毁之前扣押的 71 艘外国渔船，其中多数为越南渔船。[②] 但印尼处理外国船只在印尼领海非法捕鱼所采取的强硬政策可能会招致邻国的不满，引起地区关系紧张。

挑战五：军费增加可能导致亚太地区新一轮军备竞赛。

印尼“海洋强国”战略的提出也引发了一些国家的担忧。印尼的国防装备比邻国新加坡和马来西亚落后 10 年，印尼认为有必要加强国防现代化，以捍卫印尼的海空权。佐科政府将增加国防开支，印尼计划在未来 5 年将国防开支占国内生产总值（GDP）的比重提高至 1.5%，到 2019 年，印尼的国防开支每年达 200 亿美元。近 10 年来，印尼国防预算占 GDP 的比重低于 1%，2014 年国防预算为 86.4 万亿印尼盾（约合 71 亿美元），占

---

① 《印尼港口现状和建设的重要性》，《印度尼西亚商报》2014 年 6 月 29 日。

② 《印尼将摧毁 71 艘外国渔船庆祝国庆　部分来自中国》，中国新闻网，2016 年 8 月 17 日，http://www.chinanews.com/gj/2016/08-17/7974843.shtml，最后访问日期：2016 年 9 月 17 日。

GDP的0.8%，2015年实际的国防支出达到102.3万亿印尼盾左右，2016年的国防预算为108.7万亿印尼盾。2005～2015年，印尼的国防预算以年平均增长率16.6%的速度迅速增加。如果扣除价格因素，以实际价值计算，2005～2015年，印尼国防支出从35亿美元增至69亿美元，占GDP的比重由0.7%提高到0.9%。[①] 印尼方面认为其国防支出理应占国内生产总值的至少2%，如此才足以维持一支装备精良的军队。[②] 2015年4月印尼众议院宣布，计划到2020年将印尼的国防预算增加到200万亿印尼盾。印尼重塑海洋大国形象的举动引发了一些国家的担心，认为印尼将寻求成为地区军事强国，可能导致亚太地区新一轮军备竞赛，威胁地区和平。

三　深化中印尼海洋经济合作的政策思考

第一，以联合开发海洋油气资源推动中印尼经济合作。

中印尼两国是近邻，都重视海洋的保护与开发。印尼有海洋面积320万平方千米（不包括专属经济区），深水油气和超深水油气（水深超300米海域定为深水油气，水深超1500米海域定为超深水油气）储量非常丰富，印尼的问题是缺乏勘探开发所需要的高端科技和装备及巨额的资金投入，而中国成功运作南海“海洋石油981”的深水石油钻井平台正符合印尼当前的迫切需求和开发深海油气的政策。印尼业界呼吁印尼政府全力与中国磋商，加速落实与中国在海洋和能源工业的紧密合作，特别是加速在印尼深海地区的海洋石油工业合作，通过使用中国的深水石油钻井高端技术，大力开发印尼的深海油田，以增加印尼的油气产量和储备量，协助缓解印尼油气短缺的危机。印尼已不是油气丰富的国家，根据印尼油气机构公布的资料，印尼目前石油储量只有40亿桶，只能维持12年生产，而天然气储量为108.4亿标准立方英尺，也只能维持32年，煤矿储量约212亿吨，如果每年开采4亿～5亿吨，大约50年就会开采完毕。因此，印尼迫切需要勘探开发新油气田，重点开发其他能源，更重要的是大力向海洋领域进军，勘探开发海洋石油和其他能源。印尼油气机构2012年5月公布，

① 《印尼削减2016年国防预算　已连续10年大幅增长》，印尼《千岛日报》2015年9月13日。

② 《印尼的国防支出理应占国内生产总值至少2%，才足以维持一支装备精良的军队》，新加坡《联合早报》2014年12月12日。

为增加油气产量和储备量，印尼决定大力开发深海油田，并给予更好优惠，即由原来的陆地收益分配85：15修改为深海油田65：35（深海油田收益，印尼政府分65%，投资者分35%），因为深海油田投资庞大，技术高端，希望新措施可吸引外资积极参与深海油田的勘探开发。印尼更希望通过加强与中国在深海油气资源勘探开发方面的合作，使印尼能重新崛起，成为亚太新兴能源大国。建议加强两国海洋深海油气开发合作，通过海洋开发的合作，推动中印尼经济合作又上一个台阶。另外，中印尼还可探讨石油化工与煤化工、光伏产业、核能、海水淡化等方面的合作。

第二，积极鼓励和支持中国沿海海洋经济大省参与中国—东盟海洋产业合作及“一带一路”建设。

为实现中国经济发展模式的转变，寻求新的经济增长点，“推进海洋经济发展战略”被正式列入国家“十二五”规划，党的十八大提出了“提高海洋资源开发能力，发展海洋经济，保护海洋生态环境，坚决维护国家海洋权益，建设海洋强国”的宏观目标，把保护海洋、开发海洋资源摆在突出位置。国务院已正式批准山东、浙江、广东、福建作为国家海洋经济发展的试点省份，浙江舟山成为国家海洋经济新区，进一步凸显出新时期国家坚持陆海统筹，科学开发海洋资源，培育海洋优势产业，提高海洋开发、控制、综合管理能力的海洋发展总体思路。作为中国的几个海洋大省，山东、浙江、广东、福建应率先参与中国与东盟互联互通战略和海洋产业合作，根据各自海洋资源和海洋产业优势，合理选择合作项目与领域，开展与东南亚，特别是印尼在海洋渔业、海洋运输、临港产业、滨海旅游、海洋科技与海洋文化等方面的交流和合作。

2013年10月，中国国家主席习近平访问印尼时提出了中国愿同东盟国家加强海上合作，共同建设“21世纪海上丝绸之路”的构想。而印尼新总统佐科·维多多一上台即提出，印尼具备发展海洋经济的巨大潜力，要通过建设“海上高速公路”，将印尼打造成海洋文明强国。印尼建设海洋强国的理念和中国提出的建设“一带一路”倡议高度契合，双方可以积极开展合作，实现中国建设“一带一路”倡议与印尼打造“海洋强国”战略的对接和融合。印尼正在焕发新的生机与活力，在地区和国际舞台上发挥着日益重要的作用。中国和印尼共同参与“一带一路”建设，对东南亚地区具有重要的引领、辐射和示范作用。中国应充分发挥海洋、港口优势，深化与印尼在经贸、基础设施、港口、旅游、文化等方面的合作，积极参与印尼建设海洋强国的进程，深挖双方合作潜力，共同建设“一带一路”，推动中印尼全面战略伙伴关系向纵深发展。“一带一路”将是中国未来与东盟国家合作的契机。中国沿海的几个海洋大省，尤其是广东和福建作为历史上“海上丝绸之路”的起点或枢纽，应抓住机遇，进一步深化与东盟，尤其是印尼在各个层面的经济合作，争取在国家“一带一路”建设中凸显其重要地位和作用。

第三，进一步加强在海洋渔业、船舶制造等领域的合作。

印尼四面环海，是个典型的海洋国家，渔业合作惠及民生，应该先行。由于中国多数沿海省份围填海规模不断扩大与海洋生态环境保护的矛盾日益凸显，近海捕捞过度造成渔业资源衰退的现象未得到有效遏制，中国需要发展远洋渔业、远洋捕捞业，而印尼是理想的“走出去”场所。在习近平主席 2013 年 10 月访问印尼期间，中印尼两国同意加强海上合作，建立政府间渔业合作机制，启动渔业捕捞安排谈判。但 2014 年底以来，印尼政府调整对外渔业合作政策，导致中印尼渔业合作受阻。印尼渔业资源丰富，中印尼在渔业领域具有很大的合作发展潜力，双方应加强沟通协调、妥善解决目前存在的问题，加强渔业合作，可在水产品养殖、冷链建设等具体项目上进行进一步的探讨和磋商。此外，印尼海域辽阔，造船业具有良好的发展前景。而印尼的造船业比较落后，生产 500 吨位左右的船只居多，目前使用的船只多为旧船和进口二手船，急需提高高吨位船舶制造能力。中国造船业拥有较全面和成熟的技术、大量的专业人才，优势明显。在全球船舶市场仍旧低迷，不少船舶企业面临产能过剩的严峻形势下，开拓印尼内海用船舶市场为中国船舶企业发展创造了极好的机遇。业界应关注印尼船舶市场，尤其是关注印尼在中小型、自航式油驳、煤驳、岛屿间的渡船等船型需求，寻找机会，收获订单。中国要立足良好的造船工业基础，积极研发海洋石油平台、浮式生产系统、海洋石油开发专用船舶等，推进传统船舶工业向海洋工程装备制造业转型，并到印尼投资船舶制造业。

第四，开发印尼内海航运及相关产业，促进中印尼“蓝色”经济发展。

印尼作为太平洋岛国，岛与岛之间的货物运输均采用船舶，既经济，又方便。近年来，印尼经济增长较快，带动了如煤炭、油气、自然资源与工业产品等岛际运输需求量大幅度增长，为印尼内海航运业带来巨大的发展机遇。由于印尼本地公司普遍存在船只设备落后、技术人员缺乏、运作效率低下等现象，印尼内河航运运力及船只的供需缺口将明显加大。根据印尼规定，外资只有与当地企业合资成立公司，才可能获得内海航运业营运资格。印尼内海航运业巨大的发展潜力越来越为外资所青睐，已有韩国、德国和日本数家企业计划与印尼当地航运企业合资，引进船只和生产设备，开拓印尼内海航运市场。中国与印尼航运业已有多年的合作，具有进一步扩展合作领域的良好基础，因此，中国企业同样应抓住开发印尼内海航运及相关产业的良好机遇。此外，印尼正在兴起港口基础设施建设高潮，中国应支持中国港湾工程等许多有实力的中国企业在印尼承揽港口及疏浚、集装箱码头等海事工程项目建设，帮助印尼更新港口设备，建设新的码头，提高港口吞吐能力。中国应加强与印尼港口对接，通过信息交流、会议展览、人员培训等方式，推动港口物流行业内的交流，为两国港口物流企业间的合作创造条件。2010 年召开的东盟峰会通过的《东盟互联互通总体规划》中，港口物流行业互联互通是非常重要的内容。中国与东盟各国港口物流行业的合作与发展有很大的增长空间。中国设立了总规模为 100 亿美元的“中国—东盟投资合作基金”，支持区域基础设施建设，港口物流行业可以充分借力，强化中国—印尼港口之间在码头建设、集装箱联运、国际中转、运输航线、物流配送、油轮客运等方面的合作和互动发展。

The Development of Indonesia's Marine Economy and Its Implications for the Policy of China-Indonesia Cooperation on Marine Economy

Abstract Indonesia is rich in marine resources. In recent years, the Indonesian government has formulated a new strategy for maritime development and adopted a series of measures to develop the marine economy, so as to build itself into a maritime power. However, Indonesia is still confronted with many challenges in its efforts to develop marine economy and transform itself into a maritime power. Therefore, China and Indonesia may be able to deepen their cooperation on marine economy through collaborations focused on offshore oil and gas drilling, marine fisheries, shipbuilding, offshore maritime transportations, and related industries.

Keywords Indonesia; Marine Economy; Cooperation on Marine Economy; Marine Ecological Environment Protection; Coastal Tourism

Author Wu Chongbo, Professor of the School for Southeast Asian Studies, Xiamen University.

东盟经济共同体及其外国直接投资效应*

李皖南

【内容提要】东盟经济共同体（AEC）的终极目标之一是建成“单一市场和生产基地”及“完全融入全球经济体系的极具竞争力的经济区域”。除了贸易自由化和便利化之外，吸收外国直接投资（FDI）在很大程度上成为判断东盟一体化进程是否成功的重要指标。本研究试图考察东盟经济共同体的发展与外国直接投资的流入趋势，探讨东盟经济共同体是否实现了成为具有竞争力生产基地的目标，并指出东盟经济共同体建设过程中可能存在的阻碍因素。

【关键词】东盟经济共同体（AEC）　外国直接投资（FDI）　阻碍因素

【研究项目】广东省教育厅“广东高校优秀青年创新人才培养计划”研究项目，批准号：2012WYM_0025；教育部人文社会科学重点研究基地重大项目，批准号：14JJD810007。

【作者简介】李皖南，暨南大学国际关系学院/华侨华人研究院副教授。

一　引言

作为南南合作相对成功的一个案例，东盟经济一体化自1967年以来已

* 本文曾在复旦大学中国与周边国家关系研究中心、复旦大学亚洲研究中心与复旦发展研究院举办的“东盟共同体发展与‘一带一路’倡议的对接”国际研讨会（2016年6月27～28日，上海）上宣读。原文为英文，由复旦大学国际关系与公共事务学院国际关系专业硕士生奚溢译成中文。

经取得了巨大成就。东盟自由贸易区（AFTA）的目标几乎已经实现，东盟经济共同体（AEC）也于 2015 年底成立。东盟经济共同体的目标之一是建成“单一市场和生产基地”及“完全融入全球经济体系的极具竞争力的经济区域”，对此的评估不仅要依据外贸或东盟内部贸易，还应包括外国直接投资（FDI）的流入，因为外国直接投资的主要优势在于提供管理方面的专业知识、推动技术转移和激励良性的政策竞争。外国直接投资通过生产网络促进东盟欠发达的经济体、地区与中小企业的一体化。① 因此，东盟经济共同体试图建设一个更加稳定的商业环境并增加内部政策的竞争力，以吸引更多外国直接投资流入，推动本地区内跨国公司的兴起。2014 年，东盟是亚洲第三、世界第七大经济体。② 然而，东盟经济结构的多样性增加了建设地区生产链和生产网络的难度。

本研究旨在从外国直接投资的维度考察东盟经济共同体的成效。文章的结构如下：第二部分回顾东盟经济一体化与东盟经济共同体的发展历程；第三部分主要分析东盟投资自由化的政策措施与外国直接投资流入东盟的趋势，以及东盟经济共同体对外国直接投资流入的影响；第四部分讨论一些可能会降低东盟竞争力及阻止外国直接投资流入的阻碍因素；第五部分进行简短总结。

二 历史回顾：东盟经济一体化进程

（一）早期的经济合作尝试：20 世纪 90 年代前

众所周知，东盟经济一体化进程并未随着东盟的建立而一帆风顺。东盟成立之初，其主要目标不是经济合作，而是通过政治合作以确保自身成为稳定的中立地区。到了 20 世纪 70 年代末，随着多数成员国将宏观经济战略从封闭的进口替代转为开放的出口导向战略，东盟开始考虑尝试有限的经济合作，并将其制度化，如特惠贸易安排（PTA）、东盟工业互补计划（AICS）和东盟工业项目（AIPs）。但是，特惠贸易安排中的大多数条款都

---

① Siow Yue Chia, “Association of Southeast Asian Nations Economic Integration: Developments and Challenges,” *Asian Economic Policy Review* 6 (2011): 43 - 63.

② ASEAN Secretariat, “ASEAN Economic Community,” http://asean.org/asean - economic - community/.

无关紧要，尽管到1991年已经有大约15000种产品获得20%～30%的关税削减。[①] 事实证明，那些早期的设想对私营部门缺乏吸引力，也并未促成东盟内部贸易的大幅增长。学者塔恩将这一挫折归咎于几个因素，包括特惠贸易安排有限的覆盖面、竞争性而非互补性的地区内部贸易结构，以及该地区持续的增长和发展削弱了推进这一任务的紧迫感。[②]

在马尼拉举办的第三次东盟峰会上，东盟工业合资计划（AIJV）获得批准，这是一个旨在通过更大的优惠范围和更有效的公平机制来加快合作进程的过渡项目。但不幸的是，由于地区生产结构缺乏互补性及其他各种阻碍因素，东盟工业合资计划所产生的效果也比较令人失望[③]。

（二）东盟自由贸易区阶段与东盟经济共同体的雏形：1992～2002年

随着20世纪90年代初全球政治经济环境的巨变，特别是北美自由贸易区（NAFTA）和欧盟（EU）的成立对东盟成员国的贸易扩张和吸收外国直接投资施加了巨大的竞争压力，东盟自由贸易区框架协议和共同有效特惠关税（CEPT）计划在1992年的新加坡东盟峰会上获得通过。相较于20世纪90年代前的经济合作，东盟自由贸易区和共同有效特惠关税的实施是东盟经济一体化的重大进展。根据鲁道夫·塞韦里诺（Rodolfo C. Severino）[④] 的研究，共同有效特惠关税、东盟自由贸易区与特惠贸易安排的一个基本差别在于：在前两者中，不被排除在外的皆被包含其中；在后者中，不被专门包含在内的皆被排除。特惠贸易安排为东盟内部贸易设定“优惠边界”，即普通关税的折扣比例，以致如果基本起始关税很高，则特惠贸易安排下的关税仍会保持高位。另外，共同有效特惠关税和东盟自由贸易区规定分段降低东盟内部的实际关税，直至最终消除。

1995年的《东盟服务业框架协议》（AFAS）对东盟自由贸易区的扩展

---

① Zhaoyong Zhang, “AFTA and APEC, with Policy Implications for Vietnam's Trade and FDI,” *Development Policy Review* 14 (1996): 213-291.

② G. Tan, “ASEAN Preferential Trading Arrangements: An Overview,” *The ASEAN Reader* (Singapore: Institute of Southeast Asian Studies, 1992), pp. 237-241.

③ Michael G Plummer, *ASEAN Economic Integration: Trade, FDI and Finance*, Singapore: World Scientific Publishing Co. Pte. Ltd., 2009, pp. 130-131.

④ Rodolfo C. Severino, “Politics of Association of Southeast Asian Nations Economic Cooperation,” *Asian Economic Policy Review* 6 (2011): 22-38.

进行了补充。1995 年 12 月，为了在成员国之间的服务贸易中“基本消除一切现有的歧视性措施和市场准入限制”，并防止新的歧视性措施和市场准入限制出现，东盟经济部长会议（AEM）签署了《东盟服务业框架协议》。

然而，1997 年发生了亚洲金融危机，伴随大规模的货币贬值和资本外逃，东盟成员国遭遇了重大的经济难题。在 1997 年 12 月的吉隆坡峰会上，东盟领导人决定将东盟改造为一个经济发展平衡，贫困现象减少，社会经济差距缩小的稳定、繁荣和竞争力强的地区，即所谓的《东盟 2020 年远景规划》。规划中提出了东盟共同体的概念，这在东盟历史上尚属首次，但共同体的内容仍不清晰。[①] 因此，该规划可以被看作东盟经济共同体的雏形。

（三）东盟经济共同体的初步发展：2003～2007 年

随着 2002 年中国加入世界贸易组织（WTO），东盟国家在亚洲金融危机后经济缓慢复苏，以及“9·11 事件”后全球经济环境的变化，世界经济中心逐渐从西方转移到东方。外部经济变化促使东盟深化经济一体化。新加坡前总理吴作栋提议深化地区内的经济一体化，加强与地区外其他经济体的联系，还需要对东亚经济体的增长做出反应，尤其是“搭上”中国经济高速增长的快车。[②]

在 2003 年 10 月的巴厘岛峰会上，东盟领导人签署了一份历史性的文件《东盟第二协约宣言》（即《巴厘第二协约宣言》），[③] 旨在推动全面一体化，希望在 2020 年建成一个富有活力、紧密团结、适应力强和高度一体化的东盟共同体。东盟共同体拥有三大支柱，包括东盟安全共同体（ASC）、东盟经济共同体（AEC）和东盟社会文化共同体（ASCC）。东盟安全共同体旨在保障地区内国家在一个普遍公正、民主与和谐的环境中保

---

① ASEAN Secretariat, “ASEAN VISION 2020,” http://www. asean. org/news/item/asean - vision - 2020.

② Goh Chok Tong, “Deepening Regional Integration and Co - operation,” Speech delivered on 8 October 2002 at the WEF East Asia Economic Summit 2002, http://www. asean. org/resources/2012 - 02 - 10 - 08 - 47 - 56/leaders - view/item/keynote - address - by - singapore - prime - minister - goh - chok - tong - at - the - wef - east - asia - economic - summit - 2002 - on - tuesday - 8 - october - 2002 - kuala - lumpur - malaysia.

③ ASEAN Secretariat, “Declaration of ASEAN Concord II” (Bali Concord II), http://www. asean. org/news/item/declaration - of - asean - concord - ii - bali - concord - ii.

持彼此之间及与外部世界的和平。东盟经济共同体旨在实现经济一体化的最终目标，到2020年建立一个稳定、繁荣、竞争力强的东盟经济区域，实现货物、服务、投资的自由流动，提升资本流动的自由度，推动经济发展平衡、贫困现象减少、社会经济差距缩小。东盟社会文化共同体设想将地区建设成一个通过伙伴关系联结起来，由相互关怀的社会组成的共同体。东盟期望这三大支柱能够在2020年东盟共同体建成时同时运作。

2004年11月，东盟十国外长会议在老挝首都万象举行，通过了《万象行动计划》，该计划描述了这三大支柱之间如何紧密相关，“由于社会不公会威胁经济增长，进而破坏政治稳定，所以东盟社会文化行动计划与东盟共同体的经济和安全支柱紧密相关。东盟社会文化共同体的建立源于一个前提：仅仅依靠经济一体化和安全保障不足以实现东盟共同体的愿景”。[①] 2005年，东盟领导人宣布制定一部东盟“宪法”（即《东盟宪章》）的计划，以推动东盟共同体的建立。

随后，2006年8月，在马来西亚吉隆坡举行的东盟经济部长会议同意制定“一个单一、清晰的推进东盟经济共同体建设的蓝图，到2015年根据《巴厘第二协约宣言》明确东盟经济共同体的特点和要素，以清晰的目标和时间表来执行各项政策，同时以预先约定的灵活性顾及所有东盟成员国的利益”。[②]

（四）东盟经济共同体的加速推进：2007年至今

2005年中国人民币汇率改革推动中国对外开放和中国经济迈上了新台阶。2006年，中国国内生产总值（GDP）达到27873亿美元，首次超越英国，位居世界第四，仅次于美国、日本和德国。两年之后的2008年，中国国内生产总值超越德国，成为世界第三大经济体。同时，东亚地区经济实力的增强及全球金融危机都促使东亚国家加快地区经济合作。第一届东亚峰会于2005年在吉隆坡举行，与会国家包括东盟十国、中国、日本、韩国、印度、澳大利亚和新西兰。如何在众多经济合作的扩大中保持东盟的中心地位和主导角色？东盟国家需要进一步发展建设，并深化一体化

① Rosabel B Guerrero, “Regional Integration: the ASEAN Vision in 2020,” *IFC Bulletin* 32 (2010), http://www.bis.org/ifc/publ/ifcb32c.pdf.

② ASEAN Secretariat, *ASEAN Economic Community Blueprint*, January 2008, http://asean.org/asean-economic-community/.

合作。

东盟前秘书长鲁道夫·塞韦里诺在一份文件中表明东盟共同体必须加速推进：东盟共同体建设的加速推进看来非常合理和紧迫①。东盟经济共同体将实现《东盟 2020 年远景规划》中所支持的经济一体化终极目标。因此，2007 年 1 月，在于菲律宾宿务举行的第 12 届东盟峰会上，东盟领导人签署了《关于加快推进东盟共同体建设的宿务宣言》，并同意通过缩短建设时间（从 2020 年缩至 2015 年）来加快实现东盟共同体（东盟经济共同体、东盟安全共同体与东盟社会文化共同体），同时确定了 2018～2020 年柬老缅越四国机制（CLMV）的完成日期。根据宣言，到 2015 年，东盟经济共同体将实现货物、服务和资本的自由流动。

2007 年 11 月，正逢东盟成立 40 周年，在于新加坡举行的第 13 届东盟峰会上，东盟领导人签署了《东盟宪章》。《东盟宪章》于 2008 年 12 月 15 日生效，旨在促进东盟一体化，在一个更加基于规则的环境中给予东盟成员国法律地位和制度框架。②《东盟宪章》将东盟转变为一个法律实体，计划将该地区打造为一个覆盖 5 亿人口的单一自由贸易区。

与此同时，东盟领导人还签署了一份详细的执行计划——《东盟经济共同体蓝图（2008—2015）》。③ 蓝图旨在通过现有的和新的倡议，加上清晰的时间表，来深化和扩大经济一体化，并瞄准四个支柱目标：

（1）支柱一：单一市场和生产基地；

（2）支柱二：竞争力强的经济区域；

（3）支柱三：经济发展平衡的地区；

（4）支柱四：融入全球经济体系的地区。

根据《东盟经济共同体蓝图（2008—2015）》，东盟经济部长会议是所有东盟经济一体化与合作事项的协调机构。《东盟经济共同体蓝图（2008—2015）》提供了一张概述必要的经济政策措施和行动时间表的路线图。东

① Rodolfo C. Severino, "A Sense of Community for Southeast Asia," http://library.fes.de/pdf-files/bueros/singapur/04601/2007-3/severino.pdf.

② Min-hyung Kim, "Integration Theory and ASEAN Integration," *Pacific Focus* 3 (2014): 374-394.

③ "东盟政治安全共同体及东盟社会文化共同体蓝图于 2009 年 3 月 1 日在泰国通过。蓝图为 2015 年东盟共同体三大支柱的建成规划了路线图。这三大支柱将作为大东盟共同体的重要组成。" ASEAN Secretariat, *ASEAN Economic Community Blueprint*, January 2008.

盟部长和官员每半年举行会晤，以确认蓝图执行中所面临的各种问题。

蓝图指明了17个核心元素和176个优先行动，以及明确的实施阶段与更多的详细计划和协议。蓝图阐述了2008～2009年、2010～2011年、2012～2013年和2014～2015年应采取的措施与需要执行和遵守的日程表。在建设东盟经济共同体的过程中，东盟根据符合多边规则的开放、外向、包容和市场导向的经济原则采取行动，遵循基于规则的制度体系，有效地遵守和执行经济上的承诺。

为了监督东盟经济共同体的进展，东盟采用了“东盟经济共同体记分卡”——一种基于欧盟用以监督政策执行的内部市场记分卡发展而来的规范性工具（见表1）。作为一个期望用以衡量东盟成员国之间一体化程度的公正的评估工具，为了实现到2015年建立东盟经济共同体的目标，东盟经济共同体记分卡提供了关于地区性优先事项的相关实用信息，并公布了东盟采取的集体特别行动和成员国采取的单独特别行动。到2015年10月31日，10个东盟成员国的总体执行率达到92.7%，即506项措施中有469项得到执行；东盟经济共同体记分卡的整体执行率达到79.5%，即611项措施中有486项得到执行。

《东盟经济共同体2025年蓝图》承接了《东盟经济共同体蓝图（2008—2015）》，于2015年11月22日在马来西亚吉隆坡举行的第27届东盟峰会上获得东盟领导人的批准。《东盟经济共同体2025年蓝图》包括五个相互关联和强化的发展目标：（1）高度融合的经济；（2）有竞争力、有创新性、充满活力的东盟；（3）增强的互联性与部门间的合作；（4）适应力强、包容性强、以人为本的东盟；（5）全球性的东盟。这些发展目标支撑了《东盟愿景2025》（ASEAN Community Vision 2025）中所提出的对东盟经济共同体的期望。①

《东盟经济共同体2025年蓝图》构成了《东盟2025：携手前行》的一部分，并向东盟经济共同体提供了2016～2025年大致的战略方向。它将指引东盟朝着更加积极主动的方向发展，培育集体意识和集体力量以适应世界，顺应新的发展，抓住新的机遇。新的蓝图将试图确保10个东盟成员国在经济上可持续、有收益地融入全球经济，因此致力于共享繁荣的目标。

---

① ASEAN Secretary, “ASEAN Economic Community,” http://asean.org/asean-economic-community/.

表 1　东盟经济共同体记分卡措施的执行情况（截至 2015 年 10 月 31 日）

措施*	记分卡措施数量及执行情况		
	已经完成（个）	未完成（个）	完成率（%）
建立单一市场和生产基地方面的措施	256	21	92.4
建立较强竞争力经济区域方面的措施	154	16	90.5
经济发展平衡方面的措施	—	—	100
融入全球经济体系方面的措施	—	—	100

*根据东盟经济共同体支柱目标而制定的优先发展措施（2008—2015）。

资料来源：ASEAN Secretariat, "A Blueprint for Growth ASEAN Economic Community 2015: Progress and Key Achievements," November 2015, http://www.asean.org。

三　东盟经济共同体的建立对东盟吸收外国直接投资的影响

（一）东盟的投资自由化和一体化

吸收外国直接投资是东盟经济合作和一体化的一个长期目标。为了扩大地区投资，东盟成员国于 1987 年签署了《东盟促进和保护投资协定》（也被称为《东盟投资保障协定》）（AIGA）。但《东盟促进和保护投资协定》仅涉及保护投资和促进投资两部分，东盟投资者与非东盟投资者之间却没有明确的利差。

在关于如何吸收更多外国直接投资方面，东盟最重大的尝试是 1998 年 10 月签署的《东盟投资区域框架协定》（AIA）。《东盟投资区域框架协定》旨在推进东盟成员国在吸收外国直接投资政策上的自由化、升级和相互协调，以及一些投资便利化措施。该协定涉及五个产业：制造业、农业、渔业、矿业和采石业，以及依附于五个产业的服务业。[①] 然而，《东盟促进和保护投资协定》与《东盟投资区域框架协定》是两个独立的协定，两者之间没有明确的交互性。另外，对东盟投资者和非东盟投资者的优惠政策被划分在两个时间段内。[②] 但是《东盟投资区域框架协定》因其对东盟投资

① Michael G Plummer, *ASEAN Economic Integration: Trade, FDI and Finance*, Singapore: World Scientific Publishing Co. Pte. Ltd., 2009, pp. 130 - 131.

② Tajul Ariffin Masron and Zulkornain Yusop, "The ASEAN Investment Area, other FDI Initiatives, and Intra - ASEAN Foreign Direct Investment," *Asian - Pacific Economic Literature* 2 (2012).

者和非东盟投资者优惠期限的差别对待而受到批评。

为了将这两个不同的投资协定合二为一，2007 年 8 月 23 日，在菲律宾马卡蒂市举行的第 39 届东盟经济部长会议决定修改《东盟投资区域框架协定》。2009 年 1 月，东盟经济部长会议签署了《东盟全面投资协定》(ACIA)。

《东盟全面投资协定》于 2012 年 3 月 29 日生效。协定宣称其主要目标是在东盟建立一个自由开放的投资制度，“以实现《东盟经济共同体蓝图(2008—2015)》所设定的终极目标，即东盟经济共同体下的经济一体化”。

《东盟全面投资协定》寻求并深化《东盟促进和保护投资协定》和《东盟投资区域框架协定》共同采用的方法，也在以下几方面改进了这两份协定：(1) 采用国际惯例给予东盟保护；(2) 向第三世界国家的公民提供获利的机会；(3) 将投资规则制定的透明度提升到更高等级；(4) 向东盟投资者及其投资提供更好的保护；(5) 采用投资者—国家争端解决机制(ISDS)，并增加争端解决的其他方案，例如启用东盟成员国仲裁中心。①

毫无疑问，《东盟全面投资协定》成为实现东盟经济共同体作为单一市场和生产基地这一目标的一个重要措施。而且，东盟经济共同体的首要动力就是增加来自东盟内部和外部的外国直接投资的流动。但是，东盟经济共同体真的对外国直接投资流入东盟形成了明显的影响吗？这需要进一步研究。下一部分将通过数据和分析来试图厘清这一问题。

(二) 东盟吸收外国直接投资流入的趋势

1. 全球趋势和东盟趋势

如上所述，东盟从 20 世纪 90 年代开始加强经济一体化以提升地区竞争力，因此这一部分将探讨自 1990 年以来外国直接投资流入东盟的趋势。从表 2 和表 3 中可以看到，从 1990 年开始，全世界的外国直接投资流入量在不同年代呈现不同的增长态势。1990～2000 年，全世界的外国直接投资流入量从 1990 年的 2081.68 亿美元增长至 2000 年的 1.4 万亿美元，后者是前者的 6.8 倍。但这些流量主要集中于发达国家，美国和欧盟占到了一半左右。亚洲的外国直接投资流入量由于亚洲金融危机的影响而剧烈波

① ASEAN Secretariat, “ASEAN Comprehensive Investment Agreement (ACIA)” (July 2013), http://investasean.asean.org/index.php/ajax/exec_ajax/file_download/824/newsid/973/asean-comprehensive-investment-agreement-a-guidebook-for-businesses-and-investors.pdf.

动。流入亚洲的外国直接投资在 1997 年达到 1080 亿美元的峰值，占当年世界总量的 22%。20 世纪 90 年代初，东盟的外国直接投资流入量超过了中国。但 1992 年中国深化开放政策并向市场经济转型后，中国的外国直接投资流入量猛增。1993 年，流入中国的外国直接投资首次超过东盟。1997 年，中国的外国直接投资流入量为 450 亿美元，东盟为 330 亿美元。亚洲金融危机不仅影响了东盟国家，还影响了中国等其他东亚国家。然而，中国经济迅速复苏，东盟经济则相对缓慢。2000 年，亚洲的外国直接投资流入量仅占世界总量的 1.6%，几乎触底。

从 2000 年到 2010 年的第二个十年见证了世界范围内外国直接投资的波动特点。2001 年，由于经济衰退和商业信心的缓慢复苏，尤其是美国，所以世界范围内外国直接投资的流量减少了 51%，降至 7350 亿美元。这是外国直接投资流量在 30 年内的最大降幅。[①] 经历了接下来三年的流量减少后，2004 年全球的外国直接投资微幅反弹，至 6480 亿美元，较 2003 年增长 2%。流入发展中国家的外国直接投资激增 40%，至 2330 亿美元，但发达国家经历了 14% 的下降。因此，2004 年发展中国家的外国直接投资流入量占到世界总量的 36%，是 1997 年以来的最高水平。[②] 世界范围内的外国直接投资在之后的三年里保持增长，并于 2007 年达到 2.002 万亿美元的峰值。然而，在 2003～2007 年外国直接投资持续增长之后，2007 年开始的全球金融危机引发了金融市场的混乱和世界经济的衰退，也逐渐影响了 2008 年和 2009 年全球的外国直接投资。2008 年世界范围内的外国直接投资流量下降 14%，至 1.819 万亿美元，[③] 2009 年又继续下滑至 1.221 万亿美元，虽然 2010 年缓慢复苏，2011 年加速增长，但 2012 年再度下降。

因此，东盟的外国直接投资流入量与世界总量具有相似的发展轨迹：减少—增加—减少—增加（见图 1）。具体而言，在世界总趋势的影响下，流入东盟的外国直接投资连续三年下降，从 2000 年的 226 亿美元降至 2002 年的 170 亿美元。2003 年，流入东盟的外国直接投资开始反弹，较世界总量的回升早了一年。在接下来的五年中，流入东盟的外国直接投资从 2003 年的 300 亿美元持续回升至 2007 年的 867 亿美元，增加了近两倍。但

① UNCTAD, *World Investment Report 2002*, http://www.iked.org/pdf/UNCTAD.pdf.

② UNCTAD, *World Investment Report 2005*, http://unctad.org/en/docs/wir2005overview_en.pdf.

③ UNCTAD, *World Investment Report 2009*, http://unctad.org/en/docs/wir2009pt1_en.pdf.

是受到全球金融危机的严重影响，东盟的外国直接投资流入量从2008年的503亿美元跌至2009年的470亿美元。与世界总流量的特征有所不同的是，从2010年到2014年，流入东盟的外国直接投资没有受到外部波动的干扰而保持活力，从2010年的991亿美元增至2014年的1328亿美元，四年内增长了34%。

由图2可知，根据2000年以来的外国直接投资绝对数量，流入东盟的外国直接投资占世界总量的比重也经历了涨—跌—涨—跌—涨的过程，从2007年的4.3%降至2008年的2.8%，从2010年的6.9%降至2011年的5.8%，又升至2014年的10.8%，创下20世纪90年代以来的新高。

以上数据显示的是东盟力争打造单一市场和竞争力区域时期外国直接投资流入东盟的趋势，东盟并未显示出特别强大的吸引更多外国直接投资的能力。在多数年份里，流入东盟的外国直接投资的变化频率与世界总体趋势相似，甚至相当一致。正如东盟秘书处指出的，全球范围内外国直接投资的大环境会变得偏向保护主义政策，更加严格的信贷条件、下滑的企业利润及对全球经济增长的悲观预期会引发许多跨国公司削减产量和资本支出，导致更多工人失业和全球范围内外国直接投资流量尤其是来自发达国家投资流量下降。[①] 由此可见，东盟仍然没有足够强大的能力抵御外部的下行压力，无法增加其作为外国直接投资目的地的吸引力。

表2 1990~2014年流入东盟的外国直接投资

单位：亿美元

国家＼年份	1990	1995	2000	2005	2007	2008	2010	2011	2012	2013	2014
文莱	0.07	5.83	5.5	2.89	2.6	3.3	6.26	12.08	8.65	8.95	5.68
柬埔寨	0	1.51	1.49	3.81	8.67	8.15	7.83	8.15	14.47	13.96	17.3
印度尼西亚	10.92	44.19	-45.5	83.36	69.28	93.18	137.71	192.41	191.38	184.44	225.8
老挝	0.06	0.95	0.34	0.28	3.24	2.28	2.79	3.01	2.94	2.96	7.21

① Tajul Ariffin Masron and Zulkornain Yusop, "The ASEAN Investment Area, other FDI Initiatives, and Intra-ASEAN Foreign Direct Investment," *Asian-Pacific Economic Literature* 2 (2012).

续表

国家＼年份	1990	1995	2000	2005	2007	2008	2010	2011	2012	2013	2014
马来西亚	26.11	58.15	37.88	40.65	85.95	71.72	90.6	121.98	100.74	123.06	107.99
缅甸	2.25	3.18	2.08	2.35	7.1	8.63	12.85	22	22.43	26.21	9.46
菲律宾	5.5	14.59	22.4	16.64	29.19	13.4	10.7	20.07	32.15	38.6	62.01
新加坡	55.75	119.43	155.15	180.9	477.33	122.01	550.76	503.68	611.59	637.72	675.23
泰国	25.75	20.7	34.1	80.67	113.59	84.55	91.47	37.1	107.05	129.46	125.66
越南	1.8	17.8	12.89	19.54	69.81	95.79	80	75.19	83.68	89	92
东盟	128.21	286.32	226.32	431.09	866.76	503	990.95	995.66	1175.09	1254.35	1328.33
中国	34.87	375.21	407.15	724.06	835.21	1083.12	1147.34	1239.85	1210.8	1239.11	1285
亚洲	229.15	817.06	1587.98	2318.22	3658.22	3960.25	4090.21	4306.22	4151.06	4606.52	4938.47
世界	2081.68	3432.8	14149.99	9967.14	20019.87	18188.34	14222.55	17000.82	13302.73	14519.65	12282.83

资料来源：UNCTAD FDI Statistics，http://unctadstat.unctad.org/wds/。

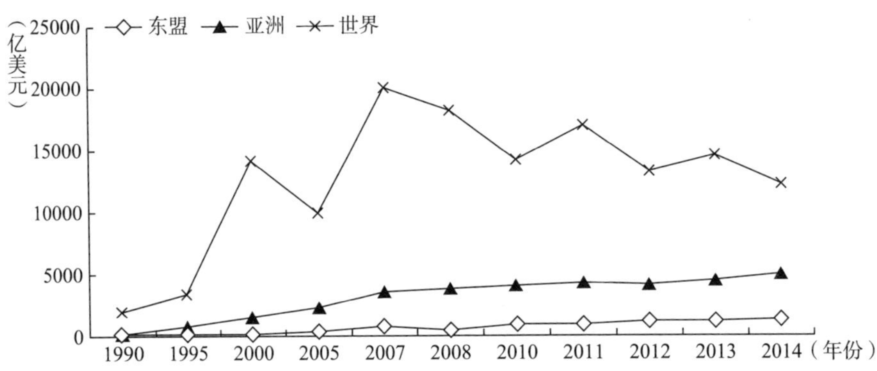

图1　1990~2014年世界、亚洲和东盟的外国直接投资流入量比较

资料来源：UNCTAD FDI Statistics，http://unctadstat.unctad.org/wds/。

表3　1990~2014年流入东盟与中国的外国直接投资占世界总量的比重

单位：%

国家＼年份	1990	1995	2000	2005	2007	2008	2009	2010	2011	2012	2013	2014
文莱	0.00	0.17	0.04	0.03	0.01	0.02	0.03	0.04	0.07	0.07	0.06	0.05
柬埔寨	0.00	0.04	0.01	0.04	0.04	0.04	0.04	0.06	0.05	0.11	0.10	0.14

续表

国家＼年份	1990	1995	2000	2005	2007	2008	2009	2010	2011	2012	2013	2014
印度尼西亚	0.52	1.29	-0.32	0.84	0.35	0.51	0.40	0.97	1.13	1.44	1.27	1.84
老挝	0.00	0.03	0.00	0.00	0.02	0.01	0.02	0.02	0.02	0.02	0.02	0.06
马来西亚	1.25	1.69	0.27	0.41	0.43	0.39	0.12	0.64	0.72	0.76	0.85	0.88
缅甸	0.11	0.09	0.01	0.02	0.04	0.05	0.08	0.09	0.13	0.17	0.18	0.08
菲律宾	0.26	0.43	0.16	0.17	0.15	0.07	0.17	0.08	0.12	0.24	0.27	0.50
新加坡	2.68	3.48	1.10	1.81	2.38	0.67	1.95	3.87	2.96	4.60	4.39	5.50
泰国	1.24	0.60	0.24	0.81	0.57	0.46	0.40	0.64	0.22	0.80	0.89	1.02
越南	0.09	0.52	0.09	0.20	0.35	0.53	0.62	0.56	0.44	0.63	0.61	0.75
东盟	**6.16**	**8.34**	**1.60**	**4.33**	**4.33**	**2.77**	**3.83**	**6.97**	**5.86**	**8.83**	**8.64**	**10.81**
中国	1.68	10.93	2.88	7.26	4.17	5.96	7.78	8.07	7.29	9.10	8.53	10.46
亚洲	11.01	23.80	11.22	23.26	18.27	21.77	26.49	28.76	25.33	31.20	29.36	40.21
世界	100	100	100	100	100	100	100	100	100	100	100	100

资料来源：UNCTAD FDI Statistics，http://unctadstat.unctad.org/wds/。

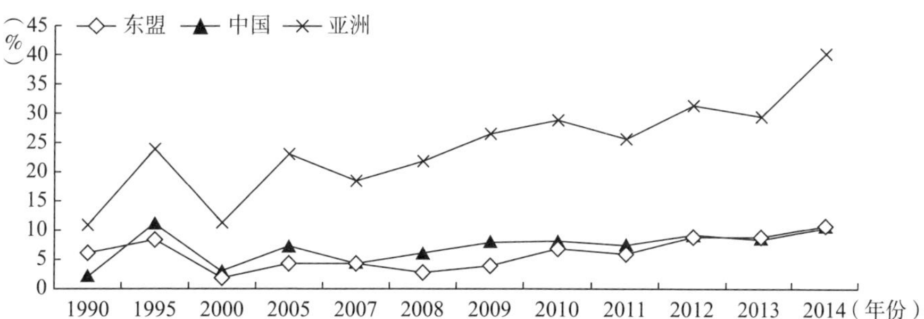

图 2　1990～2014 年流入东盟与中国的外国直接投资占世界总量的比重

资料来源：UNCTAD FDI Statistics，http://unctadstat.unctad.org/wds/。

2. 流入东盟成员国的外国直接投资

流入东盟成员国的外国直接投资呈现严重的不平衡（见表 4 和图 3）。2007～2014 年，流入东盟的外国直接投资总量中的近一半去往了新加坡。事实上，在 2007 年前的其他时间段，情况亦是如此。印度尼西亚的外国直接投资自亚洲金融危机开始到 2004 年都处于低位，但在 2005 年表现得特别强劲。2007～2014 年，由于稳定的政治局势和良好的经济环境，印度尼西亚成为东盟成员国中第二大外国直接投资目的地，占到东盟总量的 15.1%。流入马来西亚和泰国的外国直接投资在 2007 年表现稳健，但在 2008 年受到全球金融危机的影响而出现严重下滑。另外，泰国还受到了动荡政局的困扰。因此，2007～2014 年，流入泰国和马来西亚的外国直接投资分别占到东盟总量的 9.9% 和 9.4%。菲律宾则不幸地仅吸引了流入东盟的外国直接投资总量的 3.0%，而且在危机中看上去非常萎靡。上述五国吸收的外国直接投资共占到东盟总量的 87.8%。自 2007 年以来越南的表现非常稳定，即使在金融危机期间也保持稳健（2009 年除外），基本上占到东盟总量的 8.7%。流入其他东盟成员国的外国直接投资很少，且略显不稳定。

表 4　2007～2014 年流入东盟成员国的外国直接投资

国家	外国直接投资（亿美元）	占东盟总量的比重（%）
文莱	50.04	0.7
柬埔寨	88.67	1.2
印度尼西亚	1146.69	15.1
老挝	27.62	0.4
马来西亚	714.66	9.4
缅甸	98.04	1.3
菲律宾	225.54	3.0
新加坡	3826.74	50.4
泰国	748.12	9.9
越南	661.47	8.7
东盟	**7587.6**	**100.0**
东盟五国（印马菲新泰）	6661.76	87.8
文柬老缅越五国	925.84	12.2

资料来源：UNCTAD FDI Statistics，http://unctadstat.unctad.org/wds/。

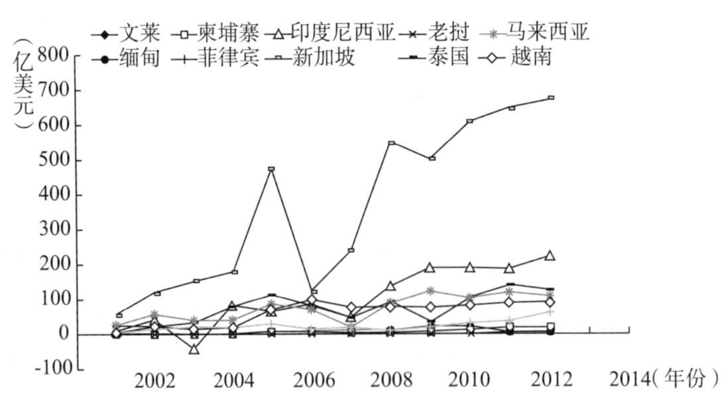

图 3　2001～2014 年流入东盟成员国的外国直接投资

资料来源：UNCTAD FDI Statistics，http://unctadstat.unctad.org/wds/。

（三）东盟经济共同体对东盟吸收外国直接投资的影响

从理论上说，任何地区一体化都会带来一些积极和消极的经济影响，比如贸易创造和贸易转移、投资创造和投资转移。投资创造和投资转移两个概念由金德尔伯格提出，但近年来其定义逐渐发生变化。① 简言之，可以将投资创造定义为在地区内增加投资的激励作用，将投资转移定义为贸易自由化对投资产生的消极影响。欧盟经常被作为分析一体化之后投资创造效应和投资转移效应的案例。②

由约翰·邓宁（John H. Dunning）提出的“国际生产折中范式”可能是用来解释外国直接投资决定因素的最著名的模型。在“折中范式”中，邓宁强调了外国直接投资的三个关键性的优势要素：所有权优势、内部化优势和区位优势。所有权优势指的是企业寻求从事外国直接投资的竞争性优势。另外，企业必须找到内部的生产优势，而不是通过诸如授权或合资等伙伴关系上的安排来进行生产。进一步而言，跨国公司应该找到从事业务的替代国家或地区。就企业而言，需要用来与自身竞争性优势相结合的稳定的、自然的或创造性的资源在国外越多，选择通过从事外国直接投资来增强或开发其特定优势的企业就越多。③

东道国吸引外国直接投资的最好方式是加强其“区位优势”。对于由10个不同国家组成的东盟来说，有必要强调增强其作为地区集团的“综合区位优势”，而不是单个成员国的区位吸引力。事实上，东盟非常注意这一问题。如上所述，东盟经济共同体的目标是建立“单一市场和生产基地”。但另一个问题是，东盟是否实现了这一目标？东盟经济共同体的政策在多大程度上影响了外国直接投资流入东盟？

学术界已经观察到这一问题，但答案颇具争议。塔居·阿里芬·梅森

---

① Masaru Umemoto, “The Investment Diversion Effect of Regional Integration with Rules of Origin” (Working Paper Series, March 2004), http://en. agi. or. jp/user04/756_238_20110622174626. pdf.

② Richard E. Baldwin, Rikard Forslid, Jan I. Haaland, “Investment Creation and Investment Diversion: Simulation Analysis of the Single Market Programme” (May 1996), http://graduateinstitute. ch/files/live/sites/iheid/files/sites/ctei/shared/CTEI/Baldwin/Publications/Chapters/European%20Integration/InvestmentCreationDiverstion_WorldEconomy1996. pdf.

③ John H. Dunning, “Toward an Eclectic Theory of International Production: Some Empirical Tests,” *Journal of International Business Studies*, 1 (1980): 9-31.

（Tajul Ariffin Masron）和祖尔康奈恩·尤索（Zulkornain Yusop）考察了《东盟投资区域框架协定》的作用及1998~2009年东盟其他的投资激励政策，通过几个指标进行测量发现，没有充分的证据证明《东盟投资区域框架协定》对东盟内部的外国直接投资产生了利好效应。导致这一结果的一些可能原因是，《东盟投资区域框架协定》由于没有条款规定东盟企业比规模更为庞大的非东盟跨国公司获得更加优惠的差别化政策，造成了对地区企业的冲击。[①] 迈克尔·普卢默（Michael G Plummer，2013）对《东盟投资区域框架协定》是否实现了自身目标给予了积极的回答，但他也指出，仍然需要时间来观察东盟合作的总体背景及东盟经济共同体的创建过程。[②] 普卢默和奇亚（Plummer and Chia，2009）模拟了东盟经济共同体的结果，模型得出的结果是完全免除关税和非关税壁垒、五大服务行业的自由化、由东盟经济共同体所引发的外国直接投资上的变化，以及贸易成本降低5%。[③] 彼得·佩特里（Peter A. Petri）、迈克尔·普卢默（Michael G. Plummer）和翟帆首次尝试利用可计算一般均衡（CGE）模型来评估东盟经济共同体的全部效益，发现其可以产生类似于欧洲单一市场所带来的成果，达到地区总收入的5.3%。虽然东盟经济共同体对其他一些国家会有些许贸易和投资转移的效应，但世界同样将从中受益。不过，东盟经济共同体提出了政治上的挑战。他们还计算得出，与外国直接投资相关联的收益将每年增加60亿~130亿美元或东盟每年GDP的0.5%~1.0%（基于2006年东盟的外国直接投资存量）。[④]

然而，大多数得出乐观结果的研究模型都基于一个前提，即东盟经济共同体的政策可以产生效果并进展顺利。如果将一些阻碍因素考虑在内，那么东盟经济共同体对东盟吸收外国直接投资的影响将下降。

---

① Tajul Ariffin Masron and Zulkornain Yusop, "The ASEAN Investment Area, other FDI Initiatives, and Intra - ASEAN Foreign Direct Investment," *Asian - Pacific Economic Literature* 2 (2012).

② Michael G Plummer, *ASEAN Economic Integration: Trade, FDI and Finance*, Singapore: World Scientific Publishing Co. Pte. Ltd., 2009, p. 134.

③ Plummer M. & Chia S. Y. (eds.), *Realizing the ASEAN Economic Community: A Comprehensive Assessment*, Singapore: Institute of Southeast Asian Studies, 2009, p. 106.

④ Peter A. Petri, Michael G. Plummer and Fan Zhai, "ASEAN Economic Community: A General Equilibrium Analysis," *Asian Economic Journal* 2 (2012): 93 - 118.

四 东盟经济共同体的一些阻碍因素

（一）东盟经济的多样性和巨大的发展差距

东盟10个成员国在国土面积、资源禀赋、经济发展水平、技术能力、贸易和投资机制开放程度，以及政治、社会、文化体制和实践上都存在差异。[①] 这些年来，随着东盟吸纳柬老缅越四国，成员国的增加及不同的经济增长率导致东盟的发展差距持续扩大和深化。[②] 东盟成员国的经济多样性导致东盟经济共同体的政策难以不折不扣地执行。

表5提供了关于东盟10个成员国的一些关键性的基本指标。众所周知，在人口方面，东盟国家中人口最多的是印度尼西亚，其人口数量大约是东盟第二人口大国菲律宾的2.5倍。成员国之间的收入差距也很大。新加坡是东盟最富裕的国家，而东盟最贫穷的国家缅甸的人均国内生产总值仅是新加坡的1.6%。虽然一些人认为不同的成本结构会促进外来跨国公司在地区生产网络上的投资，并刺激产业内部和地区内部的贸易增长，但是东盟国家之间在竞争力和经济开放度上的差异从一定程度上减缓了经济自由化和一体化的步伐。例如，由于资金短缺、治理能力低下、腐败，以及政府无力处理国际和部门间的协调问题，导致《东盟互联互通总体规划》中只有50%的措施得到执行。[③]

发展差距使一些国家的国民产生了狭隘的国家利益观，经常压倒更宽广的地区视野，同时短期思维压倒了长期收益。例如，印度尼西亚为了保护国内航空业免受主要来自新加坡、马来西亚和泰国的地区竞争者的冲击，拒绝批准《东盟关于航空货运服务全面自由化的多边协定》（MAFLAFS）。没有印度尼西亚的参与，单一航空市场就只是徒有虚名，东盟领土上空也

---

① Siow Yue Chia, "Association of Southeast Asian Nations Economic Integration: Developments and Challenges," *Asian Economic Policy Review* 6 (2011): 43 -63.

② The first expansion of ASEAN's membership came 17 years after its creation when Brunei Darussalam joined the group on January 8, 1984. Vietnamwas admitted on July 28, 1995, and became the first socialist/communist member in the group. Lao PDR and Myanmar joined ASEAN on July 23, 1997, followed by Cambodia on April 30, 1999, resulting in the current membership of 10 countries. The last four countries are the poorest among the 10 countries.

③ Ji Xianbai, "Why the ASEAN Economic Community Will Struggle" (September 24, 2014), http://thediplomat.com/2014/09/why - the - asean - economic - community - will - struggle/.

就自然不存在“开放天空”。①

表 5 东盟部分基本指标（2014 年）

指标 国家	陆地总面积（平方千米）	总人口（千人）	人口密度（人/平方千米）	人口年增长率（%）	GDP（当前价格）（亿美元）	人均 GDP（当前价格）（美元）	人均 GDP（当前价格）（美元，购买力平价）
文莱	5769	413.0	72	1.7	171.08	41424	82850
柬埔寨	181035	15184.1	84	1.5	167.71	1105	3334
印度尼西亚	1860360	252164.8	136	1.3	9835.71	3901	11498
老挝	236800	6809.0	29	1.9	117.77	1730	5096
马来西亚	330290	30261.7	92	1.0	3263.46	10784	24607
缅甸	676577	51486.0	76	0.9	657.85	1278	4923
菲律宾	300000	101174.9	337	1.8	2849.1	2816	6846
新加坡	716	5469.7	7638	1.3	3078.72	56287	82714
泰国	513120	68657.0	134	0.6	3732.25	5436	14333
越南	330951	90630.0	134	1.0	1862.24	2055	5644
东盟	**4435618**	**622250.2**	**140**	**1.2**	**25735.89**	**4136**	**10700**

资料来源：ASEAN Secretary Statistics, “Selected Key Indicators,” http://asean.org/? static_post = selected - key - indicators - 2。

（二）开放地区主义与“面条碗效应”

根据广泛引用的数据，东盟国家之间的地区内部贸易大约是东盟贸易总量的 25%。地区内有限的经济互补性、地理上的邻近所带来的相似和竞争性的自然资源禀赋，以及低下的技术能力，都导致了劳动密集型制造业的竞争性出口。这就是东盟内部贸易难以提升的原因。东盟对全球市场和投资者的依赖使东盟强调开放地区主义，支持世界贸易组织，并且与其主要的贸易和投资伙伴达成自由贸易协定。

与欧洲经济一体化从内向型地区主义起步不同，考虑到东盟国家重要

① Ji Xianbai, “Why the ASEAN Economic Community Will Struggle” (September 24, 2014), http://thediplomat.com/2014/09/why - the - asean - economic - community - will - struggle/.

的经济伙伴都位于地区外，东盟经济一体化主要朝向“开放地区主义”。[①] 东盟与其主要的对话和贸易伙伴通过各种经济一体化倡议建立了良好的关系。东盟与中国、日本、韩国、印度、澳大利亚和新西兰的东盟 +1 协议，以及与欧盟和海湾合作委员会正在进行的协商，都保持了非常好的状态。这导致了“面条碗效应”的出现（不同的完成期限、不同的负面清单、不同的原产地规则与技术和产品标准），这会增加管理和业务的交易成本，并降低关税优惠的效用。“面条碗效应”增加了外界对削弱东盟集中性的离心力的担忧。[②] 由于自贸协定对原产地及其他条件设置的严格规定增加了管理成本，所以重要的一点是，自贸协定应该经过仔细审查以确保与其他自贸协定兼容。

（三）缺乏政治意愿与结构性失能

东盟经济共同体的最大挑战不在于完善所有的监督措施（比如东盟经济共同体记分卡），而在于确保成员国承担义务以推动一体化进程。这要求东盟具有开放度和自愿性，也需要东盟领导人拥有政治意愿，看清东盟一体化目标的长远收益。[③] 东盟领导人缺乏政治意愿来履行义务往往是因为难以使议员、企业和公众相信贸易和投资自由化会带来好处。[④] 东盟国家在政治、社会、文化的体制和实践上都有差异，导致东盟的制度协调软弱无力。不干涉内部事务、采取渐进主义被称为东盟方式。[⑤] “东盟方式”基于不干涉、非正式、最低限度的制度化、磋商和共识、不使用武力与不对抗等理想。东盟成员国（特别是新加坡）极力称赞“东盟方式”，用以阐述地区一体化的多边主义方式。

“东盟方式”要求尊重成员国自愿参与经济一体化的权利。然而，最

---

① Rosabel B Guerrero, “Regional Integration: The ASEAN Vision in 2020,” *IFC Bulletin* 32 (2010), http://www. bis. org/ifc/publ/ifcb32c. pdf.

② Siow Yue Chia, “Association of Southeast Asian Nations Economic Integration: Developments and Challenges,” *Asian Economic Policy Review* 6 (2011): 43 -63.

③ Rosabel B Guerrero, “Regional Integration: The ASEAN Vision in 2020,” *IFC Bulletin* 32 (2010), http://www. bis. org/ifc/publ/ifcb32c. pdf.

④ Rodolfo C. Severino, “Politics of Association of Southeast Asian Nations Economic Cooperation,” *Asian Economic Policy Review* 6 (2011): 22 -38.

⑤ Takatoshi ITO, Akira Kojima, Colin Mckenzie and Shujiro Urata, “ASEAN Economy: Diversity, Disparities, and Dynamics,” *Asian Economic Policy Review* 6 (2011): 1 -21.

低限度的制度化事实上造成了软弱的执行力，使东盟成员国没有足够的力量推动东盟经济共同体贯彻落实。作为东盟的火车头，东盟秘书处缺乏财政和智力资源开展大规模行动。2013年，东盟秘书处的总预算为1600万美元，这一数量对于一个任务和活动不断增加的机构来说微不足道。相形之下，2012年，欧盟委员会拥有约43亿美元的预算处理行政事务，而且欧盟各国政府开展地区项目所花费的资金数倍于这一数字。另外，东盟秘书处的工作人员严重不足。2012年，东盟秘书处雇用了大约3000人，而欧盟委员会约为34000人。如果东盟经济共同体按计划启动，那么势必需要一个更强有力的东盟秘书处及其他机构。①

因此，显而易见的是，应该全面考量实现东盟经济共同体目标的要素，至少包括缩小经济差距、协调和资源动员、履行义务，以及足够的政治意愿、能力建设和制度进步。

五 结语

如上所述，自1967年东盟建立以来，东盟经济一体化已经取得巨大的成就，东盟也试图在东亚经济合作中起到核心作用。面对增加的外部竞争和复杂的“面条碗效应”，东盟希望通过建立东盟经济共同体来保持其集中性。与采取内向型地区主义的欧盟不同，由于东盟的重要经济伙伴都位于地区外，东盟经济共同体被描述为“开放地区主义”。从一体化的形式来看，东盟经济共同体是一个“自由贸易区+”机制或“共同市场-”机制，因为它囊括了所有自由贸易区的元素和一部分共同市场的元素，比如资本的自由流动、人才的自由流动、地区内部贸易的零关税，但不包括共同的外部关税。东盟经济共同体的目标是建立一个完全一体化的市场，但同时也给东盟成员国保留了进一步深化一体化的空间。

吸收外国直接投资是东盟经济合作和一体化的长期目标。东盟经济共同体旨在加强作为地区集团的“综合区位优势”，并提升成员国的区位优势。然而，外国直接投资的流入趋势显示东盟仍然没有足够强大的力量来抵御外部的下行压力，也不乏增加其作为外国直接投资目的地的吸引力。

① Ji Xianbai, “Why the ASEAN Economic Community Will Struggle” (September 24, 2014), http://thediplomat.com/2014/09/why-the-asean-economic-community-will-struggle/.

多数得出乐观结果的研究模型都基于这样一个前提，即东盟经济共同体的政策都可以产生效果并进展顺利。如果将一些阻碍因素考虑在内，那么东盟经济共同体对东盟吸收外国直接投资的影响将会降低。

2015 年东盟经济共同体的建立是东盟地区经济一体化的重要里程碑。① 正如东盟秘书长所言，这不是一体化的终点，而是东盟深化经济一体化的新起点。②《东盟经济共同体 2025 年蓝图》明确提出要实现与全球经济的高度融合，建设以人为本的共同体。从这个角度看，建立一个包含 2.6 万亿美元 GDP 和 6.22 亿人口的单一市场和生产基地的目标从长期来看值得期待。

ASEAN Economic Community and Its FDI Dimension

Abstract One of the ultimate objectives of ASEAN Economic Community (AEC) is to create a "single market and production base" and a "highly competitive economic region fully integrated in the global economy". Besides trade liberalization and facilitation, the FDI inflows largely become an important indicator to determine the success or failure of ASEAN's integration efforts. This study attempts to track ASEAN Economic Community's progress and the trends of FDI inflows. And then it takes an effort to evaluate and judge whether or not AEC already met its goal as competitive production base. Finally, it points out the possible obstacles in the establishment of AEC.

Keywords ASEAN Economic Community (AEC); FDI; Obstacles

Author Li Wannan, Associate Professor of School of International Studies & Academy of Overseas Chinese Studies, Jinan University.

---

① ASEAN Secretary, "ASEAN Economic Community," http://asean.org/asean-economic-community/.

② ASEAN Secretary, "Thinking Globally, Prospering Regionally: ASEAN Economic Community 2015," http://www.asean.org.

澜沧江—湄公河合作机制：新合作、新共同体与新挑战*

〔泰〕曾安安　皮缇·斯里桑兰

【内容提要】2014年，中国对泰国提出的建立澜沧江—湄公河次区域国家间新合作框架的倡议表示了支持。2016年3月，该合作机制第一次领导人会议在中国三亚召开。“澜沧江—湄公河合作”（LMC，简称“澜湄合作”）包括中国和来自“陆上东盟”的5个国家：泰国、柬埔寨、老挝、缅甸和越南。本文将主要讨论中国大力支持该框架的原因。从泰国的角度来看，中国和湄公河流域国家在澜湄合作上正面临在可持续发展，尤其是跨界河流和自然资源管理等方面的挑战和机遇。这一合作框架的有效运行仍需要各国的参与，尤其需要在合作国家间推动“信任构建”。

【关键词】澜沧江—湄公河　东盟　信任构建

【作者简介】曾安安（Patcharinruja Juntaronanont），泰国国立发展管理学院社会发展系讲师、博士；皮缇·斯里桑兰（Piti Srisangnam），泰国朱拉隆功大学经济系助理教授，东盟研究中心学术主任。

---

* 本文曾在复旦大学中国与周边国家关系研究中心、复旦大学亚洲研究中心与复旦发展研究院举办的“东盟共同体发展与‘一带一路’倡议的对接”国际研讨会（2016年6月27～28日，上海）上宣读。原文为英文，由复旦大学国际关系与公共事务学院国际关系专业硕士生黄贝译成中文，复旦大学国际问题研究院贺平副教授校。

一　前言

近年来，湄公河已成为中国和5个“陆上东盟”国家，即泰国、柬埔寨、老挝、缅甸和越南之间重要的共享资源。在通过开发共同资源推动经济发展、保护流域内水生资源等方面存在的利益冲突已成为湄公河国家面临的主要问题。许多造福这些国家及其民众的大规模发展规划也已经出台。在这其中，一些规划受到诸多批评，并导致了该区域的紧张局势和冲突。自20世纪50年代以来，湄公河国家即开始建立合作框架，如湄公河委员会（MRC）、大湄公河次区域经济合作（GMS）、湄公河下游倡议（LMI）。2014年，中国对泰国提出的建立澜沧江—湄公河次区域国家间新合作框架的倡议表示了支持。“澜湄合作”（LMC）包括中国和来自“陆上东盟”的5个国家：泰国、柬埔寨、老挝、缅甸和越南。本文认为中国和湄公河国家在澜湄合作上正面临政治、经济、文化合作和可持续发展等方面的新挑战和新机遇，尤其是在跨界河流和自然资源管理等方面。澜湄合作机制的起步对进一步深化中国—东盟的合作和互补性关系是一次重要发展。

二　澜沧江—湄公河合作的建立

澜沧江—湄公河是东南亚地区最大和最长的河流，并为世界第八大河流，其流域面积达到80万平方千米，流域内分布有5个东南亚国家：柬埔寨、老挝、缅甸、泰国和越南。湄公河流经中国南部云南省，在中国境内被称为澜沧江（上湄公河）。澜沧江是中国最长的河流之一，并为湄公河提供了13.5%的流量。该水系为约7000万名居民提供水源和食物，是他们赖以生存的基础。它支撑了农作物、家畜、渔业和林业，是人员往来和资源运输的主要水路，并为旅游、休闲和社会文化活动提供资源。

这表明，澜沧江—湄公河流域是人民生计和经济发展不可或缺的部分。然而，对于流域内6个享有完全独立性和主权的国家而言，共同发挥该河流的这一重要意义并非易事，对该河流利用的竞争自20世纪50年代起即已开始，在过去20年中更是如此。

中国对在澜沧江—湄公河流域发展水利大坝生产电力抱有强烈兴趣，

同时也对确保湄公河流域上流及下流的贸易航道清理相当关注。缅甸自 20 世纪 60 年代起与世隔绝的状况于近年来发生了变化，湄公河是其与老挝的界河，据观察，缅甸对中国展现了低调的合作姿态。与中国相似，老挝也有意发展湄公河流域水电大坝以加强能源供应，并使其能源资源能为东南亚国家所用。

泰国对中国和老挝两国提出了更大的能源需求，并希望从湄公河主要支流引水为其东北地区的农业、工业生产活动提供保障。由于河流拥有丰富的鱼类及水生植物资源，柬埔寨希望在澜沧江—湄公河流域保持尽可能少的大型水坝和灌溉系统。越南希望在中部建立一些大坝，但反对在干流修建大坝，因为工程可能会对越南南部的湄公河三角洲的农业和水产养殖业带来负面影响。①

然而，各国的开发活动如水坝修建和航道改善都以环境和该流域的社会文化结构为成本。这些影响来自人口增长的压力、气候变化和其他各种相互矛盾的需求及利益，如城市化、工业化和农业集约化，因此增加了紧张局势和矛盾出现的风险。湄公河区域国家已构建一些合作框架，但在澜湄合作机制等新的合作框架中，中国开始扮演重要的角色。在 2014 年 11 月召开的第 17 届中国—东盟峰会上，中国国务院总理李克强提议建立澜沧江—湄公河合作框架，对泰国关于澜沧江—湄公河流域可持续发展的倡议给予了支持。②

2016 年 3 月澜湄合作首次领导人会议之后，宣布澜湄合作包括三大合作支柱，即（1）政治安全，（2）经济和可持续发展，（3）社会人文。该次会议以“同饮一江水，命运紧相连”为主题，对澜沧江—湄公河区域包括政治、经济合作、安全、环境、文化在内的广泛议题给予了关注。此次会议最终共产生了三份文件，包括《澜沧江—湄公河合作首次领导人会议三亚宣言》《澜沧江—湄公河国家产能合作联合声明》《早期收获项目联合清单》。

三亚宣言共有 26 点内容，涉及从应对非传统安全威胁如跨国犯罪和恐怖主义到加强交通联通的众多议题。《早期收获项目联合清单》包括 40 多

① Bunny Yorth, “International Mekong River Basin: Events, Conflicts or Cooperation, and Policy Implications,” Oregon State University, 2014.

② 《李克强在第十七次中国—东盟（10 +1）领导人会议上的讲话》，http://news.xinhuanet.com/world/2014 -11/14/c_1113240171.htm。

个项目，将有助于流域内国家开展如澜沧江—湄公河干流和信息中心水源监测系统等项目。与会领导人一致同意每两年举行一次澜湄合作领导人会议，每一年举行一次外长会，以落实政策规划和各方协作。

另外，中国政府宣布设立澜湄合作专项基金，为湄公河沿岸五国提供数亿元的优惠贷款，并会在未来 3 年提供 1.8 万人次的政府奖学金和 5000 名来华培训名额。[①] 中国试图与东盟在政治、经济和社会领域开展更为密切的合作，而加强双方互信被认为是中国一系列举动的主要目标之一，同时，这也是中国增强对东南亚国家影响力的一个举动。

此外，东盟也被认为将在“一带一路”国际合作中扮演重要角色。2015 年 3 月，中国发布了《推动共建丝绸之路经济带和 21 世纪海上丝绸之路的愿景与行动》，强调了通往东南亚国家的贸易通道，并提出中国—中南半岛国际经济走廊。[②] 中南半岛与中国陆路相连。澜湄合作国家和云南省之间的跨国交通网及与越南、柬埔寨、泰国和缅甸沿海港口相连的海上丝绸之路将推动中国与东盟的贸易和产业合作。通过这一联系，中国将能建设陆路印度洋大通道，而多模式交通网的实现也将扩大中国在南亚和西亚的经济利益。

同时，日本和美国在湄公河国家也有较强的影响力。2009 年 7 月 23 日，美国国务卿希拉里与包括泰国、柬埔寨、老挝和越南在内的湄公河下游各国外长于泰国普吉岛举行会议，提出了湄公河下游倡议。与会外长们一致同意加强在环境、卫生、教育和基建等方面的合作。此后，这 5 个国家不断推动在这些领域的合作并扩大共同利益。缅甸也于 2012 年 7 月正式加入该倡议。湄公河下游倡议主要包括六个合作支柱：（1）农业与粮食安全；（2）基础设施联通性；（3）机制与共同体；（4）教育与卫生；（5）能源安全；（6）环境和水资源。在于 2009 年提出湄公河下游倡议之后，美国对相关项目的投资超过 1 亿美元。美国于 2015 财年对湄公河下游国家各领域提供的双边经济援助超过 2.85 亿美元。[③] 湄公河下游倡议的目标不仅在于推动公平、持续、包容性的经济增长，还有一个更大和更宽泛的目标，

---

① “China Woos Mekong States with Loan Pledges,” http://www.straitstimes.com/asia/se－asia/china－woos－mekong－states－with－loan－pledges.

② “The ASEAN Link in China’s Belt and Road Initiative,” http://hkmb.hktdc.com/en/1X0A3UUO/hktdc－research/The－ASEAN－Link－in－China%E2%80%99s－Belt－and－Road－Initiative.

③ “Lower Mekong Initiative FAQ’s,” http://www.state.gov/p/eap/mekong/faq/index.htm.

即推动区域融合以减少中国的影响力。美国等外来者的干预在某种程度上也促使中国对东盟次区域的陆上成员给予越来越多的关注。

另外，日本自20世纪90年代起也出于经济和外交原因积极介入湄公河区域的发展。在2008年1月于东京召开的外长会议上，日本与湄公河国家开始在“2007概念”的框架下进行新对话。2009年9月，日本与湄公河国家首次首脑峰会在东京举行，此次会议发表了《东京宣言》和“湄公河一日本行动计划63”。[①] 各方同意未来举办年度性首脑峰会、定期性外长及财长会议和年度性高级官员会谈。因此，日本与湄公河国家的合作迅速制度化。同时，日本也是1992年在亚洲开发银行倡议下建立的旨在加强中国、柬埔寨、老挝、缅甸、泰国和越南之间经济联系及合作的大湄公河次区域经济合作机制（GMS）的重要支持者。该机制的主要关注点在于推动经济发展和基础设施建设，以实现更高层次的次区域融合，具体包括交通系统、其他经贸网络和走廊、能源网和电力互联、人员和商品的跨界流动及通信网络等。[②] 通过向亚洲开发银行提供支持基金以援助大湄公河次区域经济合作机制内各国的发展项目，日本在该区域内的影响力不断增强。

美国和日本在大湄公河次区域的强大影响力鼓励中国在该次区域建立新的框架。中国对澜湄合作给予了大力支持，并似乎扮演了该框架“领导者”的角色。这体现了中国对湄公河国家的重视及平衡该区域内美日势力的需求。

三 挑战中存在的机遇

由于中国经济的持续增长，澜湄合作等新型区域合作将为次区域国家和中国带来新的机遇。湄公河区域是“一带一路”倡议，尤其是“21世纪海上丝绸之路”政策的重要门户。许多基础设施和投资项目正在澜湄国家推进。因此，“一带一路”倡议需要湄公河次区域国家的大力支持和积极参与。这一区域的新型合作将为中国提供与域内各国发展关系的新机会及提出和落实各项政策的新平台。

---

① “The Tokyo Declaration of the First Meeting between the Heads of Government of Japan and the Mekong Region Countries,” Ministry of Foreign Affairs, Tokyo, November 7, 2009.

② “Overview of the Greater Mekong Subregion,” http://www.adb.org/countries/gms/overview.

此外，中国通过重投资、强烈的出口导向和能源密集型制造业的战略实现了持续30年的经济增长。但是当前中国经济正处于“新常态”时期，中国正在推动结构性调整以实现经济强劲但相对低速的增长，同时伴随更佳的社会分配和环境影响的优化。中国已逐渐接受经济增速放缓的现状，而过去一段时间内经济的迅猛发展也与低回报投资、产能过剩、环境污染、日益加剧的不平等，以及环境、卫生和教育等社会领域的投入不足等问题存在一定联系。因此，新模式强调经济平衡增长从重工业投资转向内需引导型增长模式，强调创新以提高生产效率及其在全球产业链中的位置，强调减少不平等，尤其是城乡和地区的不平等，强调环境的可持续性。为了应对新常态，中国需要改革整个经济结构并加强国际合作。澜湄合作将强化中国与湄公河次区域国家的关系及合作，并有助于中国经济的可持续、稳定增长。

然而，澜湄合作等新型合作也面临区域内新的挑战。“信任构建”是推动中国与大湄公河次区域国家合作成功的最主要因素。该区域内的“信任危机”则是全面合作面临的一大障碍。中国与湄公河国家之间的紧张局势主要来源于以下因素。

首先，实力的不平衡导致了弱国对强国的恐惧。这一定程度上是因为中国在长达15年的时间里实现了逾10%增速的经济增长，从而导致了与较小经济体之间的力量不对称，并使这些国家有所顾忌。许多东盟国家目前对“一带一路”倡议和亚洲基础设施投资银行（简称“亚投行”）等项目持谨慎立场，将其看作中国试图利用该地区获得更多利益的举措，而且在这些项目中，湄公河国家的小型企业仍面临诸多障碍并难以进入中国市场，因此地区内存在一些怀疑的声音。此外，也有国家担忧互惠的预期并不能为各方带来平等分享的经济收益。

其次，许多议题上的错误认知导致了各方之间的误解。其中最主要的两个误解之一是冷战记忆，这使各方对彼此留下了邪恶和威胁的印记。另一个误解则是南海争议，在争议中被对方视为规则破坏者的一方认为自己的行为是在构建有利于安全航行的基础设施。

再次，国际和国内政治及政策。区域内的许多国家与重要域外经济大国在政治上捆绑在一起，而许多域外国家也有意干预区域政治事务及南海争议。

最后，认同偏见。湄公河国家确实有许多华人，以及有着较高社会、经济、金融和政治地位的中国移民。随着时间的流逝，这些华人已融入当地社会。但不管怎样，在许多情况下，他们仍被中国政府视为“中国公民”，能够成为保护中国利益的代理人。

四　从“信任危机”到“可持续的信任构建过程”

由于“信任危机”已成为泰国、中国和“陆上东盟”其他国家之间的一个重要问题，对于湄公河次区域而言，只有解决这一问题才能形成一个高效的合作机制。因此，“信任构建”体系亟须建立，而我们可以采取以下措施来推动合作和实现互信，从而实现长期的可持续发展（见图 1）。

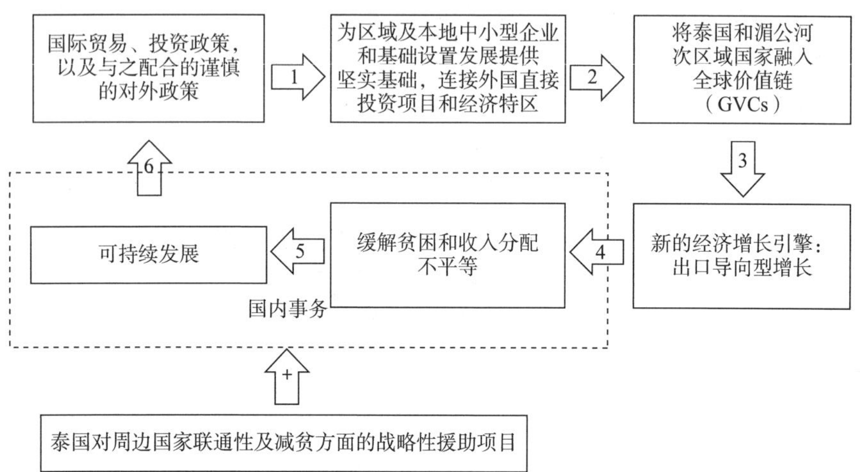

图 1　旨在实现国家可持续发展的发展和减贫机制

图表来源：笔者制作。

通过对泰国、柬埔寨、老挝、缅甸和越南这 5 个湄公河次区域国家办调查（由泰国贸易及发展国际研究院支持）中的 PESTEL 分析（包括政治、经济、社会、科技、环境和法律因素）、深入访谈和集体讨论，笔者得到了关于湄公河次区域国家情况的一些信息和发现。笔者由此观察认为，这些国家的积极发展大有潜力。尽管每个国家均需决定本国政策并管理本国内部事务，但从贸易一步步导向可持续发展仍是可能的，即使邻国施加直接的政策干预，旨在解决贫困和不平等问题的国家政策的内在本质仍有可能与国际关系的紧张局势联系在一起。

虽然国家发展政策具有这一内部特征，但笔者相信国际贸易、投资政策及与之配合的谨慎的对外政策会为区域和当地中小企业提供坚实的基础，推动基础设施发展，连接外国直接投资项目和经济特区。因此，当这些基本因素得到增强时，泰国及其相邻的湄公河次区域经济合作伙伴便能融入全球价值链（GVCs），后者将为区域的出口导向型增长提供动力。在合理维持和监管的情况下，这一经济增长与促进缓解贫困和降低不平等战略的外来援助一起，能推动湄公河次区域降低贫困及收入分配不平等问题。而当其实现后，这些定性因素将为该地区及国家吸引更多的高质量贸易和投资，从而实现良性循环（见图 1）。

有鉴于此，为了实现湄公河次区域减贫及务实的可持续发展目标，对泰国在区域范围内应采取政策的提议可以总结为以下几点。

- 泰国需要转变民众的观念，从而开启这一进程，即将中国在湄公河次区域的邻国视为新机遇而非威胁，将其视为潜在的双赢伙伴而非对手。同样，联通性从各个维度而言都具有重要意义，包括通过改善基础设施、物流系统建设的物理性联通，通过协调规则、规制和标准的制度性联通，以及通过信任建构过程等多方努力实现的人与人的联通。这些都对大湄公河次区域国家的共同成功具有关键作用（见图 1 中的箭头 1）。

- 为了牢固树立泰国作为成熟贸易国家和东盟及湄公河次区域重要支点的角色，当务之急是减少贸易中的非关税措施（NTMs）并最终将其废止，实现国家机构和政府当局从“监管者”到“促进者”角色的重新定义。一项重要议程在于通过推动贸易便利化（TFs），形成有利于贸易及投资的环境（见图 1 中的箭头 1 和箭头 2）。

- 对于那些有可能受到由政策执行和贸易谈判所带来变化影响的利益相关方及商业伙伴，应与其进行协商，在执行和谈判之前开展集体讨论和意见表达会议，使各方意见得以传达并被纳入考量。在实施任何一个重要的政策变化之前，都必须考虑整个供应链。供应链或价值链的各个参与方都应能够参与政策形成过程（见图 1 中的箭头 1）。

- 为了确保可持续发展和实际减少湄公河次区域民众的不平等及贫困问题，应促进生产要素和中间及最终产品与服务的流动。当然，这也需要合理的监管措施，防止由跨国犯罪活动、人口贩卖或其他有害活动造成的安全及犯罪威胁。尽管如此，边境手续的简化和要素流动的便利化将有助于为贸易收益减少成本、复杂性和所需的相关文件（见图 1 中的箭头 1）。

● 泰国政府机构在支持中小企业方面的角色是显而易见的。公共机构需要将单个机构或组织的各式各样、目前互相重叠的不同职责整合为一个一体化的商业孵化器体系。这一结构负责为中小企业主提供辅助和支持，考虑泰国中小企业成功的长远可能性，从而与邻国的私人和公共机构的商业伙伴一起，发展务实并富有成效的关系，取得实际、可持续的成果。追求短期量化结果的传统商业对接项目（缺乏中长期的商业发展成效）将被升级为更为务实的体系，导向连接泰国与各个邻国及其经济机构的定性、长期的发展成效，为一条更加坚实的区域价值链铺平道路（见图 1 中的箭头 1 和箭头 2）。

● 除了有效的知识管理体系之外，还需要战略性地传播事关贸易、投资、经贸利益及邻国机遇与威胁的知识。其目的在于降低信息池内的冗杂及混乱，为有意对邻国投资或参与邻国经济体（其中一些经济体正在经历剧烈变化和法律法规的频繁调整）的企业家提供准确、最新和可靠的信息。

● 泰国对周边国家联通性和减贫问题的各种援助战略需要与当事国一起系统性、战略性地加以制定，以避免事倍功半或杂乱无章，并推动相关国家民众意识的提升。这样也是为了促进减少贫困和不平等的务实成效（尤其是在个别案例中，某些湄公河次区域国家尚未在其国家发展计划中牢固确立减少贫困和不平等问题的议程）。对湄公河次区域伙伴的援助和支持需要纳入透明度和良政等方面的考虑，并结合运用那些能够反映减少贫困和不平等实际水平的实用指数。此外，应明确定义援助项目的接收方，以确保那些面临风险的、脆弱的、处于边缘化地位的群体能够真正受益。这些群体在不同国家有着不同特点，如在缅甸和老挝多为少数民族群体，而在柬埔寨则集中于贫困和贫困边缘人群（见图 1 中的箭头 4 和箭头“+”）。

● 鉴于一些国家和来自泰国的边境贸易和投资联系在一起，泰国的货币政策措施也应考虑其对邻国的潜在影响，因其能对其他湄公河次区域国家的实体经济和金融部门及汇率浮动产生影响。当然，虽然东盟目前并不追求形成类似于欧元区那样的货币联盟，但我们仍不能忽视一个有效、可靠的区域跨境支付系统和区域内各经济体间联系的重要意义。另外，那些提高泰国银行和金融机构实力及效率的政策也能为相关国家带来巨大收益，因为这些政策能为那些希望开拓性地参与邻国经济的金融服务企业铺平道路。这将增强区域/全球价值链，并通过提供有效的金融服务推动经济可持续发展及收入增长，使金融更好地融入地方经济（见图 1 中的箭头 1 ~ 箭头 4）。

- 私营部门，特别是以公私伙伴关系（PPPs）形式出现的私营部门在发展举措中的角色是另一套应该给予鼓励的机制。需要始终牢记的一点在于，无论是在相关国家和民众之间，还是在公共和私人部门之间，公正、公平地分配经济及其他收益的体系都是该机制中最关键的因素（见图 1 中的箭头 1 ~ 箭头 4）。

- 泰国需要一个强有力的贸易战略，需要在贸易协定和自由化进程中发挥更为突出的作用，这些贸易协定和自由化进程将涉及诸多超越贸易和投资的议题。泰国应做好理解和应对高标准、全方位贸易协定的准备，这些贸易协定包括但不限于区域全面经济伙伴关系（RECP）、东盟 10 + G、跨太平洋伙伴关系协定（TPP）、亚洲太平洋自由贸易区（FTAAP）及东盟 2025 年框架。基于可信的学术知识，对上述协定的影响、收益及成本做适当和充分的评估是必要的，并需要各方（政府、私营部门、民众和学术机构）的有力参与。在参与国际贸易的这一进程中，首要的目的在于民众的福利和收益，这是任何一个贸易和投资协定最重要的目标。

- 虽然泰国商品由于良好的性价比在邻国有良好的品牌声誉和受欢迎度，但需要认识到，由于资源消耗，投资、对当地企业的影响及所在国的民族主义情绪等都有可能产生负面的经济和政治影响，进而影响经济发展机遇和国家关系。因此，企业应诚心诚意地坚持企业社会责任（CSR），并通过公关活动让他国消费者认识到其真正意图在于通过贸易促进互利而非剥削。企业和消费者之间应达成共识，即贸易和投资将用于提供发展机会，缓解经济困难，并以可持续的方式促进所在国和投资国双方民众的互利（见图 1 中的箭头 1 ~ 箭头 5）。

总之，中国与“陆上东盟”正面对共同威胁，推动澜湄合作的下一阶段不仅在于解决现存的地区和平问题，还应确立一个明确、长期的目标，使澜湄合作成员国建立起各方互利共赢的共同体，并使各方共同发展，以建立起推动经济发展和可持续的关怀和平的共同体。人与人的联通将会是应对这一挑战的关键。

Lancang-Mekong Cooperation: New Cooperate, New Community, New Challenge

Abstract In 2014, China supported Thailand's proposal to initiate a new cooperation framework for Lancang-Mekong Sub-regional countries. The first leaders' meeting was held in Sanya, China, in March 2016. The Lancang-Mekong cooperation (LMC) includes China and five Southeast Asian countries located in the "Main Land ASEAN", namely, Thailand, Cambodia, Lao PDR, Myanmar and Vietnam. This article explores the reasons that may explain China's strong incentives to support this framework. From Thailand's perspective, the LMC is currently facing new challenges and opportunities in several fields, such as sustainable development and particularly, management of border-crossing rivers and related natural resources. In order to make this cooperation developed into an effective framework, there is a necessity that every country should participate into this cooperation, and particularly, should "build a trust among themselves".

Keywords Lancang-Mekong; ASEAN; Trust Building

Author Patcharinruja Juntaronanont Ph. D, Instructor at Department of Social Development, National Institute of Development Administration (NIDA), Thailand. Piti Srisangnam Assistant Professor of the Faculty of Economic and Academic Affairs Director of the ASEAN Studies Center at Chulalongkorn University, Thailand.

南海问题研究

菲律宾"南海仲裁案"的背景、实质分析：从中美日海权博弈的视角出发

高　兰

【内容提要】基于现行《联合国海洋法公约》的缺陷，以菲律宾"南海仲裁案"为契机，美日中围绕南海海洋争端，凸显出法律框架之外的大国政治博弈。美国采取军事威慑战略，日本实行国际干预战略，中国则兼顾国际法与国际合作，优先采取外交谈判战略。采取上述不同战略的根本实质在于，中美日三国对《联合国海洋法公约》的认知不同，根本原因在于亚太海洋秩序的改变，以及传统海权大国美日与正在发展的新兴海洋强国中国之间的海权博弈。

【关键词】菲律宾"南海仲裁案"　《联合国海洋法公约》的缺陷　政治博弈　中美日海权博弈

【基金项目】国家社会科学基金重大课题"习近平治国理念之外交战略思想研究"（15CZD002）、教育部哲学社会科学研究重大课题攻关项目"战后日本政治、外交实质和未来走向研究"（14JZD033）前期成果。

【作者简介】高兰，复旦大学日本研究中心教授，法学博士。

2016 年 7 月 12 日，"南海仲裁案"仲裁庭对"南海仲裁案"做出最终"裁决"，判决菲律宾"胜诉"，声称中国对南海海域没有"历史性所有权"，否定中国主张的"南海断续线"。

针对该裁决结论，中国政府发表了有关声明和白皮书，表明了不接受、不参与仲裁和不接受、不承认有关裁决的严正立场。中国不会同意任

何国家以此有关裁决为基础与中国商谈南海问题，也不会接受任何国家、机构和个人以此为基础的一切诉求和主张。

一 菲律宾南海诉讼案的背景

菲律宾自2013年1月提起针对中国的“南海仲裁案”到2016年5月为止，经过3年左右时间的较量，临时仲裁庭原定5月30日宣布裁决结果。因中国等国施加的国际压力，以及中国台湾就太平岛地位提交相关证据，宣判时间被延迟至7月12日。但是，临时仲裁庭依然做出了不利于中国的裁决。

菲律宾南海诉讼案的背后，实质上反映的是美日与中国在南海的海权博弈过程。

该仲裁案由菲律宾阿基诺三世政府滥诉而启动，由临时仲裁庭越权管辖而推进，其背景是美日等国在背后的推动，其实质不仅仅是法律问题，还是政治问题。仲裁庭不是一个合法、合格的仲裁机构，其不仅与位于海牙联合国系统的国际法院毫无关系，而且仲裁庭的组成实际上也是政治操纵的结果。此外，该仲裁案在法理依据上缺乏充分的合理性，菲律宾声称依据的是《联合国海洋法公约》（以下简称《公约》），其实质是利用《公约》中的一些模糊概念甚至缺陷性定义，并非完全依据国际法的精神。菲律宾利用对中国的“南海仲裁案”，在国际社会大造舆论，混淆视听，与中国争夺海权话语权，其根本原因在于中国与美日的海权博弈，菲律宾只是充当了美日的“扬声器”“火药桶”。裁决企图将被《联合国宪章》禁止的非法侵占行为合法化，违背了国家主权平等、国家同意、约定必须信守、善意履行国际义务等国际法基本原则，因而是非法无效的。

二 中国：外交谈判优先战略

中国同14个国家接壤，与8个国家隔海相邻或相望，陆地边界总长22000多千米，大陆海岸线18000多千米，是世界上边界线最长和邻国最多的国家之一。至今，中国已与14个陆地邻国中的12个国家，本着平等协商、相互谅解的精神，通过双边谈判，签订了边界条约，划定和勘定的边界约占中国陆地边界长度的90%，并且与越南就北部湾划界问题达成了协议。这些边界问题的解决是中国外交的重大成就，主要集中在两个时间段。一是20世纪50年代中期到60年代初期，中国先后与缅甸、尼泊尔、蒙古、巴基斯坦、阿富汗和朝鲜等国家解决了领土边界问题。另一个阶段则是在冷战结束后，与越南、老挝、哈萨克斯坦、塔吉克斯坦、吉尔吉斯斯坦和俄罗斯之间就边界问题分别达成协议并勘界立桩。到目前为止，陆上邻国只有与印度和不丹的边界问题尚未得到解决。

海外有学者指出，中国解决南海问题的政策与中国早期解决边界问题的政策有相似之处。[①] 20世纪50～70年代，中国与邻国的一些领土争端引发了战争，如1962年中国与印度的边境冲突及1979年与越南的冲突，特别是20世纪60年代与苏联的争议性边界差点引发核战争。中国坚持通过谈判与绝大多数陆上邻国和平解决历史遗留的陆地边界争议问题[②]，主张把边界问题的解决放在国家和外交大战略框架内考虑，通过谈判方式和平解决，对困难问题的解决需要最高领导人的智慧和魄力。

近年来，中国与海洋邻国的领土边界争议不断引发热点问题，过去搁置争议的政策立场面临严峻挑战。20世纪70年代以来，周边国家开始对南海提出声索。此外，对于南海断续线问题，中国国内也有多种观点，包括国界线说、历史性水域线说、历史性权利线说、岛屿归属线或岛屿范围线说等各种观点。从历史经验看，以实际控制线为基础划界是中国以往解决边界问题的基本政策。[③] 在确定实际控制线的过程中，双方都需要对相关的历史材料进行详细的分析，并将事实真相告知双方公众。

南海争端的核心是领土主权争端，但南海争端不适用《联合国海洋法公约》[④]。《联合国海洋法公约》不是解决领土主权争端的法律，而是在双方主权明晰的情况下划分海域，即领海、毗连区、大陆架、专属经济区和明确各种海洋责任的国际公约。关于这点，《联合国海洋法公约》序言[⑤]说得很清楚：“认识到有需要通过本公约，在妥为顾及所有国家主权的情形

---

① Eric Hyer, “The South China Sea Disputes: Implications of China's Earlier Territorial Settlements,” *Pacific Affairs*, Vol. 68, No. 1, Spring 1995, pp. 34－54.

② 张清敏：《中国解决陆地边界经验对解决海洋边界的启示》，《外交评论》2013年第4期。

③ 徐焰：《解放后我国处理边界冲突危机的回顾和总结》，《世界经济与政治》2005年第3期。

④ 孙小迎：《南海争端不适用海洋法公约》，《环球时报》2012年1月13日。

⑤ 《联合国海洋法公约》，新华网，http://news.xinhuanet.com/ziliao/2005－04/04/content_2784208.htm，最后访问日期：2016年7月5日。

下，为海洋建立一种法律秩序，以便利国际交通和促进海洋的和平用途，海洋资源的公平而有效的利用，海洋生物资源的养护以及研究、保护和保全海洋环境。”

中、菲皆是《联合国海洋法公约》缔约国。《公约》设有四种争端解决机制，分别是国际海洋法法庭（ITLOS）、国际法院、《公约》附件七规定的“仲裁”程序、《公约》附件八规定的“特别仲裁”程序。菲律宾即是根据《公约》附件七发起仲裁机制，并非国际海洋法法院机制。此外，《联合国海洋法公约》第 15 部分第 3 节第 298 条规定，如果当事方之间的争端涉及大陆或岛屿主权，则不应该接受强制仲裁。此外，对于海洋划界争议，中国已于2006 年根据《公约》第298 条做出排除性声明，将涉及海洋划界等方面的争议排除在《公约》规定的第三方争端解决程序之外。

为此，2014 年 12 月，中国外交部受权发表《中华人民共和国政府关于菲律宾共和国所提“南海仲裁案”管辖权问题的立场文件》[①]，对于菲律宾无视中国根据包括《联合国海洋法公约》在内的国际法享有的合法权利，违背与中国多次确认的共识及在《南海各方行为宣言》（下称《宣言》）中的承诺，单方面提起的“南海仲裁案”，重申中国不接受、不参与该仲裁的严正立场，并从法律角度全面阐述中国关于仲裁庭没有管辖权的立场和根据。

2015 年 10 月 29 日，仲裁庭做出裁决，声称“有权审理菲律宾就中国南海主权争议提出的诉讼”，这项案件反映了“两国对《联合国海洋法公约》的解释及使用出现的纷争”，属于仲裁庭管辖的范围。对此，2015 年 10 月 30 日，中国外交部发表《关于应菲律宾共和国请求建立的南海仲裁案仲裁庭关于管辖权和可受理性问题裁决的声明》[②]，提出，应菲律宾共和国单方面请求建立的“南海仲裁案”仲裁庭（以下简称“仲裁庭”）于 2015 年 10 月 29 日就管辖权和可受理性问题做出的裁决是无效的，对中国没有拘束力。

---

① 《外交部受权发表中国政府关于菲律宾所提南海仲裁案管辖权问题的立场文件》，新华网，2014 年 12 月 7 日，http://news.xinhuanet.com/mil/2014-12/07/c_127283398.htm，最后访问日期：2016 年 3 月 29 日。

② 《中华人民共和国外交部关于应菲律宾共和国请求建立的南海仲裁案仲裁庭关于管辖权和可受理性问题裁决的声明》，《人民日报》2015 年 10 月 31 日，第 7 版。

2016 年 7 月 13 日，中国国务院新闻办公室发布《中国坚持通过谈判解决中国与菲律宾在南海有关争议》白皮书[①]，重申中国在南海问题上的一贯立场。这份白皮书有两万余字，除引言外，共包括南海诸岛是中国固有领土、中菲南海有关争议的由来、中菲已就解决南海有关争议达成共识、菲律宾一再采取导致争议复杂化的行动、中国处理南海问题的政策五部分。白皮书从历史和法理的角度，有力驳斥了仲裁庭在 7 月 12 日做出的所谓最终裁决。中国在白皮书中坚持致力于通过和平手段解决南海争端的立场。中国外交部副部长刘振民在白皮书发布会上表态说，中国希望同菲律宾恢复双边会谈，“我们希望其他国家不要借机来威胁中国，希望其他国家能够与中国一起努力，相向而行，共同维护南海和平稳定，不要把南海变成一个战争的发源地”。[②]

事实上，中国一直主张，中菲南海争议只能通过双边对话谈判加以解决。2013 年，菲律宾单方面提起仲裁，关闭了与中国通过谈判解决南海有关争议的大门，导致中菲关系恶化。中菲两国尚未举行旨在解决南海有关争议的任何谈判，但曾就妥善处理海上争议进行多次磋商，就通过谈判协商解决有关争议达成共识，并在双边文件中多次予以确认。中菲还在中国和东盟国家 2002 年共同签署的《南海各方行为宣言》中就通过谈判协商解决有关争议做出郑重承诺。

通过双边谈判解决中菲在南海的有关争议既是中国政府的一贯政策，也是中菲之间达成的明确共识。1995 年 8 月 10 日，中菲共同发表的《中华人民共和国和菲律宾共和国关于南海问题和其他领域合作磋商的联合声明》规定，“有关争议应通过平等和相互尊重基础上的共同磋商，和平友好地加以解决”；“双方承诺循序渐进地进行合作，最终谈判解决双方争议”。此后，中国和菲律宾通过一系列双边文件确认了通过双边谈判协商解决南海有关争议的共识，如 1999 年 3 月 23 日《中菲建立信任措施工作小组会议联合公报》、2000 年 5 月 16 日《中华人民共和国政府和菲律宾共和国政府关于 21 世纪双边合作框架的联合声明》等。2002 年 11 月 4 日，中国同东盟十国共同签署《南海各方行为宣言》。各方在《宣言》中郑重

① 《国务院新闻办发表〈中国坚持通过谈判解决中国与菲律宾在南海的有关争议〉白皮书》，新华社，2016 年 7 月 13 日。

② 《国际舆论关注中国发布解决中菲南海争议白皮书》，中国新闻网，2016 年 7 月 13 日。

承诺："根据公认的国际法原则，包括 1982 年《联合国海洋法公约》，由直接相关的主权国家通过友好磋商和谈判，以和平方式解决它们的领土和管辖权争议，而不是诉诸武力或以武力相威胁。"此后，中菲通过一系列双边文件确认了各自在《宣言》中做出的郑重承诺，如 2004 年 9 月 3 日《中华人民共和国政府和菲律宾共和国政府联合新闻公报》、2011 年 9 月 1 日《中华人民共和国和菲律宾共和国联合声明》等。

中菲建交 40 多年来，两国关系总体健康稳定发展，各领域的合作富有成效，为两国和两国人民带来了实实在在的利益。菲律宾 2013 年 1 月 22 日单方面就中菲有关南海问题提起仲裁以前，中菲在南海虽有争议，但南海形势总体稳定。在中国的推动下，中菲双方围绕建立对话机制、开展务实合作、推进共同开发等进行友好协商，并取得积极成果。2016 年 6 月 8 日，中国外交部发言人洪磊在例行记者会上表示，中菲双边谈判的大门始终是敞开的。中国将继续坚持在尊重历史事实的基础上，根据国际法，通过双边谈判解决与菲律宾在南海的有关争议。

三　美国：军事威慑战略

美国是《公约》的早期积极推动和奠定国之一，作为主要的谈判国积极参加了《公约》全部条文的起草过程，从议题设置、规则制定到外交进程把控等方面均对谈判发挥了主导作用。美国认为，《公约》确立的一系列重要规定，包括领海无害通过权、国际海峡自由通行制度、大陆架制度及公海自由原则等，均充分体现了美国的关切，照顾了其利益。美国是拥有最多海洋国土的国家，其虽然积极参与国际海洋政治博弈，却始终徘徊于《公约》门外，纠结于是否加入《公约》的各种利弊权衡中①，以惯例法为依据而不是缔约国身份享受《公约》所包含的海洋权利。

到目前为止，已经有 152 个国家签署并批准了《联合国海洋法公约》，美国至今没有批准。美国"反公约"人士坦陈，真正支撑美国航海自由和海洋权利的是海军实力，维护海洋权益最有效的办法是国务院的有力介入和军舰的持续行动，美国还可援引惯例法来保护其航行权利。在联合国 190 多个成员国中，美国在其中的 130 多个国家有军事存在。美国凭借其

① 沈雅梅：《美国与〈联合国海洋法公约〉的较量》，《美国问题研究》2014 年第 1 期。

在全球部署的航母战斗群，成为目前世界上最大的海权国家。

从 2002 年起，美国向菲律宾南部派遣了数以百计的军事人员，为其提供反恐训练，并为与伊斯兰极端武装作战的菲律宾军队充当顾问。

随着菲律宾与中国在海上的主权争议日益加剧，美国加强了其在南海地区进行军事威慑的能力。2014 年 4 月 28 日，美国和菲律宾签署了一项为期 10 年的《加强防务合作协议》，为美军扩大在菲律宾的军事存在提供了条件。根据《加强防务合作协议》，允许美军和菲律宾建立联合军事基地，并且在基地内部署战斗机，允许美军临时使用若干菲律宾军营，由此得以调遣战斗机和军舰。但是根据该协定，美国确实对菲律宾有协防的责任，但范围也非常明确，是东经 118 度以东，区域是美国以前认可的菲律宾管辖海域，不包含中菲的南海争议区域。

2015 年 8 月 27 日，美国太平洋司令部司令哈里斯访问菲律宾，菲律宾官员在与哈里斯的会面中提出，希望美国对相关国家在南海的行动进行“实时”监视和侦察，以应对中国的“扩张”活动。此外，菲还请求美国对菲民用船只提供空中掩护，因为“船只每次为仁爱礁提供补给时，都会遭到中方的阻挠”。

2015 年 10 月 27 日，美军“宙斯盾”闯入南海，专门绕道进入中国驻守岛礁邻近水域炫耀武力，实际上是侵犯中国的领海主权。这是因为，第一，他国舰船进入一国领海需要得到批准或提前通报，美国对此进行挑战，违反了国际法；第二，美国在中国管辖海域大范围高频度的侦察和测量活动危害了中国国家安全，并非所谓“自由航行”行动；第三，美国穿越中国南沙群岛水域，暴露了美国的霸权本质。

菲律宾对美国巡航拍手称快。据《菲律宾每日问询者报》报道，菲前总统阿基诺三世 2015 年 10 月 27 日表示，美军的相关巡航行动将有助于“地区力量的平衡”。他说，“他们（美国）的行动意图在于宣示，该地区的现实格局并没有发生变化”，“我们总体上支持美国的行动”。由此可见，南海争端的进展已经成为全球关注点。美国此举的目的是为亚洲盟国树立威信，纵容菲律宾等国对中国的挑衅，以此换取这些国家对其亚太再平衡战略的支持。

2016 年 1 月 12 日，菲律宾与美国在华盛顿举行 2 +2 会议，双方再次确认了菲最高法院同日“压线”通过的《加强防务合作协议》，并就加强海上安全合作达成一致。根据菲美新安全协议，菲律宾向美国提供 8 处基地，美方可在那里建造设施以存放装备和供应物资。菲律宾向美国提供的 8 个军事基地从北到南都有分布，但主要分布在直接面对南海一侧，距离中国南海岛礁最近不足 200 千米处。例如，巴蒂斯塔基地处于新加坡与冲绳之间，同时直面南海，是美国海军反潜巡逻机进出南海中部甚至抵近海南岛侦察的绝佳跳板。

菲律宾曾经在美西战争后成为美国的殖民地。美国曾经在菲律宾拥有 23 处陆海空基地，其中包括美国最大的海外军事基地苏比克海军基地及重要的空军基地克拉克空军基地。自第二次世界大战以来，菲律宾一直是美国的战略伙伴，也是美国在亚洲最老的盟友之一。1979 年美菲修改美菲军事基地协定，菲律宾收回基地主权，任命一名菲律宾人为基地指挥官，但美国指挥官仍保留控制权。美菲每五年对协定审查一次，1991 年协定期满后，如双方同意方可延长，美国在五年内向菲提供 5 亿美元的援助，作为对使用菲基地的补偿。1983 年 6 月，美菲又签署一项协议，菲同意美国从 1984～1989 年继续使用苏比克海军基地和克拉克空军基地，美国则向菲提供 9 亿美元的经济和军事援助。但是，菲律宾参议院在 1991 年通过一项立法，开始禁止美国在该国运行军事基地。1991 年，美菲军事基地协定停止，随后，美国撤出了苏比克海军基地与克拉克空军基地。之后数年，美菲两国军事关系不佳。

出于对中国在南海主张的担忧，美国和菲律宾重新加强了新的军事合作关系。2016 年 3 月和 4 月，美国和菲律宾进行了两次联合巡逻。美国时任国防部部长阿什顿·卡特在菲律宾说，美国还要增加在菲律宾驻军的轮换。美国还将给菲律宾提供价值约 4000 万美元的军事援助，部分用于改进该国的巡逻船只，以及采用无人驾驶监控飞艇，巡视由菲律宾掌控的南海岛屿。

美国分别于 2011 年与 2013 年将从海岸巡防队退役的两艘汉密尔顿级巡逻舰交给菲律宾海军。这两艘巡逻舰分别被命名为皮拉尔号（BRP Gregorio Del Pilar）与艾卡拉兹号（BRP Ramon Alcaraz），已经被菲律宾海军派往南海执行巡逻任务。2016 年 7 月 12 日“南海仲裁案”结束后不久，美国向菲律宾移交了第三艘汉密尔顿级巡逻舰，以强化该国海军巡视争议海域的能力。

2016 年 7 月 26 日，美国时任国务卿约翰·克里抵达菲律宾访问，7 月 27 日，菲律宾总统杜特尔特会见克里。克里在会见后召开的新闻发布会上表态称，如果执着于裁决结果的细节，将很难带来有效的对话，与其坚持对抗，不如去寻求解决问题的办法。①他认为各方现在应该开始向前看。克里是杜特尔特当选总统后到访菲律宾的最高级别别国外交官员。美国代表团官员称，这次访问将使美菲两国之间传统的盟友关系更加稳固。

四　日本：国际干预战略

以菲律宾对中国的南海诉讼案为契机，日本采取了国际干预战略，以美日同盟为主轴，以介入菲律宾、越南等与中国的南海争端为驱动，试图在组建对华“包围圈”的国际干预环境下，助力解决中日之间的海洋争端问题。

日本对南海的介入由来已久，早在20世纪初，日本就开始通过各种方式染指南海，觊觎和盗采南海岛礁和临近海域的自然资源。②在发动全面侵华战争后，日本先后侵占中国西沙群岛和南沙群岛，并在个别岛屿上派驻陆战队，修建通信基地和潜艇基地。1945年日本战败投降后，根据《开罗宣言》和《波茨坦公告》，日本将其所占领的岛屿返还中国，由当时中国的国民党政府接管。③在1951年签署的《旧金山对日和约》中，日本放弃了其所占领土，包括中国台湾、澎湖列岛、南沙和西沙群岛。日本在冷战期间所签署的战后文件和出版物中，均承认了中国对南沙群岛的主权归属。20世纪70年代，中国与周边国家围绕南沙岛屿主权归属和海域管辖的争端产生以来，日本在南海问题上基本持不干涉的立场。④

① http://www.chinanews.com/gj/2016/07-27/7953895.shtml，最后访问日期：2016年7月2日。

② 1901年，日本驻基隆商人西泽吉次驱赶大批中国台湾劳工到东沙岛采挖用作肥料的鸟粪，日本驻高雄海产商会会长石丸庄助于1917年雇用中国台湾民工继续到该岛大肆盗采资源；1907年，日本人宫崎进以所谓海洋资源调查为名率船驶入南沙海域，随后便有大批日本渔船开始在该海域非法捕鱼；1917年，高雄日商平田末治率员首度在南沙群岛登陆，对其中12个岛屿进行了地理勘察；日本人小仓卯之助于1918年和1920年两次登陆南沙，对长岛、西月岛、南威岛等8个岛屿进行了详细测绘。马骏杰：《日本侵占南海诸岛始末》，《环球军事》2010年第7期，第8~9页。

③ 吴士存：《南沙争端的起源与发展》，中国经济出版社，2010，第29~32页。

④ 朱凤岚：《日本对南海争端的介入及其影响》，载张蕴岭主编《亚太地区发展报告（2005）》，社会科学文献出版社，2006，第219~220页。

然而，在冷战结束后，随着日本经济和军事实力的增强及南海战略地位的重大提升，日本开始插手南海事务，并成为南海问题持续升温的一个重要推手。1995年，在中菲美济礁争端爆发后，日本明确表示了对菲律宾的“同情”。在1997年发表的白皮书中，日本把南沙群岛列为它所关注的地区，并对中国在南沙群岛建立民用避难设施说三道四，称“对于把该海域作为最重要海上通道的日本来说，这将构成严重威胁”。[①] 2011年，日本前外相河野洋平在参加第二届东盟论坛时甚至提出，南海问题可在东盟地区论坛的框架中讨论。[②]

此外，日本不断将其军事活动扩展到南海地区。1995年，日本发表新《防卫计划大纲》，将海上自卫队的海上交通保护线范围从20世纪70年代设定的1000海里扩大到2000海里，把澳大利亚和马六甲海峡包括在内。1997年，新修订的《日美防卫合作指针》提出“周边事态”概念，将中国大陆、台湾和南海地区纳入所谓“周边事态”的范围。1999年又通过《周边事态法》，明确将包括南海在内的亚洲大部分地区划入“周边事态”的范围。2001年之后，日本借美国实施全球反恐战略和进行伊拉克战争的时机，不断派遣大型战舰经过东南亚海域抵达印度洋，进一步扩大其军事辐射范围。日本还以打击海盗、保障航运安全和进行国际救援为由，频繁将军舰派往南海地区。2004年底，印度洋发生地震海啸，日本派出1000名自卫队队员进入海啸灾区，并调遣两艘战舰到印度尼西亚的亚齐附近海域游弋。2005年3月14日，一艘日本籍拖船在马六甲海峡遭到海盗袭击后，日本海岸警备队随即声称要考虑派军舰和飞机到出事海域。[③]

最近几年来，日本介入南海问题的意图比以往更加明显，动作也更加频繁。首先，不断强调日本在南海地区的战略利益。2010年7月24日，时任日本外相的冈田克也与越南副总理兼外交部部长范家谦举行会谈，在就南沙群岛问题交换意见时明确表态，称“日本对南海问题不能毫不关

① 侯松岭：《中国与东盟关系中的不稳定因素：南沙问题》，《东南亚研究》2000年第5/6期，第68页。

② 张瑶华：《日本在中国南海问题上扮演的角色》，《国际问题研究》2011年第3期，第52页。

③ 《警惕：日本染指马六甲海峡的野心与手段》，环球网，2010年1月27日，http://mil.huanqiu.com/world/2010-01/701700.html，最后访问时间：2016年3月9日。

心”。[①] 2011 年 7 月，参加东盟地区论坛的日本前外相松本刚明声称，南海对于日本来说很重要，因为这一海域的稳定关系到日本过往商船的安全。[②] 另外，日本在 2011 年发布的防卫白皮书中首次将“南海动向”列入新增条目，称中国和南海附近国家的领土纠纷可能会给地区及国际社会的和平带来影响。[③]

其次，近年来，日本竭力推动南海问题国际化，主张通过多边方式解决南海争端。在 2010 年 7 月 27 日举行的记者会上，时任日本外相冈田克也就南海的领土争端强调，除当事国外，应该促进东盟各国、日本和美国等在国际框架下的对话。关于中国主张各当事国间单独进行谈判解决争端，冈田声称：“领土问题或许最终是两国间的问题，但各种主张错综复杂，希望在东盟地区论坛部长级会议等场合进行建设性的讨论。”[④] 2011 年 9 月 28 日，日本防卫省与东盟十国在东京召开副防长级会谈，积极推动各方更多地利用“东盟 +8”国防部长会议、东亚峰会等多边机制来解决南海问题。[⑤] 2011 年 10 月，日本外相玄叶光一郎出访东南亚，在与印度尼西亚外交部部长马蒂·纳塔莱加瓦会晤时，玄叶光一郎声称有必要构建多边框架解决南海主权争议问题，并计划在 11 月举行的日本和东盟国家峰会上提出这一主张。[⑥] 随后，日本首相野田佳彦在 2011 年 11 月举行的东亚峰会上提出，要在东亚峰会的框架下创建“东亚海洋论坛”，试图引入多边机制来牵制中国。[⑦] 2012 年 11 月底，在东亚系列峰会刚刚结束之际，日本驻菲律宾大使卜部敏直表示，南海主权争议是国际性议题，日本支持通

---

① 《日称不能对南海毫不关心》，环球网，2010 年 7 月 25 日，http://world.huanqiu.com/roll/2010-07/956159.html，最后访问日期：2016 年 7 月 10 日。

② 《日学者称应介入南海纠纷》，环球网，2011 年 7 月 25 日，http://mil.huanqiu.com/world/2011-07/1845005.html，最后访问日期：2016 年 7 月 10 日。

③ 《日本在南海问题上指手画脚，颇有挑唆意味》，人民网，2011 年 8 月 3 日，http://military.people.com.cn/GB/8221/84387/227683/227687/15321201.html，最后访问日期：2016 年 7 月 10 日。

④ 《日本再次表态称应在美日组成的国际框架内讨论南海》，环球网，2010 年 7 月 28 日，http://world.huanqiu.com/roll/2010-07/964737.html，最后访问日期：2016 年 7 月 12 日。

⑤ 《日本东盟联手南海遏华态势渐显》，新华网，2011 年 9 月 30 日，http://news.xinhuanet.com/world/2011-09/30/c_122110009.htm，最后访问日期：2016 年 7 月 15 日。

⑥ 张乐：《日外相访印尼：强行介入南海问题》，《新京报》2011 年 10 月 16 日，第 A17 版。

⑦ 《日提议设立东亚海洋论坛妄图南海彻底国际化》，环球网，2011 年 11 月 21 日，http://mil.huanqiu.com/Observation/2011-11/2191896.html，最后访问日期：2016 年 7 月 10 日。

过国际法和平解决争议。[①]

再次，日本不断加强与周边国家的关系，由于越南和菲律宾在南海问题上的强硬立场，日本把两国作为重点对象，不断强化与两国之间的政治、经济和军事联系。2010 年 10 月，在时任首相菅直人访越期间，日本与越南发表共同声明，将两国关系定位为“战略伙伴关系”。[②] 在该次访问的推动下，日本和越南于当年 12 月在河内举行首次战略对话，南海问题成为此次对话的重要议题之一。2011 年 9 月 9 日，日本与菲律宾举行有关亚洲地区海洋安全问题的首次副司局级磋商，并意图在南海问题上与菲律宾联手互动，共同制约中国。[③] 同月底，菲律宾总统阿基诺访问日本。访问期间，日菲宣布将两国间的副部长级双边政策磋商升级为战略对话，并再次确认两国在确保海上通道安全上拥有共同的战略利益。[④]

在政治层面互动之外，日本还通过经济援助加强其与越南和菲律宾之间的关系。根据相关数据，截至 2015 年底，日本对东盟国家的投资余额较 5 年前几乎增长 2 倍，高达 1809 亿美元。日本特别加强了对菲律宾、越南等的经济援助。例如，2011 年，日本政府向越南提供的政府开发援助资金总额达到 2700 亿日元，创下日本政府对越南的最大援助金额纪录。有分析指出，日本政府积极向越南提供援助的背后有着特殊的战略考量，即期望与越南在南海问题上开展合作，以牵制中国。[⑤] 在军事层面，日本在最近几年明显加强了与越南之间的海上防务合作，包括协助越南培训军官、推动两国各级军官互访和军事经验交流等。日本同样扩大了与菲律宾之间的军事合作，包括帮助菲律宾提升沿岸警备能力、向菲律宾沿海警备部队提

---

① 《南海争议，日本支持以国际法解决》，联合早报网，2012 年 11 月 23 日，http://www.zaobao.com/wencui/2012/11/taiwan121123p.shtml，最后访问日期：2016 年 7 月 10 日。

② Ministry of Foreign Affairs of Japan, “Japan - Vietnam Joint Statement on the Strategic Partnership for Peace and Prosperity in Asia,” October 31, 2010, available at http://www.mofa.go.jp/region/asia - paci/vietnam/joint1010.html，最后访问日期：2016 年 7 月 15 日。

③ 《日本菲律宾就南海问题磋商，分析称联手对抗中国》，中国新闻网，2011 年 9 月 11 日，http://www.chinanews.com/gj/2011/09 - 11/3320979.shtml，最后访问日期：2016 年 7 月 1 日。

④ 于青、暨佩娟：《日菲首脑会谈涉及南海问题》，《人民日报》2011 年 9 月 28 日，第 21 版。

⑤ 《日本援助越南巨资抗衡中国》，联合早报网，2012 年 3 月 29 日，http://realtime.zaobao.com/2012/03/jg120329_032.shtml，最后访问日期：2016 年 7 月 15 日。

供武器装备、与菲律宾建立有关南海问题的情报交换机制，以及扩大与菲律宾之间的联合军事演习等。

最后，为了使海上自卫队能够直接或间接地进出南海海域，日本除了加强与菲律宾和越南等国的军事交流外，还积极参加由美国主导的地区军事演习。例如，2011 年 7 月，日本海上自卫队联合美国和澳大利亚海军在文莱附近的南海海域进行军事演习，日本的“岛风”号护卫舰与美澳的军舰开展了海上通信演习。该次演习也是日美澳三国首次在该海域实施的联合军事演习。2012 年 2 月 7 日，日本参加由美泰军队主导的“金色眼镜蛇”军事演习。两个月后，日本又以“防灾”的名义参加美国和菲律宾在南海地区举行的“肩并肩”联合军演，这也是日本首次参与美菲的年度军事演习。日本解禁集体自卫权之后，2015 年 11 月，日本与越南就日本海上自卫队舰船停靠越南金兰湾达成共识。

2015 年以来安倍政府加快实施新安保政策，标志着战后日本长期坚持的“专守防卫”安保政策被彻底颠覆，日本自卫队试图进一步协助美军动武，以有效应对中日钓鱼岛争端、“朝鲜导弹威胁”及南海紧张局势等挑战。针对进入钓鱼岛及其附近海域巡航的中国公务船，日本进一步加强了海上控制与反制措施，中日海上对峙日益严峻。

日本 2015 年版防卫白皮书将中国的“威胁”摆在突出位置，首次单独设置“海洋问题动向”章节，指责“中国的单边行动正在损害航行自由等原则”。白皮书还首次炒作南海岛礁问题，并刊登了一组反映中国在岛礁填海的高清图片，指责中国虽然倡导“和平发展”，但在海洋权益冲突问题上试图依靠实力改变现状。

2015 年 5 月，日本借主办七国集团峰会之利，针对南海问题提出了所谓的“海洋法治三原则”。军事上，日本制定新安保法，强化日美军事同盟，向南海沿岸相关国家提供巡逻监视装备和能力建设培训，直至自卫队舰机频频现身南海周边区域。

2015 年以来，日本逐渐加强对南海问题的介入，美国推动日本扩大在南海地区的军事存在。2015 年 10 月，美日海军在南海举行联合军演，参加演习的日本海上自卫队“宙斯盾”级护卫舰“冬月”号没有进入中国主张拥有主权的岛礁附近 12 海里的海域，但是参与了美军对南海的监视行动。显然，安倍政府不想“引火烧身”，不想因南海问题引起国内民众对其安保政策的质疑，更不想承担安全风险和政治军事成本，因此，其对美国的要求反应模棱两可，犹豫不决。

此外，日本与菲、越、印尼等三个国家建立了“战略伙伴关系”，这些国家都是在海洋领土主权问题上与中国存在纠纷的国家，这引起了中国的强烈关注。例如，日本在武器装备、能力建设等方面支援菲军和海警。2015 年 6 月 21 日至 27 日，日本同菲律宾海军举行联合军演。2015 年 11 月，日本与越南就日本海上自卫队舰船停靠越南金兰湾达成共识。2015 年 3 月 22 日，日本与印尼确立了交换共同防卫文书。此外，还应强化印日关系，确定日本海上自卫队和印度海军定期举行联合训练，加快建立全方位防卫合作关系。

种种迹象表明，日本对菲律宾的“南海仲裁案”的仲裁程序、仲裁结果、仲裁的执行等方面进行了各种准备、策划、推动工作。

第一，此次的南海仲裁庭是在 2013 年 6 月 21 日最终组建完成的。此仲裁庭的公正性存在瑕疵，最主要体现在“仲裁庭实际最主要组建人”——时任国际海洋法法庭（ITLOS）庭长柳井俊二法官对本案的公正性可能存在瑕疵。

此次的南海仲裁庭是依据《联合国海洋法公约》附件七为本案特设成立的。附件七第 3 条赋予了 ITLOS 庭长在特定情形下指任、组建特设仲裁庭的权力，即由于争端一方当事国中国选择了不接受、不参与的立场，所以本应由中国指派的仲裁员与应由中菲协议指派的另三名仲裁员在没有其他协议的情形下，由 ITLOS 庭长做出必要的指派。时任 ITLOS 庭长的是日本籍柳井俊二，在五人仲裁庭中，除鲁迪格·沃尔夫鲁姆（德国籍）仲裁员为菲律宾方指派，其余 4 人均由柳井代为指派，包括托马斯·门萨（英国与加纳双重国籍）、让·皮埃尔·科特（法国籍）、阿尔弗莱德·松斯（荷兰籍）、斯坦尼斯洛·帕夫拉克（波兰籍）。柳井指派帕夫拉克为中方仲裁员代表，门萨为首席仲裁员。由此可见，仲裁庭从成立之初就已政治化了。该仲裁庭的成立不具有合法性，其越权审理并做出的所谓裁决是非法的和无效的。

柳井俊二是日本前资深外交官，在日本外交部门工作 40 余年（1961 ~ 2002 年），1997 年曾任日本外务省事务次官，并曾担任日本驻美大使（1999 ~ 2001 年）。柳井自 2005 年至今担任 ITLOS 法官，2011 年至 2014 年担任过庭长职务。自 2007 年至今，柳井还同时担任安倍政府“有关安保法的基础再构建恳谈会”会长职务。该恳谈会主要为安倍政府修宪、解禁集体自卫权、日美安保条约与日美同盟、日本与其他国家的联合安保等议题寻找法律依据并提供理论及策略支持。

第二，仲裁案结果出来后，日本强烈敦促中国遵守国际法，接受仲裁结果。

2016年7月25日，日美澳三方外长举行战略对话会，日本外相岸田文雄、美国国务卿克里与澳大利亚外交部部长毕晓普在会后发表涉及南海的声明，表达了他们对南海局势的“严重关切”。（1）三国对可能改变现状以及加剧紧张的任何强制性单方面行动表示强烈反对。（2）三国强调避免采取对有待划界区域的海洋环境造成永久性改变的单方面行动的重要性，并敦促所有国家不要采取大规模人工填海、建造前哨并把它们用于军事目的的行为。（3）三国表达了它们对法治的强烈支持，并呼吁中菲遵守7月12日的“仲裁”结果。其实，日美澳三方外长声明，他们的“严重关切”不单涉及南海，还有东海。种种迹象表明，三方外长声明确系日方一手起草并推动。

2016年6月20日，柬埔寨首相洪森在柬埔寨国家行政学院的毕业典礼上称，“某个东盟域外国家”的驻柬埔寨大使正在向柬埔寨及其他东盟国家施压，希望他们能在仲裁案结果宣布后表态支持。6月28日，柬埔寨执政党人民党第二次发表声明，明确表示反对菲律宾提起的“南海仲裁案”。人民党称，针对仲裁案的联合声明是“政治阴谋”，并认为“这一阴谋将导致东盟成员国间及东盟与中国间的分裂”。因此，人民党“呼吁所有相关国家应该以和平方式共同解决问题”。人民党也“呼吁域外国家停止干预南海问题”。6月29日，洪森又在一次公开讲话中点名批评日本驻柬埔寨大使，称其以取消经济援助为威胁干涉柬埔寨内政。洪森称：“我告诉过你，洪森不会轻易屈服于外部压力。”柬埔寨首相洪森多次对日本以取消经济援助为威胁干涉柬埔寨内政、外交的做法表示愤怒。

老挝作为2016年的东盟轮值主席国，在对华问题上支持中国立场。据日本《产经新闻》2016年7月24日的报道，参加东亚合作系列外长会的日本外相岸田文雄称，日本政府将向老挝在农业等领域提供资金技术援助，希望能够与老挝在敦促中国接受所谓南海仲裁问题上达成共识。[①] 老挝总理通伦表示，老方支持中方立场，愿与中方一道努力，共同维护南海

① 余鹏飞：《日本外相称许诺援助老挝　但要其支持南海仲裁》，环球网，2016年7月29日。

地区的和平稳定。

近年来，中日关系跌到谷底，日本以“海上安全”为名加大了对南海的介入，希望在战略上形成对华的牵制，让中国疲于应对东海、南海问题，两线作战。

2016年7月，日本为联合国安全理事会轮值主席国，日本代表在接任第一天就称，若有国家提出请求，会把南海问题列为联合国安全理事会讨论议题。7月12日，“南海仲裁案”的裁决结果刚刚公布，日本方面就在第一时间发声表示支持。日本外相岸田文雄当天晚间发表谈话称，“仲裁裁决是最终结果，对争端当事国具有法律约束力。当事国有必要遵守这一裁决”。

但是，7月12日南海仲裁结果对于日本来说也是一把“双刃剑”。该仲裁结果称，南沙群岛的所有地物无一是“岛屿”，均为“岩礁”，连最大的太平岛也不例外。而根据公约，岩礁不能产生相应的专属经济区。但是，由于太平岛都被认定为“岩礁”，“冲之鸟岛”也不应该作为“岛屿”被认定。日本依靠“冲之鸟岛”这一主张可产生超过40万平方千米的专属经济区。如果此前中韩等国“冲之鸟礁”的主张获得支持，日本将损失超过其国土面积的专属经济区，这一损失对于日本而言无疑将是沉重的打击。[①]

目前，“冲之鸟礁”在涨潮时露出海面的面积仅有约4平方米。由于海浪侵蚀，此面积在不断缩小。日本只能从1987年开始，以修筑堤防和人工养殖珊瑚等方式不惜工本不让礁石沉海。根据日本的观点，“冲之鸟礁”可划定约40万平方千米大的专属经济区，这甚至超过了日本的国土面积，其一旦被认定为“岩礁”，将对日本造成不可估量的打击。根据《联合国海洋法公约》有关条款，“冲之鸟礁”是不能维持人类居住或其本身的经济生活的岩礁，无权主张专属经济区及大陆架。2012年4月，大陆架界限委员会对日本外大陆架划界案做出建议，不认可日本依据“冲之鸟礁”主张外大陆架。日本自行将“冲之鸟礁”认定为“岛屿”，并据此主张专属经济区和大陆架，违背了《联合国海洋法公约》。中国大陆、台湾地区和朝韩对日本的非法主张不予承认。

鉴于国际上对“冲之鸟礁”的争论很可能会升温，日本政府着力阐释它“不是岩礁而是岛”。日本原指望借裁决案对中国的南海政策施压，但

① 郭光昊：《日本担忧南海仲裁案结果将影响冲之鸟礁地位》，观察者网，2016年7月14日。

没想到仲裁庭的裁决会如此偏激狭隘，以致其自身难保。日本一方面高调强迫他国接受非法无效的仲裁结果，另一方面却违反国际法，非法占有大片公海的经济权益。

综上所述，日本介入南海，意在东海，希望增加在钓鱼岛问题上与中国进行博弈的主导权，减轻日本在东海和钓鱼岛海域的压力。日本不是南海问题当事国，但插手南海问题，无助于南海争议解决，也严重损害了中日政治安全互信，与中日关系改善的势头背道而驰。

五　菲律宾“南海仲裁案”与中美日亚太博弈

以菲律宾仲裁案为契机，围绕南海海洋争端，中国、美国、日本等采取了不同对策。采取上述不同战略的实质在于，中美日三国对于亚太海权的博弈的根本原因在于亚太海洋秩序的改变，以及传统海权大国美日与正在发展的新兴海洋强国中国之间的力量博弈。

种种历史经验表明，对于海洋争端，外交谈判方式是最可取的，即通过外交谈判方式，努力营造有利于双边关系的气氛，并在双方的共同努力下解决海洋争端。

2016 年 6 月 30 日，罗德里戈·杜特尔特在菲律宾首都马尼拉的马拉卡南宫正式就任菲律宾总统。中国国家主席习近平当天对杜特尔特就职菲律宾总统致电祝贺。习近平主席在贺电中表示，“中菲两国是搬不走的邻居，睦邻友好是两国关系上千年的历史传承，也是必须坚持的正确方向。今天，中菲关系发展面临着重要机遇，我愿同总统先生共同努力，推动中菲关系走向改善，实现健康稳定发展。我相信，只要我们秉持诚意和善意，坚持互信和合作，就一定能够开创中菲关系和中菲合作的美好未来”。

随后，中菲关系进入转圜轨道，杜特尔特在应对南海问题及菲与中美关系问题时将采取比阿基诺三世更为务实的策略。杜特尔特将力争在中美间达成平衡，通过在南海问题上减少与中国的摩擦，换取中国对其经济发展及基础设施建设的援助，同时也争取维持与美国军事盟友的关系不受影响。据菲律宾当地媒体《菲律宾商报》报道称，杜特尔特已对中国驻菲律宾大使赵鉴华表示，中国将是他上任后第一个拜访的国家，这显示出他对中菲关系的重视。2016 年 8 月，菲律宾前总统拉莫斯访问中国香港，探讨如何推进中国与菲律宾之间的和平与合作。在拉莫斯的建议下，菲律宾总统杜特尔特对外表示，“南海仲裁案”“仲裁”结果或将不会成为中菲双边对话与谈判的基础。

目前，中菲两国已逐步恢复商贸互动。不过，中国坚持不能在南中国海仲裁案的基础上重启谈判。今后，中菲之间可以采取谈判协商的方式，逐步解决海上领土争端问题。中菲可以先讨论谈判中的具体议题，同时进行双轨对话，争取达成共识。中菲可以先解决难度较低的议题，如捕鱼、救护渔民等，然后慢慢走向深度问题，可以暂时搁置主权争议，先商讨如何共同开发。共同开发的内容很广，包括渔业资源、海上救助、气象通报、通信畅通、海上救灾等，都可以进行谈判。①

如今，南海局势已经出现渐趋平稳的势头。为了推动南海问题重回正轨，在2016年7月25日召开的中国—东盟外长会议上，11位与会外长共同发表全面有效落实《南海各方行为宣言》（DOC）的联合声明，承诺回到由直接当事方协商解决具体争议的正确轨道，对外发出了中国和东盟共同维护南海稳定的积极信息。此次与会的绝大多数国家都不提所谓“仲裁案”，都主张所谓“南海问题”应该尽快降温，都赞同有关当事方通过直接谈判协商解决争议。不仅如此，东盟外长会议也通过务实的原则性声明，为南海局势持续降温做出了贡献。

与此同时，美国在南海问题上也出现了协调对话的积极举动，中美两军、两国高层的往来依然频繁。在“南海仲裁案”后不久，美国海军作战部部长约翰·里查德森和总统国家安全事务助理赖斯先后到中国访问。在仲裁案公布结果之前，中国接受美国邀请参加了2016环太平洋军演，打破了外界的无端猜测。奥巴马总统的一个重要立场是，不能以分歧定义两国关系。而美国海军作战部部长访华期间，议题也相当克制。美国国务卿克里也公开表示鼓励中菲双方和谈解决争端。

中国正在致力于海洋软实力②的建设，增强海上话语权，其内涵包括推进和谐海洋理念、微笑外交、发展海洋经济、反恐合作防止海盗、积极参与制定国际海洋规则等。当前，中国与菲律宾存在南海争端，中国与美

① 《南海仲裁让中菲谈判搁置　专家建议“先易后难”》，参考消息网，2016年7月21日，http://www.cankaoxiaoxi.com/world/20160721/1239439_5.shtml?_t_t_t=0.9530785772949457，最后访问日期：2016年7月25日。

② James Holmes，“China's Maritime Strategy Is More Than Naval Strategy，” *China Brief*，Volume 11，Issue 6，April 8，2011。

日之间存在海权博弈①的海洋安全困境，但是在海洋经济发展、海洋资源开发及海上通道安全领域中菲及中美日仍存在巨大的合作空间。因此，在坚决维护《联合国海洋法公约》的同时，中国推进和谐海洋理念，推进命运共同体思想，积极参与制定国际海洋规则，支持并积极参与联合国开展的各种海洋事务。② 中国不仅要维护南海的海洋权益，而且要提供更多的国际公共产品，继续寻求与菲律宾、越南等相邻国家在外交谈判基础上的协商、合作。中国要继续致力于维护与推动均衡、稳定的中美日三边关系，追求建立亚太各国平等分享海洋权益、共同开发海洋的新型海权发展道路。

The Background and Nature of the Philippines-Initiated Arbitration Case on South China Sea Issues: From the Perspective of the Game between China, Japan, and U. S. for Maritime Power

Abstract The game between China, Japan, and U. S. on the issues related to the disputes of South China Sea is actually a game of power politics beyond the frameworks of law, which is built on the defects of the current United Nation Convention of the Law of the Sea (UNCLS) and intensified during the process of South China Sea arbitration case initiated by the Philippines. More specifically, the United States took military deterrence, Japan adopted international intervention strategy, while China gave considerations to both international law and international cooperation simultaneously and also made diplomatic negotiations a priority. The fundamental divergence between the strategies adopted by these three countries is largely shaped by the different perceptions of these three countries on

① 〔美〕约翰·米勒-怀特、戴敏著《中美关系新战略——跨越零和博弈的中美双赢之路》，中信出版社，2008。

② 《中国海洋事业的发展》白皮书，国务院新闻办公室1998年发表，http://www.people.com.cn/GB/channel2/10/20000910/226233.html，最后访问日期：2016年7月25日。

the UNCLS, the changes of the maritime order in the Asia-Pacific, and the maritime game between traditional maritime powers such as the U. S. and Japan and the newly-emerging maritime power such as China.

Keywords The Arbitration Case Initiated by the Philippines on the South China Sea; The Defects of the Convention; The Maritime Game between China, U. S. , and Japan

Author Gao Lan, Professor of Japan Studies Center, Fudan university

南海问题持续发酵的线索与特征：以2015年国际舆论的角度

鞠海龙

【内容提要】2015年，南海问题的国际舆论围绕中国南海岛礁建设问题和"南海仲裁案"两条线索持续发酵，引发多个舆论爆点，呈现明显的"双线多爆点"结构。这种"双线多爆点"结构一方面适应了国际舆论热点持续有效时间的规律，展示了当前南海问题国际舆论传播的基本形态和特征；另一方面从不同角度、不同时间点上维系了南海问题作为国际舆论热点的较高关注度。这一舆论趋势与美国再平衡亚洲战略对中国南海地缘政治能力的反对和压制有关，与美国以巧实力撬动中国周边国家和中国的稳定关系有关，也与美国以所谓国际法原则确立其亚太国际秩序主导权而刻意塑造中国与国际法秩序的对立形象有关。南海问题无疑会在2016年仍旧成为国际热点问题，而其相关的炒作热点也无疑仍旧围绕几个核心的问题展开。这种持续的热度和核心问题的固定化将为中国在恰当的时候，以恰当的方法，发起全方位的舆论反击战留下机遇。

【关键词】南海问题　持续发酵　国际舆论

【作者简介】鞠海龙，暨南大学国际关系学院/华侨华人研究院副院长，教授。

一 南海问题国际舆论发酵的基本线索

2015 年，南海问题的国际舆论围绕中国南海岛礁建设问题和“南海仲裁案”两条线索持续发酵，引发多个舆论爆点，呈现明显的“双线多爆点”结构。这种“双线多爆点”结构一方面适应了国际舆论热点持续有效时间的规律，展示了当前南海问题国际舆论传播的基本形态和特征；另一方面从不同角度、不同时间点上维系了南海问题作为国际舆论热点的较高关注度。

岛礁建设的舆论延续上一年的基本态势，经 2015 年香格里拉对话会、8 月东盟系列会议、美国“拉森”号侵入南海岛礁 12 海里事件持续发酵，形成了国际舆论传播的一条中心线。其间，国际社会围绕中国南海岛礁建设问题的讨论，发生了由“岛礁建设行动的真伪”“岛礁建设工程的进展”到“岛礁建设行动的意图”“岛礁建设行动的影响”等多次议题转变。中国南海岛礁建设的国际舆论的信息源主体经历了从菲律宾政府发起到国际媒介的大范围参与，再到美国政府引导的多次易位。在议题和信息源的多样化过程中，中国南海岛礁建设问题成为持续发酵的国际舆论热点。

与中国南海岛礁建设问题的国际舆论传播动态线的发展特征不同，“南海仲裁案”的国际舆论传播以中国、菲律宾、临时仲裁庭就南海仲裁所采取的行动为标志性节点，呈现出剧烈波动的发展特征。中菲“南海仲裁案”的国际舆论传播发端于菲律宾将中菲南海有关争议提交国际仲裁，发展于争议仲裁庭组成和仲裁程序开始，第一次高潮产生于美国国务院发表《海洋界限：中国南海海洋主张》文件的出台和中国发布《中华人民共和国政府关于菲律宾共和国所提南海仲裁案管辖权问题的立场文件》。2015 年 7 月 13 日，按照《第四程序令》的安排，临时仲裁法庭对管辖权范围和菲律宾主张可受理性进行庭审，并做出对菲律宾提请仲裁 14 项中的 7 项拥有仲裁权的裁决。该裁决公布后，中菲仲裁问题再度受到国际舆论的高度关注。

二 “南海岛礁建设”的国际舆论轨迹及其特征

在南海问题国际舆论持续升温的背景下，围绕着“中国南海岛礁建设问题”的国际舆论发展，呈现出以重要国际政治活动平台为依托，以国际媒体与国际政治平台的互动为特征的国际舆论发酵过程。在整个舆论发展过程中，中国南海岛礁建设的国际舆论传播早已超出岛礁建设这一事件本身的讨论，而是在美国为此所设定的“航行自由”和“国际法”等配套议题中出现大范围外溢性发酵，并在美国“拉森”号事件之后将中国南海岛礁建设推向国际舆论的新高潮。

（一）“南海岛礁建设”的国际舆论发酵的起点

“南海岛礁建设”的国际舆论传播始于 2013 年 8 月 6 日日本共同社引用的一份“国籍不明”的“秘密军事报告”中所声称的“中国在美济礁、仁爱礁等实控岛礁大建军事设施，并把篮球场建上了美济礁”的消息。[①]这一报道引发了菲律宾国内媒体的“警觉”。2013 年 9 月，菲律宾媒体随即大肆报道所谓的“黄岩岛混凝土砌块事件”，尽管黄岩岛的“混凝土砌块”最后证实并非中国刻意为之，关于中国在南海岛礁进行“建筑工程”的报道也就此不了了之。然而，国际舆论对中国在南海的行动仍保持着相当大的敏感性，时刻关注着中国在南海的最新动向。

2014 年 5 月 14 日，菲律宾外交部曝光了一组分别拍摄于 2012 年 3 月 13 日、2013 年 1 月 28 日、2014 年 1 月 25 日及 2014 年 5 月 11 日的南海赤瓜礁的照片，向媒体展示了南海赤瓜礁由一片“空空的”海域到“似乎将成为一条机场跑道”的“变化”过程，由此掀起了南海岛礁建设国际舆论传播的风暴。其后，菲律宾外交部发言人查尔斯·约翰逊（Charles Jose）和菲律宾总统阿基诺三世先后就这一问题发表言论，引起了国际媒体的广泛关注。2014 年 5 月 15 日，中国外交部发言人华春莹在例行记者会上表示，中国对包括赤瓜礁在内的南沙群岛及其附近海域拥有无可争辩的主权。如果中国在赤瓜礁进行什么建设，完全是中国主权范围内的事情。[②] 其后，国际媒体围绕菲律宾总统阿基诺三世、外交部发言人查尔斯·约翰逊、总统府发言人华尔地的

---

① 《秘密报告透露中国正建设仁爱礁　美济礁建篮球场》，新华网，2013 年 8 月 8 日，http://news.xinhuanet.com/mil/2013-08/08/c_125135322.htm，最后访问日期：2015 年 11 月 15 日。

② 《中方：若在南海赤瓜礁进行建设完全在主权范围内》，环球网，2014 年 5 月 15 日，http://world.huanqiu.com/article/2014-05/4996550.html，最后访问日期：2015 年 11 月 15 日。

相关言论，以及中国外交部发言人华春莹、姜瑜的对应性评论，对中国南海岛礁建设进行了广泛讨论。中国南海岛礁建设的目的、影响、相关行为与《南海地区行为宣言》和《联合国海洋法公约》的关系，以及中国及有关国家应当采取的政策等都成为国际舆论广泛讨论的议题。

（二）“南海岛礁建设”在国际政治平台的舆论发酵

国际政治平台既为各方提供了表达本国政府立场的场所，也为“南海岛礁建设”国际舆论的深度发酵和传播提供了重要的途径。在2015年亚洲安全峰会上，围绕美国国防部部长阿什顿·卡特（Ashton Carter）针对中国的言行，“中国南海填海造地”成为引发媒体聚焦的重要话题。美国国防部部长阿什顿·卡特点名批评中国的言论被美国《华尔街日报》形容为华盛顿在南海问题上对中国发出的“最强硬喊话”。[①] 卡特细数了当前越南、菲律宾、马来西亚所占领的南沙岛屿的数量，点名中国在南海的岛礁建设规模大、速度快，远远超过其他声索国，并称中国在南海进行“填海造地”，对其速度和规模、进一步的军事化及引发冲突的可能性表示担忧，希望所有声索国立即并永久停止建岛行动，美国反对争端岛礁的进一步军事化举措。[②] 据不完全统计，2015年5月29日至6月10日，国际媒体在涉南海相关议题的报道中直接引用阿什顿·卡特关于中国岛礁建设问题的观点高达84篇[③]，澳大利亚国防部部长凯文·安德鲁斯（Kevin Andrews）追随美国立场的表态同样吸引了国际媒体的注意，国际媒体直接引用其关于中国岛礁建设问题的观点有17篇。[④]

作为对卡特、安德鲁斯主张的回应，中国人民解放军副总参谋长孙建

---

① 《美防长对华“最强硬喊话”要求中国停止岛礁建设》，环球网，2015年5月28日，http://world.huanqiu.com/exclusive/2015-05/6543120.html，最后访问日期：2015年11月15日。

② Ashton Carter, “The United States and Challenges of Asia-Pacific Security,” International Institute for Strategic Studies, 30 May 2015, http://www.iiss.org/-/media/Documents/Events/Shangri-La%20Dialogue/SLD15/Jill%20Lally%20Proofs/First%20Plenary%20%20Carter%2030052015ED1.pdf.

③ 在LexisNexis新闻数据库中进行检索，检索的时间区间为：05/29/2015—06/10/2015；检索一级词条为south china sea，检索二级词条为Ashton Carter w/s reclamation，得出相关数据。

④ 在LexisNexis新闻数据库中进行检索，检索的时间区间为：05/29/2015—06/10/2015；检索一级词条为south china sea，检索二级词条为Kevin Andrews w/s reclamation，得出相关数据。

国关于中国岛礁建设问题的观点被国际媒体引用了26次。[①] 中国外交部发言人华春莹在随后的例行记者会上多次阐述中国在南海岛礁建设行动上的立场，其相关观点被国际媒体引用了24次。[②]

东盟系列会议期间，中国南海岛礁建设问题同样被广泛讨论。2015年8月6日，美国国务卿克里将中国的南海岛礁建设行动定性为用于“军事目的”，并建议参与东亚合作系列外长会的相关各方签署一份停止填海造地工程的联合声明。[③] 东盟外长会议联合公报以不点名的方式对中国的岛礁建设活动表示担忧。其间及其后的中国—东盟（10+1）外长会、东盟地区论坛外长会等会议，王毅外长都对中国的主张和政策进行了较好的阐述。其中，来自中国外长有关中国南海岛礁建设工程已经结束的消息、“维护南海和平稳定三点倡议”“南海问题不是中国和东盟之间的问题”等观点均引起了外媒不同程度的关注。据不完全统计，中国外长王毅关于“中国南海岛礁建设工程已经结束”的言论被国际媒体直接引用25次。[④]

2015年10月17日，第六届香山论坛是南海岛礁建设问题第三次借国际政治平台发酵。尽管该次论坛在中国举行，但是仍然没有实现舆论导向的主场优势。美国前海军作战部部长、退役海军上将格瑞·罗海德（Gary Roughead）针对中国南海岛礁建设提出了“南海军事化”的概念，对此问题的相关争论再次激发了国际社会对中国岛礁建设问题的关注。[⑤] 中国外交部发言人华春莹基于和平利用建设岛屿的辩驳也得到了国际媒体的关注。[⑥] 但其针对所谓“南海军事化”的表态则仅得到了美联社（The Asso-

① 在LexisNexis新闻数据库中进行检索，检索的时间区间为：05/29/2015—06/10/2015；检索一级词条为south china sea，检索二级词条为Sun Jianguo w/s construction，得出相关数据。

② 在LexisNexis新闻数据库中进行检索，检索的时间区间为：05/29/2015—06/10/2015；检索一级词条为south china sea，检索二级词条为Hua Chunying w/s construction，得出相关数据。

③ Matthew Lee，“US Proposes Halt to Provocative South China Sea Activities，” *Associated Press Online*，August 6，2015.

④ 在LexisNexis新闻数据库中进行检索，检索的时间区间为：08/01/2015—08/10/2015；检索一级词条为south china sea，检索二级词条为Wang Yi w/s stopped，得出相关数据。

⑤ 《美国退役上将抛“南海军事化”概念引“火药味”》，人民网，2015年10月17日，http://military.people.com.cn/n/2015/1017/c1011-27710082.html，最后访问日期：2015年11月15日。

⑥ 在LexisNexis新闻数据库中进行检索，检索的时间区间为：10/16/2015—10/28/2015；检索一级词条为south china sea，检索二级词条为Hua Chunying w/s construction，得出相关数据。

ciated Press）的引用和转载。① 值得注意的是，美联社在其报道中依旧尽显“中国威胁论”的陈词滥调，对华春莹针对香山论坛上美方观点所做的反驳言论仅一笔带过，却在文章末尾充满了对中国军力的增长及中国在南海划设防空识别区的可能性的担忧。②

（三）“南海岛礁建设”诱导性事件的舆论发酵

2015 年 10 月 27 日，美国军舰“拉森”号侵入中国南海渚碧礁 12 海里。该事件再次引爆南海筑岛问题的国际舆论场。至 11 月 15 日，国际舆论对“拉森”号事件的报道多达 1814 篇。③

“拉森”号事件发生后，美国采取行动的动机及其后续的行动成为国际媒体普遍关注的焦点。在国际媒体的聚光灯下，美国相关人员“顺水推舟”，其相关言论和行为在客观上主导了整个国际舆论的基本走向。事件发生后，美国白宫发言人乔希·欧内斯特（Josh Earnest）随即援引前不久中国国家主席习近平访美时，美国总统奥巴马在于白宫玫瑰园召开的记者招待会上说的话表示，美国将在国际法允许下的“任何地方”进行自由航行和飞越，尤其是在南海地区，这是一个至关重要的原则。④“拉森”号事件俨然成为美国政府对该言论的兑现。10 月 27 日至 11 月 3 日期间，该观点不断被美国国防部部长卡特、美军太平洋舰队司令哈里·哈里斯（Adm. Harry Harris）等重复演绎。国际媒体也对此反复报道。⑤ 此外，美国五角大楼发言人还扬言：“美军将进行更多的巡航行动。”⑥

---

① 在 LexisNexis 新闻数据库中进行检索，检索的时间区间为：10/16/2015—10/28/2015；检索一级词条为 south china sea，检索二级词条为 Hua Chunying w/s militarization，得出相关数据。

② Christopher Bodeen, “China Hosts 10 - Nation ASEAN Amid South China Sea Tensions,” *The Associated Press*, October 16, 2015, Section: International News.

③ 在 LexisNexis 新闻数据库中进行检索，检索的时间区间为：10/26/2015—11/15/2015；检索一级词条为 USS Lassen，检索二级词条为 south china sea，得出相关数据。

④ Helene Cooper, “Challenging Chinese Claims, U. S. Sends Warship to Artificial Island Chain,” *The New York Times*, October 27, 2015, Section: Section A; Column 0; Foreign Desk; p. 7.

⑤ 在 LexisNexis 新闻数据库中进行检索，检索的时间区间为：10/26/2015—11/15/2015；检索词条为 international law allow and South China Sea，得出相关数据。

⑥ Vasudevan Sridharan, “US Vows More Patrols in South China Sea Despite Beijing's Fury,” October 28, 2015, http://www. ibtimes. co. uk/us - vows - more - patrols - south - china - sea - despite - beijings - fury - 1526070，最后访问日期：2015 年 12 月 31 日。

面对美国的行动和言论，中国新华网发布评论文章，对美方不断测试中国底线的行为提出严厉警告，提醒华盛顿决策者们应该注意到在主权问题上，中国没有让步的空间，中国只能尽一切所能捍卫主权权益。[①] 然而，中国的警告并没有收到应有的效果。2015年11月2日，美军太平洋舰队司令哈里·哈里斯访问北京并表示，“拉森”号南海巡航为常规行动，不应被任何一个国家视为一个威胁，其仅是一次航行自由原则的演示。[②] 同时，路透社援引美国五角大楼官员的消息称：“美计划每季度派军舰赴南海至少巡航2次。”[③] 此番言论随即引起舆论追捧。11月4日，媒体放出消息称，美国国防部部长卡特在东盟防长扩大会议后，将与马来西亚国防部部长希沙穆丁·侯赛因一起登上正在南海附近游弋的“罗斯福”号航空母舰，再次对外宣示美国要保障航行自由。[④]

“拉森”号事件之后，“中国南海岛礁建设”的国际舆论的关注点由进行岛礁建设的动机、进展及影响向岛礁建设的国际法属性转变，随即转入美国所主导的“航行自由”的舆论轨道。随着美国介入南海问题的力度和程度的加深，围绕中国南海岛礁建设的国际舆论势必在“航行自由”这一轨道上逐步走向深化。中国的南海问题国际舆论态势亦由中国与东南亚国家的舆论交锋向中国与美国的舆论对立转变。

三　“南海仲裁案”的国际舆论轨迹及其特征

自2013年1月菲律宾单方面就南海问题提交国际仲裁以来，围绕临时仲裁庭的程序进展，国际舆论的关注此起彼伏。

---

① “Commentary: U.S. Should Stop Testing China's Bottom Line in Protecting Sovereign Rights,” Xinhua.net, October 28, 2015, http://news.xinhuanet.com/english/2015-10/28/c_134758392.htm，最后访问日期：2015年12月31日。

② Robert Burns and Christopher Bodeen, “US Commander Says Sailing Past Chinese Isles Not a Threat,” The Associated Press, November 3, 2015, Section: International News.

③ Andrea Shalal and Idrees Ali Nov, “U.S. Navy Plans Two or More Patrols in South China Sea Per Qtr,” Reuters, 2 November 2015, http://reuters.us.feedsportal.com/c/35217/f/654235/s/4b2d403a/sc/24/l/0L0Sreuters0N0Carticle0C20A150C110C0A20Csouthchinasea0Eusa0Enavy0-EidUSL1N12X1MA20A15110A20DfeedType0FRSS0GfeedName0FindustrialsSector/story01.htm，最后访问日期：2015年12月31日。

④ “South China Sea Dispute Sinks ASEAN Joint Statement,” Voice of America News, November 4, 2015, Section: VOA English Service.

（一）中菲“南海仲裁案”国际舆论发酵的起点

2013 年 1 月 22 日，菲律宾将中菲南海争端提交国际仲裁。[①] 菲律宾申请将《联合国海洋法公约》与中国南海权利主张的依据，作为彼此对立的双方提出国际司法仲裁。[②] 为了避免中国通过不应诉的方式获得仲裁豁免权，菲律宾在仲裁申请中特别强调菲律宾只要求法庭对《公约》的相关条款做出解释，并不要求法庭裁定菲律宾与中国之间的岛屿主权争端及海洋划界纠纷问题的原则。[③]

菲律宾将中菲南海争端提交国际仲裁是在南海黄岩岛对峙事件发生之后。这是菲律宾将中菲南海争端提交国际仲裁的背景。

为了有效营造南海仲裁的国际舆论氛围，在提交仲裁的第二天，菲律宾外交部海洋事务助理部长阿苏奎（Asuque）对外公开宣称，菲政府已就此次诉讼向常驻联合国、世界贸易组织、国际海洋组织、东盟的代表等通报。菲律宾在提请仲裁的同时，也积极进行寻求国际社会支持菲方就南海争议寻求和平持久解决方案的努力。[④] 2013 年 1 月 26 日，菲律宾总统阿基诺三世在于瑞士召开的达沃斯世界经济论坛上表示，因为菲律宾船只遭中国骚扰，才不得已提交国际仲裁。如果不选择国际仲裁，菲律宾就只能任由中国先控制黄岩岛，然后再控制礼乐滩。[⑤] 同年 7 月 9 日，菲律宾外长德尔罗萨里奥在比利时某智库研讨会演讲时再次宣称，菲律宾已为和平解

① Fat Reyes, “PH Takes China to UN Arbitral Tribunal,” Philippine Daily Inquirer, January 22, 2013, http://globalnation. inquirer. net/62267/ph - takes - china - to - un - arbitral - tribunal, Accessed on Dce. 16, 2013.

② 《外交部发言人华春莹就菲律宾推进设立涉中菲南海争议仲裁庭事答记者问》，中华人民共和国外交部，2013 年 4 月 26 日，http://www. fmprc. gov. cn/mfa_chn/wjdt_611265/fyrbt_611275/t1035477. shtml，最后访问日期：2013 年 12 月 16 日。

③ 菲律宾的具体仲裁要求可参见“Notification and Statement of Claim on West Philippine”，https://www. dfa. gov. ph/index. php/component/docman/doc_download/56 - notification - and - statement - of - claim - on - west - philippine - sea? Itemid =546，Accessed on Dce. 16，2013。

④ Fatima Reyes, “PH Seeks International Support for Arbitration Case against China,” Inquirer. net, January 23, 2013, http://globalnation. inquirer. net/62439/ph - seeks - international - support - for - arbitration - case - against - china, Accessed on September 25, 2014.

⑤ Doris C. Dumlao, “Aquino Stands by UN Arbitration of Dispute with China,” Philippine Daily Inquirer, January 26, 2013, http://globalnation. inquirer. net/62797/aquino - stands - by - un - arbitration - of - dispute - with - china, Accessed on Mar. 24, 2014.

决争议穷尽一切政治和外交手段，只能寻求国际仲裁法律手段解决。[①] 依据《联合国海洋法公约》设立的仲裁庭是菲律宾最后的办法。[②]

2013 年 7 月 12 日，中国外交部发言人华春莹表示，菲律宾所谓“已为和平解决争议穷尽一切政治和外交手段”完全不是事实。中国多次向菲律宾建议可恢复利用现有的磋商机制或建立新的磋商机制，但至今未获菲方答复。菲律宾单方面关闭谈判磋商的大门，同时热衷于在国际舆论上攻击中国，这种做法对解决问题没有任何帮助。[③] 对于中国的回应，菲律宾通过外交部发言人做出回应。回应在重复之前声明的基础上，总结出所谓关于中菲南海争端的“八点事实”，再次强调因中国立场强硬导致谈判无法进行，菲律宾不得不将争议提交国际仲裁，声称菲律宾已不可能继续与中国就南海争议进行双边磋商。[④]

针对菲律宾的“八点声明”，中国外交部发言人华春莹表示，中国从未关闭与菲律宾谈判协商的大门，敦促菲方纠正错误做法，对中方 2010 年 3 月提出的建立“中菲海上问题定期磋商机制”和 2012 年 1 月提出的重启“中菲建立信任措施机制”等建议做出积极回应，回到通过双边谈判解决争议的正确轨道上。[⑤]

7 月 16 日，新华网发表《单方面关闭谈判大门无助解决争端》的文

---

① Albert F. del Rosario, “Managing the South China Sea and Other Regional Security Issues,” July 9, 2013, https://www.dfa.gov.ph/index.php/2013 - 06 - 27 - 21 - 50 - 36/dfa - releases/306 - managing - the - south - china - sea - and - other - regional - security - issues, Accessed on Dce. 16, 2013.

② “Philippines Seeks UN Arbitration over South China Sea Disputes,” *South China Morning Post*, May 11, 2013, http://www.scmp.com/news/asia/article/1234952/philippines - seeks - un - arbitration - over - south - china - sea - disputes, Accessed on September 25, 2014.

③ 《2013 年 7 月 12 日外交部发言人华春莹主持例行记者会》，中华人民共和国外交部，2013 年 7 月 12 日，http://www.fmprc.gov.cn/mfa_chn/fyrbt_602243/jzhsl_602247/t1058510.shtml，最后访问日期：2013 年 12 月 16 日。

④ Department of Foreign Affairs Republic of the Philippines, “Response of the DFA Spokesperson to the Recent Statement of the Chinese Ministry of Foreign Affairs on the West Philippine Sea Issue,” July 15, 2013, https://www.dfa.gov.ph/index.php/2013 - 06 - 27 - 21 - 50 - 36/dfa - releases/332 - response - of - the - dfa - spokesperson - to - the - recent - statement - of - the - chinese - ministry - of - foreign - affairs - on - the - west - philippine - sea - issue, Accessed on Dce. 16, 2013.

⑤ 《外交部发言人华春莹就菲方涉南海问题言论答记者问》，中华人民共和国外交部，2013 年 7 月 16 日，http://www.fmprc.gov.cn/mfa_chn/wjdt_611265/fyrbt_611275/t1059312.shtml，最后访问日期：2013 年 12 月 16 日。

章。该文指出，菲律宾选择对抗，注定没有出路，奉劝菲律宾政府审时度势，停止误导舆论，早日回到通过双边谈判磋商解决争议的正确轨道上来。[①] 7月17日，《人民日报（海外版）》发表《菲律宾“8点事实”都是啥货色》的评论文章。该文指出，菲律宾外交部发表的声明表面上是列举有关南海问题的所谓“8点事实”，实际上是继续炒作南海问题，歪曲事实，抹黑中国。[②] 2014年4月，中国国防部部长常万全在会见美国国防部部长哈格尔时表示，菲律宾在南海问题上把自己打扮成受害者，一再违背承诺，菲方假借国际法的名义对南海问题提出国际仲裁，其实是打错了算盘。常万全强调，中国决不允许本国领土遭遇一丝一毫的侵犯。[③]

菲律宾在中菲南海争端提交仲裁的国际舆论策略选择上存在一个特定的舆论导向陷阱，那就是，菲律宾提交仲裁和进行国际舆论澄清并非仅仅为赢得国际仲裁进行铺垫。国际舆论本身与国际仲裁的程序如何进行没有本质联系。菲律宾本身也没有指望通过国际仲裁一揽子解决与中国的南海争端问题。菲律宾提交仲裁的根本目的在于，在国际社会形成更有利的舆论压力，进而为未来菲律宾解决与中国的南海争端创造更有利的条件。[④] 国际舆论的结果和持续才是菲律宾的目标，国际仲裁只是这一目标实现过程中不断诱导国际舆论升级，树立中国与现行国际法、国际秩序彼此对立形象的一个拉动方式。

（二）菲“南海仲裁案”引发的多方舆论战

自菲律宾单方面就南海争议提交国际仲裁以来，同样与中国存在领海主权争议的越南及希望在亚太地区增强影响力的美国均密切关注中菲“南海仲裁案”的进展。2014年12月5日，越南外交部向海牙仲裁法庭提交

---

① 新华国际时评：《单方面关闭谈判大门无助解决争端》，新华网，2013年7月16日，http://news.xinhuanet.com/world/2013-07/16/c_116563568.htm，最后访问日期：2013年12月16日。

② 贾秀东：《菲律宾“8点事实”都是啥货色》，《人民日报》（海外版），2013年7月17日，第1版。

③ 王慧慧、杨依军：《中国防长常万全表示在领土主权上不妥协、不退让、不交易》，新华网，2014年4月9日，http://news.xinhuanet.com/mil/2014-04/09/c_126369025.htm，最后访问日期：2014年9月25日。

④ 2003年作者在美国期间访问多位菲律宾访美专家和高层决策者，所有应访者都印证了这一观点。

了“提请菲律宾诉中国仲裁案仲裁庭注意的声明”，同一天，美国国务院发表了《海洋界限：中国南海海洋主张》；12 月 13 日，中国发布《中华人民共和国政府关于菲律宾共和国所提南海仲裁案管辖权问题的立场文件》，共同将该问题推向舆论高峰。

《海洋界限：中国南海海洋主张》是美国国务院对别国海洋主张进行评论的第 143 号报告。菲“南海仲裁案”本与美国并不相干，然而，如果我们将美国国务院的这一行为放在菲“南海仲裁案”及南海争端的大背景下来看，就不得不说该报告的发布及其选取的时间点极度耐人寻味。[①] 针对中国的南海断续线的可能性质，该报告提出三种假设并进行了分析。这些假设分别为：（1）南海 U 形线仅仅代表中国对线内岛屿提出主权要求；（2）南海 U 形线代表中国主张的海洋边界；（3）南海 U 形线代表中国主张的历史性水域历史性权利的界限。[②] 其实，国际舆论对中国的南海主张存在一定的疑惑并不稀奇，然而，对于美国而言，用如此详尽的细节来表达这些疑惑尚属第一次。美国在海牙仲裁法庭的《第二号程序令》针对中国所提出的期限之前发布该报告，既充分显示出美国在菲“南海仲裁案”上的立场，即无论仲裁结果如何，确保南海地区周边国家（尤其是中国）清楚美国当前所掌握的事实是符合美国利益需要的[③]，同时，客观上在菲“南海仲裁案”中为菲律宾提供支持，并对中国形成了仲裁案和国际舆论上的双重压力。菲律宾驻美大使崔西（Jose L. Cuisia Jr.）在密苏里世界事务委员会论坛上直言不讳地提出，鼓励大玩家中国在菲“南海仲裁案”中遵守法律规则是菲律宾面临的最大挑战，（中国）澄清海洋权利将是对南海地区和平安全稳定和航行自由的保证，有利于国际社会其他成员。[④]

为了进一步澄清中国对于仲裁庭没有管辖权和不参加仲裁的立场和国际法理依据，减少国际社会对中国“不接受、不参与仲裁”可能存在的疑惑，中国外交部于 2014 年 12 月 13 日发布了《中华人民共和国政府关

① 林蓁：《美国〈海洋界限：中国南海海洋主张〉报告评析》，《亚太安全与海洋研究》2015 年第 2 期，第 2 页。

② United States Department of State, “Limits in the Seas China: Maritime Claims in the South China Sea,” December 5, 2014, pp. 8 – 10.

③ Felix K. Chang, “Lines in The Water: US and China's Claims in South China Sea – Analysis,” *Eurasia Review*, December 13, 2014.

④ NiAa P. Calleja, “Cuisia Slams China at US Meet,” *Philippines Daily Inquirer*, December 14, 2014.

于菲律宾共和国所提南海仲裁案管辖权问题的立场文件》（以下简称《立场文件》），通过大量引用政治文件与历史事实，并以一些国际法院的判例和一些国际法学者的研究成果为辅助，针对仲裁案管辖权问题阐述法律观点和理据，从法律上反驳菲律宾的无理主张。首先，《立场文件》指出，菲律宾提请仲裁事项的实质是南海部分岛礁的领土主权问题，已经超出《联合国海洋法公约》的调整范围，仲裁庭无权审理。其次，以谈判方式解决在南海的争端是中菲两国通过双边文件和《南海各方行为宣言》所达成的协议，菲律宾单方面将有关争端提交强制仲裁违反了国际法。最后，菲律宾提出的仲裁事项构成中菲两国海域划界不可分割的组成部分，中国已根据《公约》的规定于 2006 年做出声明，将涉及海域划界等事项的争端排除在适用仲裁等强制争端解决程序外，仲裁庭对菲律宾提起的仲裁明显没有管辖权，中国不接受、不参与菲律宾提起的仲裁具有充分的国际法依据。[①]

在《立场文件》的讨论上，中菲均在第一时间向国际媒体传达了政府的立场和观点。菲律宾外交部发言人查尔斯·何塞（Charles Jose）避重就轻，否认向仲裁法庭提交诉讼是给中国施加压力，并指出，中国不参与的决定不会导致诉讼的紧张。[②] 菲律宾总统副发言人华尔地（Abigail Valte）在记者发布会上表示，“我们已经知道中国的立场，然而，菲政府的立场也已经明确包括在递交给国际法庭的备忘录里”。菲律宾会“假设中方不会向仲裁法院提交备忘录”。[③] 菲律宾外交部部长艾伯特·德尔·罗萨里奥（Albert del Rosario）向路透社透露，提起诉讼是因为要捍卫菲方的合法领土，并且也是基于国际法的一种公正持续的解决办法。他说中国拒绝仲裁会加快进程，最后的决定或许会在 2016 年第一季度公布。[④] 中国外交部条约法律司司长徐宏则表示，菲律宾顽固推进诉讼进程，敦促其与中国协

---

① 《中国政府关于菲律宾所提南海仲裁案管辖权问题的立场文件》，新华网，2014 年 12 月 7 日，http://news. xinhuanet. com/world/2014 - 12/07/c_1113547390. htm，最后访问日期：2016 年 1 月 3 日。

② “Philippines Firm on Arbiteration in South China Sea Dispute,” *Times of Oman*, December 8, 2014.

③ “Philippines Says no Backing Down on Arbitration Case Over South China Sea Issue,” BBC Monitoring Asia Pacific – Political, December 9, 2014.

④ “Philippines Insists on Arbitration to End South China Sea Dispute,” NewsPoint, December 8, 2014.

商。仲裁“不会改变中国对南海和毗邻水域主权的历史合法性和事实”。“一些不明事实的人总是质疑对中国不参与仲裁的立场，另外有不良动机的一些人总是单方面错误解读国际法规则，在此基础上控诉中国不遵守国际法，并且把中国称为国际规则的挑战者”，“菲律宾急切明白通过和平协商解决问题的重要性。但它仍然单方面启动强制性诉讼，试图以此解决争端。中国当然不能接受”。[①]“中国督促菲律宾回到正确轨道，尽快通过协商解决争端。”[②]中国驻菲大使赵鉴华说，中国不会向国际法庭提交备忘录，因为中国只是认可国际法，并且非常清楚地表明中国不会接受法庭的任何仲裁。这也是中国作为海洋法一方的法律权利。中国反对参与仲裁的立场没有改变。[③]

学者围绕中菲双方的立场和观点进行了一定的延伸与扩展。部分学者认为，尽管中国坚持不参与仲裁的立场，但《立场文件》是一个间接影响海牙仲裁法庭的因素之一。美国海军战争学院中国海洋研究中心主任彼得达顿表示，中国的《立场文件》“明显试图影响国际法庭接下来的决定”。他说，“尽管中国没有选择直接参与，但我相信这是一个积极发展，因为中国比起以前更重视国际法庭和其解决争端的力量”。[④]厦门大学国际法专家傅崐成则表示，“《立场文件》是中国要向国际社会表明立场。通过建立中国自己的话语回应，它可以平衡国际媒体的狭隘视角，同样也可以防止菲律宾利用国际仲裁的机会中伤中国”。[⑤]海南省南海研究院吴士存也赞同这一点，指出，中国很明确它不会参与仲裁，但这不表示要保持沉默。中国有大量的法律支撑其坚定立场。中国一直拒绝国际仲裁。早在2012年11月，中国总理李克强在柬埔寨参加东亚合作领导人系列会议时就说，应该用双轨机制来解决争端，并且应该通过一对一协商来解决。中国的《立场文件》再次表达出中国认为双边协商是最直接有效的解决争端的办法。中国与东盟国家签订《南海各方行为宣言》，中菲都同意通过协商解决争

① “China Rejects Philippines' Arbitration Move,” *Shanghai Daily*, December 8, 2014.

② “China Details Objections to Arbitration in Dispute With Philippines,” Legal Monitor Worldwide, December 8, 2014.

③ “Phl to Answer Questions from UN Tribunal on Sea Row,” Legal Monitor Worldwide, December 12, 2014.

④ “China Details Objections to Arbitration in Dispute With Philippines,” Legal Monitor Worldwide, December 8, 2014.

⑤ Cathy Wong Tsoi - lai, “FM Rejects Sea Arbitration,” *Global Times China*, December 8, 2014.

端，但现在菲律宾打破了它的承诺，通过单方面提交诉讼使问题偏离核心，其对有争议水域的要求是不合法的。[①] 厦门大学东南亚研究中心主任庄国土称，发布《立场文件》对案子并不是毫无作为，而是先发制人。他说通过发布文件，中国想显示它对国际法的尊重，同时坚持要通过双边谈判解决两国争端。中国社会科学院亚太研究所研究员杜继锋认为，《立场文件》是先发制人的举动，因为中国希望缓解由于国际仲裁而催生的道德压力。同时，虽然中国可以选择忽视仲裁，国际法庭仲裁也不具有法律约束力，但中国会发现它会被国际孤立，因为大部分国家都遵守公约。[②]

在中国的南海断续线和中国的南海主张的国际舆论中，相关评论多以“中国所主张的历史性权利”为切入点进行负面评述。由于国际媒体在历史材料收集方面存在客观上的不足，所以，政府方面和资深学者成为国际舆论中的主要传播源。菲律宾政府凭借一幅旧地图对中国的九段线提出质疑。[③] 菲律宾总统发言人阵显达（Edwin Lacierda）直言，“中国的主权是以历史的名义。当涉及历史原则时，这份旧地图肯定能充分表明菲律宾的合理立场”。[④] 印度尼西亚总统佐科在访问中国时亦指出，印尼对中国九段线的立场也很明确，认为其没有遵照国际法。[⑤] 有学者指出，中国对南海九段线的主张同样也反映了它要把南海变成其内湖。[⑥] 也有学者将中美两国的海洋主张进行了对比，指出，基于历史主张及 1947 年地图，中国对九段线的主张实际上跟美国在 19 世纪和 20 世纪对加勒比海的主张是类似的。

---

① Cathy Wong Tsoi－lai, “FM Rejects Sea Arbitration,” *Global Times China*, December 8, 2014.

② Li Jing jing, “Beijing Rejects Hague Role in Dispute; Position Paper Maintains Insistence on Bilateral Talks With Manila,” *South China Morning Post*, December 8, 2014.

③ 1734 年，一位传教士 Pedro Murillo Velarde 在马尼拉绘制了一份地图，这份地图被誉为“菲律宾的第一份科学地图”。一位 IT 公司总裁、菲律宾人 Mel Velarde 购买了这幅地图。随后他意识到这份地图或者可以证明菲律宾对黄岩岛的主权。这位商人把地图复印本交给了菲律宾政府，让菲官员可以在联合国仲裁法庭辩论时使用。虽然最后裁决可能要等到 2016 年 3 月才有结果，但菲政府觉得很有希望，这份地图或者对它打赢诉讼十分有利。

④ Chris Green, “Here be Treasure (or at least the rights to a South China Sea reef); Antique Map May Hold Key to Bitter Sino－Philippine Dispute, Says Chris Green,” *The Independent London*, June 13, 2015, Section: News.

⑤ Zuraidah Ibrahim zuraidah, “Indonesia ‘Can Act as Broker over South China Sea’; Widodo Says Jakarta Can Help Resolve Disputes over Maritime Borders Ahead of Talks With Xi,” *South China Morning Post*, March 25, 2015, Section: News.

⑥ Sd Pradhan, “China Dumps International Law on Seas,” TOI. com & ET. com Blogs, January 17, 2015, Section: Blogs.

在该事件进程中，既存在多层利益和同盟关系，也存在地区和强大国家的敌对，例如，单独的主张国——菲律宾；地区性组织——致力于解决各国南海主权争端的东盟；外来力量——希望制定新范式和国际规程以适应中国崛起，与此同时也要保证实力较弱方的利益的美国。[①]

针对中国不参与国际仲裁的立场，有学者指出，中国拒绝国际法庭仲裁似乎表明它对国际法有双重标准。当对其利益有利时，就支持国际法；相反，如果不利于其扩张就反对，这使人们不得不对中国是否是一个负责任的国家打上问号。中国的活动也迫使其他国家结盟对抗中国在南海的主权要求。中国对多边解决问题的反对及对九段线的坚持很有可能会恶化地区局势，升级紧张态势，从而导致冲突。国际体系受到地区大国的挑战，除非国际社会采取正确行动，要不然中国的信用承诺或许会破产。[②]

（三）仲裁庭管辖权引发的舆论发酵

2015 年 4 月 22 日，《仲裁庭确定关于管辖权和可受理性问题开庭审理的时间》消息的发出稳住了菲“南海仲裁案”国际关注度的发展趋势。2015 年 7 月，海牙仲裁法庭相继发布《第五号程序令》和《第六号程序令》，将菲“南海仲裁案”一分为二，即把管辖权和案件本身分开审理。这种处理方式至少在形式上表明中国在与菲律宾就仲裁案问题上的博弈中取得了阶段性的胜利。也有观点认为，尽管把管辖权和案件本身合起来审理可以表明法庭拥有管辖权，分开审理至少表明法庭对其是否拥有管辖权先要做一个研判，但是，分开审理也可以被理解为法庭认为自己拥有管辖权，之所以分开审理，不过是虚晃一枪而已。[③] 2015 年 10 月 30 日，海牙仲裁庭宣布对菲律宾申请仲裁的 7 项内容拥有管辖权。此消息一出，立刻引起国际舆论的普遍关注。

在随后的国际舆论发酵过程中，仲裁庭法官安东尼奥 · 卡皮奥（An-

---

① Basil C Bitas, “Three - Pronged Approach Needed to Manage Disputes in S China Sea,” TODAY *Singapore*, May 15, 2015, Section: Cac.

② Sd Pradhan, “China Dumps International Law on Seas,” TOI. com & ET. com Blogs, January 17, 2015, Section: Blogs.

③ 孙建中：《当前南海权益斗争与法理交锋研讨会》，《亚太安全与海洋研究》2015 年第 2 期，第 118 ~ 119 页。

tonio Carpio）有关“仲裁庭的法官们不会考虑将九段线作为决定专属经济区的证据，在《联合国海洋法公约》中并没有类似九段线的东西”的观点；[①] 美国参议员约翰·麦凯恩（John McCain）“为菲律宾政府致力于和平地、与国际法相一致地、通过国际仲裁机制解决南海争端的不懈努力而鼓掌”的言论；[②] 日本防卫大臣中谷元（Nakatani）支持仲裁法庭表明中国在南海的主权声索违反了国际法的言论[③]在国际媒体上被大量地重复和转载。整个舆论的主流观点似乎形成了一种针对中国南海政策和南海主张的普遍批判，以及“仲裁已经清晰表明了菲律宾质疑中国南海领土主张合法性的法律意义，反过来，也证明了中国在争议海域的行动侵犯了国际法”等观点已经对中国南海主张与国际法关系“盖棺定论”。[④] 卡内基国际和平基金会网站援引《印度快报》的文章，讽刺中国通过拒绝法庭管辖权并对菲律宾“在法律伪装下的政治挑衅”做出回应，以及要求菲律宾回到双边谈判而不是国际法解决的“正确的道路”上的做法抵制海牙仲裁程序。[⑤] 英国国际战略研究所亚洲安全专家威廉（William Choong）更是指出，海牙国际法庭的国际仲裁已经清晰证明，菲“南海仲裁案”以质疑中国领土宣称合法性的法律意义的方式说明了中国在有争议的海域的行动侵犯了国际法。但是几乎没有人认为中国会屈服，即使菲律宾人在仲裁中占上风，也没有人能保证中国会遵守任何其不满意的结果。[⑥] 但也有学者指出，面对美国海军的巡航行动及海牙仲裁庭对菲“南海仲裁案”的裁决对中国南海主权主张的挑战，中国的官员迄今仍坚持对这些主权主张进行模糊处

① “UN tribunal ‘Totally Ignored’ China’s 9 - Dash Line,” *Philippines Daily Inquirer*, November 5, 2015.

② “Washington: Statement By Sasc Chairman John Mccain On Ruling Concerning South China Sea Maritime Disputes,” U. S. Official News, November 5, 2015.

③ “Japan Urges ASEAN, China to Work for Peaceful South China Sea - Kyodo,” BBC Monitoring Asia Pacific - Political, November 4, 2015.

④ IISS Press Coverage, “China Bristles Over Dual Tests in South China Sea,” IISS, http://www.iiss.org/en/about% 20us/press% 20room/press/archive/2015 - 4af2/october - 752f/china - bristles - over - dual - tests - in - south - china - sea - 75a1, Accessed on 2015/11/13.

⑤ C. Raja Mohan, “Raja - Mandala: Why Delhi Must Not Be at Sea,” Carnegie Endowment for International Peace, http://carnegieendowment.org/2015/11/03/raja - mandala - why - delhi - must - not - be - at - sea/iktg, Accessed on 2015/11/13.

⑥ IISS Press Coverage, “China Bristles Over Dual Tests in South China Sea,” IISS, http://www.iiss.org/en/about% 20us/press% 20room/press/archive/2015 - 4af2/october - 752f/china - bristles - over - dual - tests - in - south - china - sea - 75a1, Accessed on 2015/11/13.

理。而中国更广泛的反应则表明中国对历史性权利和 U 形线更加坚定的立场，因而，对中国施加适度的压力能收到更好的效果。[1]

中菲南海争端被提交国际仲裁的事件将本已成为热点的南海问题进一步推向了国际舆论的高潮，并将原本一般性的舆论探讨直接拉入了国际法专业领域的讨论。然而，在整个国际仲裁国际舆论发展的过程中，相关舆论却彻底混淆了中国南海基于海岛的历史性主权权利而主张南海海域管辖权的基本事实，以及其与菲律宾申请仲裁中菲两国海洋权利相关问题之间的重要区别，而将中国南海主张的合法性笼统地归结为是否适应《联合国海洋法公约》，甚至仲裁庭是否有管辖权等方面。这种在内容和形式上突出国际法，突出专业特色，而内在逻辑却以偷梁换柱的方式刻意混淆关键概念的做法，是菲“南海仲裁案”国际舆论持续发酵的关键所在。然而，这种逻辑却在南海问题国际舆论持续发酵的情况下，经国际仲裁庭、大国政要、国际仲裁庭法官、当事国官员等多重印证，具有了合理性和正义性。

四　南海问题国际舆论持续发酵的影响因素

中国对美国南海挑衅和国际舆论的驳斥有力地回应了美国等国际舆论的恶意炒作歪理。不过，在美国在南海筑岛问题上制造话题、适时诱发热点、引导主流观点走向等方面，中国的应对还有待进一步提高。

2015 年，南海问题国际舆论沿着中国南海筑岛和菲“南海仲裁案”两条基本线向后延展，中间经历了香格里拉对话会、东亚合作系列会议、美国“军事化”中国筑岛行动、中菲仲裁管辖权的裁定等多个国际舆论引爆点，维持和持续推动了南海问题国际舆论的热点状态。这一舆论趋势与美国“亚太再平衡”战略对中国南海地缘政治能力的反对和压制有关，与美国以巧实力撬动中国周边国家与中国稳定的关系有关，也与美国以所谓国际法原则确立其亚太国际秩序主导权而刻意塑造中国与国际法秩序的对立形象有关。面向未来，中国不可能停止岛礁建设的后续工作，不可能在中

① Euan Graham, “Innocent Passage: Did the U. S. Just Fumble Its South China Sea Strategy?” the National Interest, http://nationalinterest.org/blog/the-buzz/innocent-passage-did-the-us-just-fumble-its-south-china-sea-14253, Accessed on 2015/11/13.

非南海仲裁问题上做根本性的政策改变，也不可能任由周边国家、南海域外国家持续在南海地区向中国施压而无所作为。中国未来的相关举措无疑会成为美国、日本、印度、相关东盟国家继续为南海问题制造国际舆论，破坏中国国际形象，否定中国南海主张合理性、合法性的炒作对象。南海问题无疑会在未来一段时间内继续成为国际热点问题，而其相关的炒作热点也无疑仍旧围绕几个核心的问题展开。这种持续的热度和核心问题的固定化将为中国在恰当的时候以恰当的方法发起全方位的舆论反击战留下机遇。

The Clues of Events and the Characteristics of the South China Sea Issues: From the Perspective of International Media in 2015

Abstract In 2015, the international media pushed hot debates and discussions on the issues of South China Sea continuously, with a focus on two major clues of developments of situations, namely, China's activities of land-filling on the islands of the South China Sea and the arbitration case initiated by the Philippines on South China Sea disputes. These two clues ignited a number of hot spots in news and press, forming a structure of "double-clue with multiple hot spots". On the one hand, this structure was fit for the law of continuous effective time of those hot spots in the international media, and indicated the major forms and characteristics of the international communication of the South China sea issues. On the other hand, it maintained a high level of attentions towards these issues and created a strong momentum to propel further deepened discussions and debates on the issues related to maritime interests and South China Sea disputes. This momentum is influenced by the U. S. strategy of re-pivot to Asia that attempts to counter and suppress China's geopolitical capacity in this region, and shaped by the U. S. efforts to destabilize China's relations with its neighboring countries through the so-called "smart power". Furthermore, it is also intensified by the U. S. advocacy of its so-called "principles of international law", which aims at a consolidation of its leadership in the international order of the Asia-Pacific and a deliberate framing that portraits China as an antagonist to the order defined by the international law. Undoubtedly, the South China Sea issues will continue to be hot spots in 2016 and related media hypes will keep focused on several core issues. This continued heat and the trend of fixing the core issues may provide opportunities for us to launch an all-directional media campaign of counter-offensive through proper methods.

Keywords The South China Sea Issues; Continuous Hypes; International Media

Author Ju Hailong, Professor and Deputy Dean of the School of International Studies and the Institute for Overseas Chinese Studies, Jinan University.

会议综述

“南海共同开发：欧洲经验与澜湄启示”学术研讨会会议综述

陈妙玲

2016 年 5 月 6 日，复旦大学中国与周边国家关系研究中心在国家领土主权与海洋权益协同创新中心的支持下，举办了“南海共同开发：欧洲经验与澜湄启示”学术研讨会。来自复旦大学、中国社会科学院、外交学院、武汉大学、云南大学、上海外国语大学、中国海洋石油总公司经济技术研究院、中国南海研究院、三沙市政策项目研究中心及《世界知识》杂志社等机构的 20 位代表出席了此次会议。与会专家就“欧洲经验与南海共同开发”“澜湄合作与南海共同开发”“南海共同开发：设想与前景”三个议题展开了深入讨论。中国外交部政策规划司专人参加会议。

研讨会开幕式由复旦大学中国与周边国家关系研究中心主任石源华教授主持，武汉大学杨泽伟教授和复旦大学祁怀高副教授分别做题为“海上共同开发‘区块’的选择：影响因素及对中国的启示”与“欧洲煤钢联营经验对南海共同开发的启示”的主旨演讲。

杨泽伟依据当前海上共同开发的理论与实践，系统分析了海上共同开发“区块”的选择及影响因素，由此总结出对中国与有关国家在南海共同开发“区块”选择的启示。首先，杨泽伟认为合理地选择海上共同开发“区块”是推进海上共同开发及化解国家间海上争端的重要前提，而这需要综合考虑“区块”的地理范围、具体面积及领海的关系等问题。随后，他归纳了 5 个影响海上共同开发“区块”选择的因素：政治意愿、经济考量、所涉国家的多寡、主张的合法性、文化因素。他指出，海上共同开发作为国际合作行为，政治意愿将是海上共同开发的关键点。基于以上分析，针对中国与有关国家在南海共同开发的设想，杨泽伟建议应先拓展在南海的地理勘测活动，以充分了解岛礁地理信息和掌握确切的油气资源储量。参考国际合作成功案例，他主张南海共同开发的“区块”选择宜小，且尽可能避开岛屿争议区。杨泽伟还认为，在海上共同开发中，双边合作优于多边合作，能尽可能减少冲突的复杂性。同时，考虑到海上油气开采对技术的要求，他建议引入技术先进的石油公司参与南海共同开发活动。

祁怀高通过分析欧洲煤钢联营在管理机构设置和运行机制方面的有益经验，归纳了欧洲煤钢联营与南海共同开发的相通之处，总结出欧洲煤钢联营对南海共同开发的理论和政策启示。他认为欧洲煤钢联营有4个方面的重要经验：设立了超国家机构“欧洲煤钢共同体高级机构”；采取渐进的功能主义方式，方法上具有创新性；大国合作和领导，同时兼顾平等和小国利益；政治精英发挥了政治智慧。欧洲煤钢联营与南海共同开发有三点重要相通之处：都有对战略性的稀缺资源进行国际分配的迫切需求；都含有推动地区贸易自由化和一体化的制度设想；都希望通过提出“建设性方案”消弭互疑和建立持久和平。祁怀高还分析了欧洲煤钢联营对南海共同开发的四方面政策启示：一是可以借鉴欧洲煤钢联营高级机构的经验，在南海设立“超国家”的“南海共同开发管理机构”；二是把油气资源和渔业资源作为南海资源共同开发的重点领域；三是设计大胆而富有想象力的制度，如表决制度要适度体现超国家主义原则和“主权让渡”精神，给予相关国际组织和非沿岸国一定的角色定位；四是着眼于远大的政治经济目标和未来的东亚一体化。

一　欧洲经验与南海共同开发

“欧洲经验与南海共同开发”专题由云南大学国际关系研究院副院长毕世鸿教授主持，共有4位与会者针对本专题发表见解。

中国海洋石油总公司经济技术研究院能源经济研究室主任张良福做题为“北海划界与油气开发给南海的启示”发言。他从历史的维度总结了北海在划界和油气开发方面的有益经验，主要体现在三个方面：一是划界时始终坚持以公平原则为准绳；二是搁置主权争议，先进行共同开发与利用；三是划界的同时商定共同开发跨界资源。由此，他认为南海划界需借鉴北海经验，摒弃单一的划界原则，应在公平原则的基础上，综合考虑域内历史等多重因素。同时，他通过引证北海沿岸国在处理大陆架划分上的经验主张划界优先于共同开发，能够起到定纷止争的作用。他还强调中国需采取开放态度应对南海划界，划界方案可以多元化并兼顾后续的共同开发合作。在共同开发方面，张良福认为中国应打破当前“我国搁置争议，别国单方面和平开发”的被动局面，将共同开发作为推进南海工作的重要手段。其中，在实际控制区，加快自主勘探开发工作，适时引入外国公司合作共同开发；在争议海域，以确保主导权和主动权为前提，把共同开发作为重点。

中国社会科学院欧洲研究所主任赵晨副研究员和上海外国语大学欧盟研究中心忻华教授在欧洲煤钢联营的背景下分析了南海共同开发问题。赵晨以欧洲煤钢联营的史实为切入点，分析了其特点、发展和意义。他首先回顾了欧洲煤钢联营建立的历史背景，归纳其具有三个特点：一是战略物资的集中管理使用，消除欧洲政治冲突的根源；二是设置具有执行力的超国家机构及完善配套的制度设计；三是开拓由经济合作延伸至其他方面合作的一体化道路。作为地区合作的成功典范，欧洲煤钢联营的发展体现出一种渐进主义和功能主义路径，由最初的煤钢资源合作拓展到为欧洲一体化的发展提供契机。欧洲煤钢联营设立的超国家机构不仅是重要制度创新，同时奠定了之后欧洲一体化机构的制度雏形。赵晨还指出，欧洲煤钢联营这一创新型合作在创建之初有赖于政治精英的创新制度设计及渴望和平的政治文化形成。由此及彼，他认为欧洲煤钢联营的经验具有普适性的一面，特别是放弃传统的解决方案，利用政治精英的智慧设计创新制度以期实现政治和解和持续和平，这一点值得我们在解决南海争端和推动共同开发时加以借鉴。

忻华以地区一体化发展阶段的理论视角回顾了欧洲煤钢联营的发展历程与结构特征，重点阐述了欧洲煤钢联营为南海共同开发提供的可资借鉴之处。虽然是地区经济一体化最初始的阶段，但欧洲煤钢联营所带来的成就不仅刺激了欧洲经济的快速成长，同时有效地实现了地区持久的和平发展。他认为，欧洲煤钢联营通过建立在经济上相互依存和分工协作的制度架构，印证了新自由主义理念的合理性和可行性。随后，忻华结合当前国际局势分析了南海问题，归纳出南海冲突有增无减源于两方面原因。一方面，沿岸各国对岛礁和相关海洋资源进行争夺；另一方面，域外国家积极开展外交和军事活动，插手干预南海问题。参照欧洲煤钢联营的发展历程，忻华认为南海共同开发与之有相通之处，主要集中在以下两点：一是欧洲煤钢联营和南海共同开发都着眼于借助特定机制来实施对战略稀缺资源的国际分配，以消除地区冲突和保障和平；二是两者都含有促进地区贸易自由化和一体化的制度设计。由此，南海共同开发应从建立带有“超国家”色彩的相对独立的能源开发管理中心着手，继而建立覆盖整个南海地区的统一的多边贸易区架构，最终实现地区的持久和平发展。

复旦大学中欧关系研究中心副主任简军波副教授从 1969 年联邦德国与丹麦、荷兰的北海大陆架争端解决为切入点，简要地介绍了北海大陆架划界案的特点：不存在陆地或岛屿的主权纠纷；当事国共同确认大陆架划分的基本途径；国际法院的判决具有法律效力和执行力；无域外国家的介入干扰。就目前南海声索国的态度而言，着力点主要集中在对南海领海和岛屿的主权归属争夺，加之政治互信的缺乏和域外势力的介入，增加了共同开发南海的合作难度。总体而言，北海大陆架划界的背景与当前南海严峻的局势存在较大差异。基于南海问题的复杂性和特殊性，结合北海大陆架划界的有益经验，简军波归纳出三点处理方法：优先解决海洋划界，再处理岛屿和领海权益；尝试与有关国家通过谈判协商确立解决争端的基本方法和原则；力争排除非当事国干扰。

二　澜湄合作与南海共同开发

“澜湄合作与南海共同开发”专题由张良福主任主持，共有 3 位与会者对此主题进行发言。

中国社会科学院亚太与全球战略研究院大国关系室主任钟飞腾副研究员从成因和发展潜能两个方面对澜湄合作机制进行了评析。作为涵盖政治安全、经济和可持续发展、社会人文三大领域的合作机制，澜湄合作机制力求优先发展互联互通和产能合作，与目前中国正在大力推进的新型对外经济合作战略不谋而合。钟飞腾归纳出澜湄合作机制具有三项突出特征：不同于以往的域内外联合开发机制，澜湄合作由地区内国家主导；由领导人会议、外长会共同推进，影响程度加深；作为中国—东盟合作框架的补充，该合作机制将基础能力培养和建设作为发展重点。随后，他从内外因角度系统分析了澜湄合作机制的发展。钟飞腾指出，贸易作为澜湄合作机制推进的最大动力，其在中国与东盟地区呈现出不同的发展态势。不同于中国和东盟其他四国（印度尼西亚、马来西亚、菲律宾和新加坡）的贸易形势趋于下行，中南半岛贸易地位处于上升态势，因此扩大对外贸易的需求会诱使各国进一步深化经济合作。与此同时，中南半岛所具有的资源和劳动力优势及活跃的域内消费市场将促使其成为全球新的制造业增长带，符合中国产能转移的目标需求。他分析，随着澜湄合作机制的进一步推进，将产生两方面的地缘政治效应：陆上东南亚与海上东南亚的分离加速和中日竞争加剧。由此，钟飞腾认为，中国可以适当运用地缘政治优势降低南海问题带来的政治和安全压力，借由澜湄合作机制推进南海共同开发，降低周边国家对美国势力的依赖，提高域内国家对中国的心理预期。

云南大学毕世鸿教授做题为“澜湄合作面临的新形势及其对南海共同开发的启示”的发言。毕世鸿先简要回顾了湄公河地区原有合作机制在组织架构、政策落实等方面存在的局限性。随后，他指出，湄公河地区新形势发展突出表现在域外大国对湄公河地区经济合作中领导权的争夺日趋激烈，造成合作的经济成本提高，政治和安全成本也在不断增大。中国在该地区的合作除了要面对其他域外大国的共同牵制外，还有自身软实力不足的困境。尽管面临多重挑战，但湄公河地区所具有的区位优势及合作基础都将使其成为中国“一带一路”率先突破的先行区。通过对澜湄合作机制推进过程中的经验分析，毕世鸿总结出四点对南海共同开发的启示：(1) 策略层面：推行大国平等的全局战略观，探索与周边有条件国家建设命运共同体的可能性；(2) 合作原则：加强经济相互依存度，积极开展大国协调，拓展合作空间；(3) 合作内容：加强自身软实力建设，深化非传统安全领域合作和提升政治互信；(4) 推进步骤：循序渐进，以求取得实质性进展和突破。

外交学院亚洲研究所副所长郭延军副教授围绕中国澜湄水资源外交的动力和政策方向做发言。根据国家在跨境水资源管理上的不同政策取向，郭延军认为，中国在处理澜湄水资源问题上应与流域国家展开中/高层次的深度合作。随后，他进一步分析，澜湄水治理随着形势的发展出现了新的趋势和挑战。除了未来水外交将会朝网络化、共享化、安全化、法律化和一体化的新趋势发展，中国在澜湄水资源合作中还面临域外国家介入、中国周边外交的新策略及新的治理理念普及等新挑战。推动与下游国家在水资源领域开展紧密合作，符合中国推进“21 世纪海上丝绸之路”建设的新要求：一方面，有利于缓解与沿线国家的矛盾冲突，建立政治互信；另一方面，有利于打造新的经济增长点，促进区域互联互通建设。通过对中国澜湄水外交的政策方向和重点分析，他从机制建设、项目设计和关系处理三个方面谈及其对南海问题的启示。郭延军认为，处理南海问题除了当前的双边和多边机制，还应设计沿岸国的小多边机制，这更有利于南海共同开发的推进。在项目设计方面，则应兼顾发展涉及民生的项目，如渔业和海上救灾。在处理以美国为主的域外势力介入问题上，他提出要将南海问题纳入中美关系整体框架讨论，避免中美关系绑架南海问题。

三　南海共同开发：设想与前景

“南海共同开发：设想与前景”专题由钟飞腾副研究员主持，共有 3 位与会者就如何推动南海共同开发发表看法。

中国南海研究院海洋法律与政策研究所副所长康霖副研究员通过定量分析，比较了各国在南海的油气开发的现状，并对南海共同开发的可行性发表了看法。他指出，中国以维权和维稳为核心的南海政策导致其目前在南海油气资源开发上处于被动局面。不同于中国所面临的尴尬现状，越南、菲律宾、马来西亚及文莱四国通过自主开发与开采权对外开放招标的形式相结合，竞相争夺南海的油气资源，并且已经取得巨大的收益。鉴于域内外势力在南海地区处于胶着状态，康霖对南海共同开发的可行性持观望态度。如果要推动南海共同开发，他认为当前为最理想的时机，并建议以文莱为突破口。一方面是基于当前国际油价处于低迷状态的考虑；另一方面，中国与文莱的关系相对友好，并且文莱的油气储量潜力大，勘探技术高。同时，康霖提出，推动南海共同开发还需要改变现有的开发模式以突破政策限制，如灵活处理与外国公司合作开发时股份分配等问题。

复旦大学国际关系与公共事务学院博士赵卫华以越南内部对南海共同开发的态度为切入点，分析了中越在南海合作的可能性及实现途径。作为中国解决南海问题的关键性国家之一，当前越南的领导层和学界反对南海共同开发的观点居于主导地位。越南的内部民族主义压力迫使其无法在处理南海问题上对中国做出必要的让步。由此，赵卫华认为，若把越南作为中国实现南海共同开发的首要合作国家将面临很大阻力。根据他的分析，当前在西沙和越南控制下的南沙群岛的大部分地区，基本难以实现中越合作开发的愿景。南沙群岛东部或南部越南控制的边缘地带虽然面临多国提出声索的压力，但还是有望成为中越共同开发的突破口。与此同时，赵卫华认为“南海仲裁案”将是中越协商合作的契机，中国需要清楚认识越南在政治谈判和司法模式上的利益着眼点，积极推动和越南在北部湾口外海域和西沙以西海域谈判，并争取在谈判中掌握主动。

复旦大学国际问题研究院副院长沈丁立教授对本次研讨会进行发言总结。首先，他指出，中国应清楚认识其在南海的核心利益，同时还需要兼顾域内其他国家的利益，只有这样才能有效地推动南海问题的解决。其次，随着国际海洋秩序的管理发生变化，他认为中国应做出合理的大国定位，正确处理国内法与国际法的关系，同时在经济合作中灵活处理涉及主权争议的问题。最后，他建议与会学者换位思考，探索解决南海争端的新思路，以便更好地解决争端实现共同开发。

此次会议旨在探求推动南海共同开发的有效途径。与会学者围绕欧洲煤钢联营和澜湄合作机制的成功经验进行了充分发言，对当前的南海局势进行了全面分析，在此基础上提出了如何推动南海共同开发的设想。与会学者普遍认为，欧洲煤钢联营和澜湄合作机制的有益经验在解决南海问题上具有可资借鉴之处，但同时强调南海问题具有其特殊性和复杂性，南海争端的解决和共同开发的最终实现仍需要以南海的实际情况为考量。与会学者通过深入交流和探讨，从宏观和微观层面对南海共同开发提供了富有建设性的政策建议。本次会议对缓解目前南海的紧张局势及推动南海共同开发具有一定的启示意义，同时也为中国周边外交的进一步发展提供了新思路。

（陈妙玲，复旦大学中国与周边国家关系研究中心研究助理）

“东盟共同体发展与‘一带一路’倡议的对接”国际研讨会综述

张　群

2016年6月27～28日，复旦大学中国与周边国家关系研究中心、复旦大学亚洲研究中心、复旦发展研究院在复旦大学联合举办了“东盟共同体发展与‘一带一路’倡议的对接”国际研讨会（以下简称“国际研讨会”）。来自中国外交部亚洲司、文莱大学、柬埔寨皇家研究院、印度尼西亚大学、老挝国立大学、马来亚大学、仰光大学、菲律宾大学、新加坡国立大学、泰国朱拉隆功大学、越南社会科学院、中国社会科学院、中国国际问题研究院、上海国际问题研究院、四川大学、厦门大学、暨南大学、云南大学、云南省社会科学院、广西大学、广西财经学院、复旦大学等二十余家机构的50余位学者参加了此次会议。

此次国际研讨会以“东盟共同体发展与‘一带一路’倡议的对接”为主题，分列六个专题展开研讨。六个专题包括：“‘一带一路’倡议与东盟国家发展战略的对接”“东盟的中心性与东亚区域合作”“‘一带一路’倡议与区域公共产品供应”“澜湄合作：机遇、挑战与对策”“东亚地区的利益攸关方与东亚区域合作”“‘21世纪海上丝绸之路’与中国—东盟海洋合作”。

复旦大学国际问题研究院常务副院长吴心伯教授主持开幕式，复旦大学党委副书记刘承功教授致辞，指出，复旦大学对中国—东盟关系发展的相关研究非常重视，对扩大与东盟各国科研机构的学术和文化交流高度重视，我们希望通过此次合作建立一个面向东盟国家科研机构的学术交流网络，更好地促进我们与东盟国家科研机构之间的学术交流、智库合作和师生往来。

中国社会科学院国际研究学部主任张蕴岭研究员与缅甸仰光大学国际关系莫玛玛（Moe Ma Ma）教授分别在会上发表主旨演讲。张蕴岭教授在题为"'一带一路'倡议与东盟合作"的演讲中分析了"一带一路"倡议的性质、原则、内容和动力，总结了东盟共同体的作用和经验，指出了中国—东盟合作的重点及产能合作的意义。"一带一路"倡议是一种新的合作模式，具有开放性、包容性和互惠性，其基本原则是共同设计、共同建设、成本分摊、收益共享。发展中国家仅通过开放市场无法获得长期投资，还需要基础设施建设的支持，"一带一路"倡议旨在推动发展中国家的基础设施建设，主要有区域内本地发展项目和跨区域发展项目两种驱动力。东盟共同体在区域发展中的作用非常关键，"东盟方式"是区域成员合作共存、合作共赢、和平共处的宝贵经验。互联互通对于东盟发展至关重要，但由于存在资金缺口而进展缓慢。海上丝绸之路是中国和东盟开展密切合作的新起点，互联互通是中国—东盟合作的重点。

莫玛玛教授在题为"中国—东盟2+7合作框架"的演讲中回顾了中国提出的中国—东盟合作的两点政治共识和七个合作领域，提出了以下观点：其一，2+7合作框架对中国和东盟国家都具有积极意义，符合中国和东盟国家的共同利益；其二，深化战略互信对中国—东盟合作至关重要，出于政治因素考量，东盟国家希望以相对谨慎的方式推进2+7合作框架；其三，中国与东盟应基于共识，通过共同倡议或宣言推动中国—东盟的深化合作，尤其要加强安全合作；其四，关于南海争端，中国和东盟国家都应着眼于创造和维护区域的和平、稳定与繁荣。

议题一　"一带一路"倡议与东盟国家发展战略的对接

复旦大学中国与周边国家关系研究中心主任石源华教授发表演讲《中国的和平崛起与中国的周边外交："一个指头"与"九个指头"比喻的启示》，指出，在中国和平崛起的过程中，周边国家理解、适应并与中国共同建成利益、安全和命运共同体需要一个长期过程。虽然区域成员之间的共同利益远大于分歧，但由于历史问题、领土争端及域外大国干涉等诸多原因，新的矛盾和分歧还会不断产生，这将是邻国相处的一种新常态。如何处理好中国与周边邻国之间的纠纷和冲突是中国周边外交和落实"一带一路”倡议需要解决的重中之重。毛泽东使用“一个指头”和“九个指头”比喻中印争端（即西藏事件和中印边界争端）与中印友好之间的关系，对中国周边外交工作具有深刻启示。“一个指头”和“九个指头”的思路使中印两国形成了以协商谈判解决分歧的共识，并使分歧管控具有了一定的制度性保障，创造了运用“两轨思路”处理争端问题和全面发展双边关系的成功范例。“一个指头”与“九个指头”的双轨思路依然适用于处理当前中国与周边国家的分歧和争端。面对日益增多的纠纷和争端，中国与周边邻国都应该实施“双轨思路”，将分歧争端与全面发展双边友好关系适当分开处理，务实推进双边合作，在合作中化解争端，最终找到双方都接受的解决方案，实现合作共赢。

印度尼西亚大学东盟研究中心主任艾迪·普拉塞欧诺（Edy Prasetyono）教授发表演讲《印尼的“全球海洋支点”战略与中国“海上丝绸之路”倡议的对接》，首先从印尼视角阐述了对“21 世纪海上丝绸之路”倡议的理解，然后介绍了印尼“全球海洋支点”战略的目标和内容，最后分析了“全球海洋支点”战略与“21 世纪海上丝绸之路”倡议对接的可行性及面临的挑战。普拉塞欧诺教授就倡议对接提出以下观点：其一，“21 世纪海上丝绸之路”倡议与“全球海洋支点”战略都以提升对海洋的认知为目标，以加强海上互联互通为重点，两者对接有助于中国和印尼在互动中推进开放式的海洋合作；其二，中国和印尼在海洋合作上具有共同利益，除功能性合作外，双方还应就海上社区建设等议题开展更为紧密的合作；其三，海洋合作等区域合作项目都面临成本分摊、风险分担、收益分配的问题；其四，中国与印尼需要考虑海洋合作可能带来的外部反应，通过沟通和对话化解各方疑虑，谨慎地处理敏感事宜，与外部形成一种和谐关系。

中国社会科学院亚太与全球战略研究院赵江林教授发表论文《“一带一路”与东盟发展战略对接：从“边界上”合作走向“边界后”合作》，分析了“一带一路”倡议与东盟发展战略对接的意义、路径和内容，并就“一带一路”倡议与东盟发展战略对接提出了政策建议。赵江林教授指出，“一带一路”倡议与东盟发展战略对接有助于实现双方良性互动发展，能够为第三方起到示范作用，从而推动区域经济一体化进程。“一带一路”倡议与东盟发展战略对接有两个层次：一是与东盟共同体建设蓝图对接，二是与东盟国家各自发展战略对接。“一带一路”倡议与东盟发展战略对接的路径主要是找出双方经济发展规划中的相通之处，并通过政策支持和企业介入等方式进行合作。未来，中国和东盟应围绕政策沟通、设施联通、贸易畅通、资金融通、民心相通五通领域，以推进基础设施、自由贸易区升级版、海洋经济、人文交流为合作框架，将中国—东盟合作从“边界上”合作向“边界后”合作转型，为中国—东盟战略伙伴关系的发展创造新的动力。

四川大学南缅甸研究中心主任戴永红教授发表演讲《印度—东盟“互联互通”战略与“一带一路”倡议》，介绍了印度—东盟“互联互通”战略提出的背景和进展，分析了印度—东盟“互联互通”战略的制约因素和战略影响。他认为印度—东盟“互联互通”战略面临的制约因素包括相关国家综合国力不足、印度与部分邻国关系紧张、项目融资困难、孟加拉国与缅甸因非法移民关系紧张等。印度—东盟“互联互通”战略可能产生的影响包括：其一，通过陆上、海上和空中的互联互通，将南亚的印度与东盟国家联系起来，有助于促进印度经济发展，有利于商品和人员跨区域流动；其二，印度与东盟邻国基础设施建设倡议为印度东北部内陆地区的发展注入了强劲动力；其三，对于东盟国家来说，与印度的经贸合作也有助于促进东盟的互联互通；其四，印度与东盟的互联互通将极大促进沿线国家的城市化进程。

中国社会科学院亚太与全球战略研究院副研究员周方冶发表论文《“一带一路”建设与中泰战略合作：机遇、挑战与建议》，指出，“一带一路”建设契合泰国国家发展模式变革的诉求，“一带一路”建设的双多边合作框架有助于促进中泰合作提升层次、拓展领域、扩大规模，特别是为方兴未艾的投融资合作提供有利条件。现实情形下，“一带一路”具体落实有待进一步加强沟通与协调。中泰铁路合作一波三折，反映出中泰战略合作在“一带一路”建设中面临诸多挑战。从多边层面的地缘政治博弈到双边层面对互利合作的认知差异，再到泰国国内的利益集团分歧，都有可能影响中泰关系的发展。为此他建议，中泰双方应遵照“高低兼顾、内外联动、新旧并举、点面结合”的原则，构造多层次全方位的“一带一路”交流与合作网络，夯实中泰战略合作的基础。

议题二　东盟的中心性与东亚区域合作

中国国际问题研究院研究员魏民教授在题为“RCEP 谈判与东盟在东

亚合作中的'中心地位'"的演讲中回顾了东盟在东亚合作中确立中心地位的路径，分析了东盟中心地位面临的挑战，并就东盟应如何维护其中心地位提出了建议。魏民教授指出，由于东亚地区力量对比发生重要变化，地区一体化进程呈现多重结构叠加的格局，东盟"小马拉大车"的困境明显，其中心地位受到多重挑战。其一，泛亚地区合作由虚入实，东盟难以驾驭宏大的地区合作构想；其二，美国推动跨太平洋伙伴关系协定（TPP），将东盟撕裂为TPP成员和非TPP成员两个阵营，严重干扰东盟一体化进程；其三，在中国"一带一路"倡议和俄罗斯"大欧亚伙伴关系"倡议两大张力的作用下，东盟在区域合作中的中心地位受到一定程度的影响。据此他提出以下建议：首先，积极推动RCEP谈判，以巩固东盟的中心地位；其次，东盟应在TPP和"一带一路"之间把握好平衡，高标准的TPP不符合大部分东盟国家的发展水平，"一带一路"倡议更适合东盟国家的现实需要；最后，东盟应积极寻求在泛亚地区合作中发挥作用，继续引领区域合作方向。

广西大学中国—东盟研究院首席研究员陆建人教授题为"'一带一路'倡议在东盟的实施：成绩与问题"的演讲考察了东盟国家对"一带一路"倡议的回应，分析了"一带一路"倡议在东盟实施取得的成绩、问题及原因，并就推进"一带一路"倡议提出政策建议。陆建人教授指出，东盟国家对"一带一路"倡议的回应呈现地域特点，陆地国家较海洋国家更为认可。目前来看，"一带一路"倡议的进展主要表现为亚洲基础设施投资银行建设得到东盟支持、高铁"走出去"步伐加快、产能合作紧密推进、中国—东盟互联互通项目进展加快；倡议落实存在的问题包括缺乏协调、风险意识不足、外部环境恶化等。为推进"一带一路"倡议落实，中国和东盟应加强政府间合作，突出"共商、共建、共享"原则，充分发挥企业的主体作用，通过妥善化解南海僵局和加强人文交流深化理解与互信。

朱拉隆功大学东盟研究中心思尼娜•宋琦（Sineenat Sermcheep）副教授题为"中国与东盟国家国际产能合作的前景与挑战"的演讲回顾了中国与东盟的投资和贸易关系，论述了《东盟经济共同体2025年蓝图》与"一带一路"倡议的融合点，分析了中国与东盟国家产能合作的前景与挑战。思尼娜认为，中国与东盟国家在全球价值链中所处的位置有所不同，双方能够在全球贸易中互补，生产网络的构建有助于亚洲地区发展。东盟国家生产能力的提高和基础设施环境的改善有助于提升东盟国家的国际竞争力。因此,《东盟经济共同体2025年蓝图》与“一带一路”倡议具有利益融合点。

暨南大学国际关系学院邓应文副教授在题为“中国与东盟的互联互通：铁路与港口合作的互补——以泰国为例”的演讲中，首先以泛亚铁路为例分析了中国与东盟国家互联互通建设的现状，然后在此基础上介绍了泰国海运情况、主要港口分布及海港建设发展规划，最后对中泰港口合作的前景进行了展望。邓应文认为，海运港口是泰国经济发展的重要支点，泰国政府迫切需要与外部合作发展港口基础设施。因此，在推进中国—东盟基础设施互联互通建设的过程中，应重视发展与东盟国家的海运港口合作。

上海国际问题研究院助理研究员周士新博士在题为“东盟在东亚地区合作中的中心地位分析”的论文中阐述了“中心地位”的理论维度，考察了东盟在东亚地区合作中的中心地位，探讨了东盟中心地位的发展前景，并对中国与东盟中心地位的关系进行了深入分析。周士新认为，中心地位是各国在地缘上的相对性及其在国际关系上重要性的表现，具有程度、中介和趋近三种分析标准和特征。东盟在东亚地区合作中的中心地位主要表现在其在政治安全和经济两大领域的突出表现，以及因此而产生的实际效果。东盟在促进与其对话伙伴合作上的相对优势有助于维护和保障其中心地位的正当性与合法性。然而，鉴于自身体制机制、实力能力和政治意志的限制或缺陷，东盟在东亚地区合作中的中心地位仍面临许多难以解决的挑战，制约了其在东亚地区合作中发挥更积极的推进作用。中国认可东盟在东亚地区合作中的中心地位，顾及双方关系中所存在的利益关切，支持东盟在东亚地区合作中发挥领导力。

议题三　“一带一路”倡议与区域公共产品供应

复旦大学中国外交研究中心主任任晓教授在题为“公共产品供给与亚投行启动”的演讲中回顾了中国启动亚洲基础设施投资银行（AIIB，以下简称“亚投行”）的背景和动因，探讨了亚投行启动对中国国际角色的意义，并分析了亚投行的功能和潜力。任晓指出，亚投行的启动标志着中国逐渐走向世界舞台的中心。亚投行旨在满足发展中国家基础设施发展的资金需求，因而得到了世界各国的积极响应，最终有56个国家作为创始成员与中国共同启动亚投行。在亚投行建立的过程中，中国在塑造新制度的同时也被外部行为体影响和塑造。亚投行的启动对亚洲乃至世界的经济和政治都将产生深远影响。亚投行、金砖银行与既有机构合作，将有助于塑造新的全球制度格局，从而塑造一个更为均衡合理的国际秩序。

越南社会科学翰林院东南亚研究所副主任阮辉煌（Nguyen Huy Hoang）博士在题为“中国—东盟在区域互联互通建设中的合作”的演讲中分析了加强中国—东盟互联互通建设的必要性，论述了中国—东盟交通设施互联互通的现状和挑战，并就如何推动中国—东盟互联互通建设提出了政策建议。阮辉煌指出，“东盟互联互通总体规划”是东盟经济共同体框架的重要内容。在国际援助下，东盟国家致力于加强东盟区内的互联互通建设，并向中国—东盟互联互通拓展。“一带一路”倡议有助于推动区域互联互通建设，尤其是亚洲高速公路和亚洲铁路项目，进而为地区的繁荣和发展做出贡献。

菲律宾大学（迪里曼）亚洲中心副主任赫奈力拓·西维拉（Henelito A. Sevilla）副教授在题为“中国的新丝绸之路战略：对东盟国家的政治与经济影响”的演讲中，首先分析了在变化的国际秩序中中国和东盟的角色、理念和价值，以及中国和东盟国家之间的观念和认知差异，然后在此基础上对“一带一路”倡议进行解读，探讨“一带一路”倡议对东盟的经济和政治影响。西维拉指出，许多东盟国家在建设东盟经济共同体、政治安全共同体和社会文化共同体的过程中面临资金瓶颈，“一带一路”倡议无疑将推动东盟地区内的基础设施建设项目，东盟国家应把握这一机会。一些国家对“一带一路”倡议的消极态度主要来自冷战思维、零和思维及领土争议。“一带一路”倡议在东南亚地区的发展将在很大程度上取决于东南亚国家如何平衡和抉择个体利益与地区利益。必须意识到，南海争端只是东盟国家与中国双边关系的一个方面，任何东盟国家都无法忽略其自身与中国的经济发展紧密联系这一事实。目前，东盟成员国之间对中国提出“一带一路”倡议的意图存在分歧，东盟国家应磋商制定应对中国崛起和维持地区和平与稳定的区域战略，从而保证各成员国均能从中国倡议中获益。

文莱大学亚洲研究所布鲁诺·吉汀（Bruno Jetin）副教授在题为“‘一带一路’倡议和东盟互联互通：协同与潜力”的演讲中，首先简要介绍了“一带一路”倡议的背景及中国—东盟的经贸关系，然后阐述了东盟基础设施互联互通的迫切需求及其面临的障碍，最后分析了东盟互联互通总体规划与“一带一路”倡议对接的可行性。“一带一路”倡议对促进亚洲地区内部及亚洲与世界其他地区的互联互通具有巨大潜力。互联互通对东南亚地区的发展尤为重要，符合中国和东盟的共同利益。布鲁诺·吉汀（Bruno Jetin）副教授就充分发挥“一带一路”倡议的潜力提出以下建议：其一，将与短期利益无关的项目包括在内；其二，选择可持续发展的项目；其三，推动相关合作国家签署多边化协议；其四，协调众多基础设施建设倡议，使倡议之间形成互补，避免由直接竞争造成资源浪费。

暨南大学国际关系学院李皖南副教授在题为“东盟经济共同体及其外国直接投资效应”的演讲中，首先回顾了东盟经济共同体进程和外国直接投资（FDI）流入趋势，然后考察了东盟经济共同体是否已成为具有竞争力的产能基地，最后分析了建设东盟经济共同体可能面临的障碍。李皖南认为，吸引外国直接投资是东盟经济合作和一体化的长期目标之一。东盟经济共同体希望提升地区的综合性区位优势，从而提高各成员的区位吸引力。然而，FDI 流入趋势表明东盟仍然没有足够实力抵御外部的向下压力及增加对 FDI 的区位吸引力。东盟经济共同体是否有效地增加了东盟区内和区外的 FDI 流量是一个具有争议的问题。如果考虑到障碍因素，东盟经济共同体对东盟 FDI 的影响将会下降。

议题四　澜湄合作：机遇、挑战与对策

云南大学国际关系学院副院长卢光盛教授发表论文《澜湄合作机制：困难与路径》，指出，澜湄合作机制的发展与完善面临四个难题，即澜湄合作机制与区域内现存机制的协调问题、湄公河下游国家对澜湄合作机制的认可程度、东盟方面将如何看待澜湄机制问题、中国对澜湄合作机制的支持力度。针对上述问题，卢光盛教授提出了推进澜湄合作机制建设的路径，具体包括：从战略层面上将澜湄合作机制建设提到“一带一路”倡议早期收获的高度；从定位层面上明确将澜湄合作机制定位为“大湄公河次区域经济合作”（GMS）的升级版；关于合作对象，近期可考虑重点经营与老挝、泰国和柬埔寨三国的合作；关于合作领域，广泛开展功能性领域合作；加大开放，放宽粮食进口、地方外事权限等；布点考虑，争取澜湄合作中心落户昆明或南宁。

云南省社会科学院朱振明研究员在题为“深化澜湄合作机制的理念和建议”的研究中提出以下观点：其一，澜湄合作机制是一个新的合作机制，这一合作机制的成功建立反映了六个国家的共同愿望；其二，澜湄合作是一个新的南南合作模式，展示了澜湄国家对联合国 2030 年可持续发展议程的共同承诺；其三，澜湄合作包括三个支柱和五个优先合作领域，三个支柱是政治安全、经济和可持续发展社会人文，五个优先合作领域包括互联互通、产能合作、跨境经济合作、水资源合作、农业及减贫合作；其四，为推进澜湄合作机制发展，政府之间应加强磋商，推进制度协议的签署，同时提高公众对澜湄合作的关注度，鼓励企业参与合作，促进不同合作机制之间的协调互补。

朱拉隆功大学东盟研究中心皮缇·斯里桑兰（Piti Srisangnam）副教授在题为“澜沧江—湄公河合作机制：新合作、新共同体与新挑战”的演讲中回顾了澜湄合作的启动过程，分析了澜湄合作面临的机遇和挑战。皮缇认为，深化战略互信是中国与东盟国家在“钻石十年”加深合作、实现共同利益的重要环节。目前，信任危机制约了中国与东盟国家关系的深入发展。中国与一些东盟国家之间发生信任危机的原因在以下四个方面：其一，大国与小国之间的实力失衡加强，使小国产生恐惧；其二，冷战记忆及南海争端使双方产生误解；其三，域外大国干预及国内政治因素；其四，双方对华人华侨的身份偏见。在中国与东盟的互联互通中，民心相通是关键，只有保持对话渠道畅通，加强沟通和理解，才可能保持长期平等的伙伴关系。

云南大学东南亚研究所罗圣荣副研究员在题为“澜湄合作机制下的国际减贫合作”的演讲中介绍了澜湄地区贫困问题的现状以及澜湄地区开展的国际减贫情况，然后在此基础上分析了澜湄次区域国际减贫合作存在的问题，并就澜湄机制下中国推进澜湄地区国际减贫合作提出政策建议。罗圣荣认为，澜湄次区域国际减贫合作存在的问题包括多重机制相互竞争、域外大国角力竞争、各国政局与民主化阻碍、项目合作面临环境压力、合作缺乏系统规划和评估、湄公河下游国家对澜湄合作机制的认可度等。中国推进澜湄地区国际减贫合作，首先要做好国际减贫合作顶层设计，其次要完善国际减贫合作机制，最后要加强减贫行动与政策的协调。

云南省社会科学院缅甸研究所雷著宁副研究员在题为“澜湄合作：机遇、挑战与前景”的演讲中对澜湄合作机制建立的原因、面临的机遇和问题进行了阐述，并进一步以深化中老经济合作、湄公河联合执法为典型案例，深入分析了澜湄合作面临的机遇与挑战，据此为推进澜湄合作提出政策建议，对云南参与澜湄合作的前景进行展望。雷著宁认为建立新的合作机制的原因在于：一是现有机制未能充分满足区域发展需求；二是深化次区域合作有助于推进更大范围区域合作和一体化；三是开展政治安全合作，全面提升区域合作水平和层次。澜湄合作在互联互通、产能合作、跨境经济合作、跨境水资源合作、农业与扶贫五大领域潜力巨大。推进澜湄合作的措施包括以下七个方面：一是进一步健全和完善区域现代化交通基础设施体系；二是加强以交通和营商便利化为主的政策对接；三是加强区域合作机制建设，协调好合作机制间的关系；四是加强能力建设和人力资源培养；五是拓展融资渠道；六是注重“共享发展”和“绿色发展”；七是逐步提升区域安全合作的层次和水平。

议题五　东亚地区的利益攸关方与东亚区域合作

马来西亚大学中国研究中心副主任饶兆斌（Ngeow Chow Bing）博士发表演讲《中日美与东南亚国际政治的未来》，分析了在东南亚国际关系中四个最重要的主体——东盟、中国、日本、美国的发展现状及未来轨迹，在此基础上预测了东南亚国际关系发展趋势，并对四种最为可能的地区秩序形态（即东亚共同体、亚太共同体、以中国为中心的地区秩序、以美国为中心的地区秩序）进行了探讨。饶兆斌认为，其一，中国仍将以不断放缓的经济增长趋势逐年壮大，只要保持增长，终将赶超美国；其二，东盟目前发展势态良好，但与中国相比仍然发展较慢，同时也存在东盟解体的潜在风险；其三，未来5～10年美国和日本仍将保持强国地位，但从更长远上看，虽然美国可能由于其经济弹性及军事力量而重新崛起，但美日（尤其是日本）的强国地位仍将逐渐减弱；其四，未来5～10年，以美国为中心的秩序及太平洋共同体将成为国际关系的最主要形式，但在未来10～20年将出现反转，以中国为中心的秩序、东亚共同体将成为国际关系的主要形式。

复旦大学美国研究中心韦宗友教授发表演讲《美国南海政策的新发展与中美西太平洋共存》，论述了近年来美国南海政策的新发展，探讨了美国改变南海政策的原因，并就美国深度介入南海争端的原因进行了分析。

韦宗友教授为中美关系发展提出如下建议：第一，中美双方都应该以发展的眼光看待南海问题，应充分考虑如何保护自身的海洋利益及如何实施重大方针战略。第二，中美都应该减少虚化辞藻，避免能够迫使对方陷入窘境、僵化局面的措施。中国不扩大岛礁建设、不设置防空识别区（ADIZ）是对美国发出的善意信号；美国减少自身航行自由度，降低对中国专属经济区的军事管控，也将有助于缓解僵局。第三，中国和东盟应该推进南海行动准则的磋商。第四，中美应该针对专属经济区的军事监管展开有意义的外交对话，并全力就专属经济区未来的军事监管达成君子协议。

仰光大学国际关系系汀汀玛（Tin Tin Mar）副教授发表论文《中国与东盟加强合作机制建设的障碍和对策》，阐述了中国与东盟政治领域的战略协调、经济领域互惠关系的扩大及在维持地区稳定方面的愿景，考察了中国—东盟关系取得的成就，并分析了双边关系的影响因素，如东盟对中国崛起的忧虑、经济竞争和中国南海问题。汀汀玛指出，保持战略伙伴关系将仍是东盟与中国交往的重要手段。为加强区域一体化，东盟接纳中国作为区域合作的参与者。作为对话伙伴，中国—东盟关系将继续加强战略合作。与中国保持紧密的经济合作有助于东南亚国家的经济发展。虽然双方经济合作互惠互利，但南海争端制约了中国—东盟的安全合作。为了推进中国—东盟合作机制建设，双方应加强磋商，制定有效策略，扩大双边利益，建立分歧管控机制，以促进地区稳定。

新加坡国立大学东亚研究所杜珺博士发表演讲《中国的“一带一路”与发展中的亚洲》，从经济学视角分析了“一带一路”倡议，探讨了“一带一路”倡议下亚洲发展中国家的投资潜力。杜珺认为，中国对老挝和柬埔寨的投资实现了中国与西亚海上航线的联通，对吉尔吉斯斯坦、也门和塔吉克斯坦等国的投资则是以资源共享为目标，表明中国目前的投资主要针对亚洲中低等收入经济体，与现行的“一带一路”倡议目标保持高度一致。就中国现在的经济和对外直接投资规模而言，中国有望通过“一带一路”倡议推动亚洲发展中国家的基础设施升级。

复旦大学日本研究中心主任助理贺平副教授发表论文《亚洲区域性智库构建中的日本经验：以 ADBI、ERIA、IDE－JETRO 为例》，介绍了智库类型学视域下的亚洲开发银行研究所（ADBI）、东亚东盟经济研究中心（ERIA）、亚洲经济研究所（IDE－JETRO），阐述了区域性智库机制建设的日本经验，并就区域性智库与日本内政外交的互动展开具体探讨。贺平副教授指出，ADBI、ERIA、IDE－JETRO是第二次世界大战后由日本独立创建或参与组建的三个代表性智库。三大智库以区域一体化和发展援助合作为核心议题，日本在其核心岗位与主要职员、财政支持与资金分配、日常运作与基础项目等领域发挥了主导作用。由于议题领域和政策偏好的基本一致，三大智库之间及其与日本国内的相关机构之间实现了频繁的互动，形成了积极的“共生效应”，对日本的外交决策和对外行为产生了重要影响，对日本增强地区存在感和话语权有所助益。中国在新一轮跨区域合作中日益展现大国风范和进取精神，日本在区域性智库构建中的正反经验可资借鉴。

议题六 “21世纪海上丝绸之路”与中国—东盟海洋合作

中国社会科学院美国研究所副所长李文教授发表演讲《中国—东盟海洋安全与“21世纪海上丝绸之路”》，阐述了新时期中国—东盟海洋安全面临的主要问题，探讨了“21世纪海上丝绸之路”倡议下中国—东盟开展海洋合作的路径，分析了“21世纪海上丝绸之路”建设对促进南海安全秩序转变的意义。李文教授就中国—东盟海洋安全合作提出以下观点：其一，中国—东盟海洋安全面临的问题复杂，既有传统安全问题，也有非传统安全问题；涉及的对象既有南海地区内的利益相关方，也有地区外的大国。其二，加强南海合作开发是实现中国—东盟海洋安全的重要途径。“21世纪海上丝绸之路”是一个开放型的经济合作框架，是共同发展的合作平台。经济合作有助于海洋权益的合理分配，从而减少冲突，引导南海各方有序、合理、可持续地进行海洋开发。南海的开发治理需要具有开放性的思维。其三，强盛的国力是解决南海问题的根本，将中国—东盟海洋安全问题置于“21世纪海上丝绸之路”的大框架中，用共同利益“消化和固化”南海问题，努力推进南海新安全秩序的演变，有利于从根本上解决南海争端。

柬埔寨皇家研究院萨里·米克（Sary Meakh）教授发表演讲《21世纪海上丝绸之路和中柬海洋合作》，回顾了中国与东盟关系发展的历史及中柬合作现状，并探讨了在海上丝绸之路框架下中柬海洋合作的前景。萨里指出，东盟成员国，尤其是欠发达国家对基础设施建设具有迫切需求，但面临资金和技术瓶颈。“一带一路”倡议对东盟国家经济发展和基础设施建设具有巨大的推动作用。中国—东盟海洋合作需要一个制度性的合作机制，通过这样的机制来推动海洋合作的具体项目。中柬双方应保持双边友好合作，在合作中实现互利共赢。

厦门大学东南亚研究中心吴崇伯教授在题为“印尼海洋经济发展及其与中国海洋经济合作政策思考”的演讲中介绍了印尼推动海洋经济发展的政策措施，分析了中国与印尼“蓝色海洋经济”的合作领域，并就深化中印尼海洋经济合作提出对策建议。中国与印尼“蓝色海洋经济”合作已在渔业、海洋生态环境保护、海洋旅游、海上互联互通四个领域开始提速。吴崇伯教授就深化中国和印尼海洋经济合作提出四点建议：第一，以联合开发海洋油气资源推动中印尼经济合作；第二，积极鼓励和支持中国沿海海洋经济大省参与中国—东盟海洋产业合作及“21 世纪海上丝绸之路”建设。第三，进一步加强双方在海洋渔业、船舶制造等领域的合作；第四，开发印尼内海航运及相关产业，促进中印尼“蓝色”经济发展。

菲律宾大学（迪里曼）亚洲中心主任乔夫·桑塔利塔（Joefe B. Santarita）副教授在题为“中国—东盟在南海的蓝色经济伙伴关系”的演讲中提出以下观点：其一，中国南海地区具有地缘政治、地缘经济和地缘战略的重要性；其二，由于多个国家希望在中国南海地区获益，所以国家之间的合作非常重要；其三，目前，中国和东盟国家在海底勘探、油气勘探、基础设施建设、渔业和海岸建设等领域有合作，双方应继续往前推进，将合作扩展到蓝色经济新兴行业；其四，应充分利用中国和东盟国家在商业和工业领域的竞争优势，开发和利用海洋资源，发展海洋生物技术；其五，中菲之间应打造合作伙伴关系，形成优势互补，共同推动新兴产业发展。

广西财经学院经济与贸易学院院长张建中教授发表论文《中国与东盟国家市场准入制度问题研究》，比较分析了中国与东盟国家现行市场准入制度及其特点，对现行市场准入制度存在的问题及产生的原因进行了探讨，并在此基础上提出了完善中国与东盟国家市场准入制度的相关建议。张建中教授认为，市场准入制度是区域经济一体化组织经常性谈判的重要内容，关系到区域内国际贸易、国际投资和对外经济合作的广度与深度。中国与东盟国家市场准入制度存在的问题包括三个方面：其一，市场准入相关法律缺乏系统性，操作性不强；其二，市场准入程序复杂，手续繁多；其三，市场准入待遇问题各国标准不统一，存在不平等竞争。为完善中国与东盟国家市场准入制度，各方应求同存异，完善现有市场准入制度，同时借鉴主要区域经济一体化组织的市场准入制度，逐步统一市场准入标准，开放市场，扩大市场准入领域。

复旦大学发展研究院副院长张怡主持闭幕式，复旦大学中国与周边国家关系研究中心主任石源华教授对本次研讨会做了总结发言。石源华教授指出，本次会议在和谐而友好的气氛下讨论“一带一路”倡议与东盟国家发展战略的对接，取得了有益的成果。当前，中国和东盟关系的发展面临一种大国竞争与合作的局面，正如柬埔寨学者做出的生动比喻，东盟是一位美丽的姑娘，受到中国这位朝气蓬勃的男士的追求，然而中国也面临美国、日本、欧盟、印度等其他竞争者。东盟有必要借鉴韩国模式，在大国之间把握平衡。对于区域内部存在的争议，大国介入往往会使问题复杂化。我们应继续探索“双轨思路”，以双边方式就争议问题进行协商，同时探索共同开发的路径，推动问题向积极方面转化。在研讨会期间，复旦大学中国与周边国家关系研究中心和东盟十国的10家学术机构代表共同商议了筹建“中国—东盟学术共同体”（the Network of ASEAN - China Academic Institutes, NACAI）事宜，达成以下共识：第一，中国—东盟学术共同体是纯学术性质的合作机制，这11个机构是创始成员，规模暂不扩大；其二，秘书处设在复旦大学；其三，目前的工作是每年召开一次国际学术会议；其四，各机构代表争取在2017年6月之前完成报批工作。

在本次会议上，国内外学者围绕“东盟共同体发展与‘一带一路’倡议的对接”这一主题，针对未来中国与东盟在基础设施建设、金融与贸易、教育与人文、政治与安全等领域的合作进行了深入探讨，并提出了富有创建性的政策建议。国内外专家的深入交流有助于加深双方对相关倡议和战略的认识与理解，有助于推动中国与东盟国家的战略对接和务实合作。

（张群，复旦大学中国与周边国家关系研究中心博士后研究人员）

“中菲关系发展的前景与挑战”研讨会综述

刘青尧　李红梅

2016年8月26日，由复旦大学中国与周边国家关系研究中心和菲律宾大学亚洲中心（Asian Center, University of the Philippines, Diliman）共同举办的“中菲关系发展的前景与挑战”（Prospects and Challenges of Philippine - China Relations, Moving Forward）研讨会（以下简称“研讨会”）在复旦大学光华楼东主楼701会议室举行。来自复旦大学、菲律宾大学、北京大学、武汉大学、厦门大学、暨南大学、中国现代国际关系研究院、中国南海研究院等机构的17名专家学者参加了此次会议。

研讨会开幕式由复旦大学中国与周边国家关系研究中心主任石源华教授主持，复旦大学国际问题研究院常务副院长吴心伯教授致欢迎词。吴心伯在致辞中就中菲关系发展给出了四点建议。第一，改善双边关系与加强合作，特别是加强国家层面的沟通与对话，增强经济领域的合作。第二，共同寻找解决中菲南海争端的更好方案。第三，中菲两国争端的解决还是要依靠中菲两国来解决，第三方介入无法对问题的最终解决发挥积极作用。第四，尽管两国间的主要争端在未来较长时间内可能无法得以解决，但中菲应将争端保持在可控范围内，同时，开诚布公地进行沟通。

随后菲律宾大学亚洲中心主任乔夫·桑塔利塔（Joefe Santarita）教授致开幕词。他认为，如何更好地加强中菲之间的关系至关重要。同时，桑塔利塔教授提出了三个问题，即两国如何能够在政策领域之外进一步加强合作、在全新的经济外交体系之下将会获得怎样的发展，以及如何打造更好的政策。他认为，两国间问题的解决无法一蹴而就，建议彼此应关注双方的共同利益，如在渔业、海洋经济、能源、科技等领域的合作，同时积极引导本国媒体，鼓励非政府组织、企业、个人等为双方经济增长多做贡献。此外，为构建两国间良好的对话机制，学者们应通过加强协作与讨论，为机制的构建出谋划策。

此次研讨会主要分为三个部分，中菲学者结合国内外因素，从媒体与舆论、历史发展、国际法、地缘政治与经济等多角度出发，围绕中菲关系的现状与前景、“南海仲裁案”及其影响，“一带一路”倡议对菲律宾及东亚地区的影响，以及处理中菲间问题的途径等重要议题进行了讨论。

议题一　中菲关系的现状与前景

议题一“中菲关系的现状与前景”由桑塔利塔教授主持，共有3位学者围绕此议题进行了主题发言，北京大学国际关系学院的陈绍锋副教授做点评。

菲律宾大学萨沙·加拉尔多（Sascha Gallardo）副研究员做了题为“菲律宾媒体及公众有关中菲关系看法的最新进展”的报告。结合来自菲律宾民意调查机构“社会气象站”（Social Weather Station，SWS）的公众舆论调研报告及媒体的报道文章，加拉尔多认为菲律宾公众对中国的看法受到两国关系变化的影响，媒体报道则以负面评论居多。具体而言，通过展示不同时间的舆论调研报告，加拉尔多指出了菲律宾和中国关系中的一些波折，公众的看法也受此影响。同时，对比菲律宾公众对美国、澳大利亚等其他部分国家的舆论研究报告，菲律宾公众对中国的舆论更倾向于负面。此外，菲律宾主流媒体的涉华报道多以负面内容为主。其中，加拉尔多提到一些文章把中国描述为具有“进攻性”“欺凌性”，中国是在“恐吓”菲律宾。在最近的有关中国问题的部分意见性文章中，则包含正负参半的复杂情绪。不过，媒体最新报道呈现的一个趋势是流露出能够解决争端的可能性。加拉尔多认为，公众对国家的看法与媒体的文章报道之间存在差异，而这个差异需要研究。

菲律宾大学仙沓·罗马那（Chito Sta. Romana）讲师做了题为“中菲关系的现状与前景”的报告。他首先从个人角度剖析了菲律宾新总统杜特尔特上任后的对华政策。罗马那认为，自2012年“黄岩岛事件”之后，中菲关系进入僵持阶段。2016年5月菲律宾国内总统大选之后，事情出现了一些转机，这可以被看作中菲关系解冻的契机。杜特尔特现有的对华政策是希望通过更直接的对话，缓解与中国的紧张关系，推动两国在经济领域的合作。同时，菲律宾还将加强与美国、日本的关系。罗马那指出，杜特尔特总统外交政策背后的逻辑是想要建立更加平衡与独立的外交政策。然而，如何在维持仲裁结果的同时改善对华关系是菲律宾新对华政策面临的关键挑战。接着，罗马那分析了中菲两国领导人在部分观点上的差异，特别是针对“南海仲裁案”的结果，两国存在明显分歧。尽管如此，以和平方式处理两国关系是双方领导人的共识。并且，中菲两国在打击国际犯罪、反贪腐及海洋保护等方面仍有较大的合作空间。此后，罗马那分析了改善中菲关系将会面临的挑战，主要有三点。第一，有关两国后续如何处理建立好的双边关系和谈话，必须要找到更好的方法；第二，如何能够更好地探索并加强两国间可以合作的领域；第三，如何和平地处理彼此争端，保持自我克制及缓解紧张关系。最后，罗马那指明，尽管双方的争议尚未解决，关系仍比较紧张，但是中菲两国的合作仍在继续推进，恢复双方之间协作的可能性是很大的。

暨南大学代帆副教授做了题为“南海问题与中菲关系的过去与未来”的讲演。他首先从历史的角度阐述了中菲关系发展所经历的三个阶段。第一个阶段是 20 世纪 90 年代。第二个阶段被视为中菲关系发展的黄金时期，主要处于阿罗约总统时期。第三个阶段则是阿基诺三世出任总统时期，菲律宾对华政策出现较大转变，两国关系因南海问题陷入僵局。就中菲关系发展的曲折历程来看，代帆认为，国家安全与发展是菲律宾外交政策的一个重要关注点。如果南海问题能够得到很好的管控，那将会影响菲律宾的政策。同时，诸如中美关系变化的外部因素也是影响中菲关系的重要因素。菲律宾新总统杜特尔特是否会采取与前总统阿罗约相似的对华政策，即搁置两国间的争议，与中国保持良好关系以推动国内社会与经济的发展也是一个问题。毕竟，对于菲律宾而言，其面临的最大问题不是南海问题，而是国内的社会发展。杜特尔特上任后也的确释放出一些积极信号，表明要改善与中国的关系。然而，代帆认为，杜特尔特可能会采取更加务实的对华政策，而不是成为另一个阿罗约。此外，在过去大概 5 年的时间里，菲律宾人对中国的不信任感在逐渐加深。针对中菲关系存在的问题，代帆指出，除了开展两国之间的高层对话以外，还需要促进人员交流和相互理解，以恢复彼此之间的信任。

议题二 “21 世纪海上丝绸之路”与中菲关系

议题二“‘21 世纪海上丝绸之路’与中菲关系”由武汉大学罗国强教授主持，菲律宾大学安托瓦内特·拉奎扎（Antoinette Raquiza）副教授、中国南海研究院海上丝绸之路研究所副所长林勇新做点评。围绕该项议题，菲律宾学者蒂娜·克莱门特（Tina Clemente）副教授与中国现代国际关系研究院助理研究员陈庆鸿做了相关报告。

菲律宾大学克莱门特副教授（现场播放其录制的视频）的报告主题是“菲律宾对于新经济外交结构的看法”。首先，克莱门特阐述了菲律宾与“21 世纪海上丝绸之路”和“区域全面经济合作伙伴关系”之间的关系。克莱门特认为，目前菲律宾正在更好地理解“21 世纪海上丝绸之路”战略的组成部分，以及该战略对菲律宾和亚洲的影响。当前的问题是，不要将此战略发展成具有中国的“单边主义”色彩的战略，即这一战略是基于国与国之间的关系打造的，而不考虑所谓的回报。这是一种平衡型的关系发展，而不是单边力量的拓展。同时，“区域全面经济合作伙伴关系”的建立，以及菲律宾加入 TPP（跨太平洋伙伴关系协定）有利于其以成员国的身份从中获得利益。加强东盟成员国的经济实力对于菲律宾而言，可以更好地制衡美国与中国之间的经济对抗。其次，克莱门特重点分析了中菲之间的合作，尤其是在基础设施建设领域的合作。她认为，参与到中国提倡的“21 世纪海上丝绸之路”合作中，将有助于菲律宾在国内外更好地融入基础设施的建设中，改善现有质量不尽如人意的基础设施。但是，菲律宾在该领域的进展缓慢，其主要原因在于菲律宾港口机构的运营效率不高，很大程度上依赖于政府进行运作，并且菲律宾民众对“21 世纪海上丝绸之路”的建设举措还存在不信任的态度。对此，有效推广“21 世纪海上丝绸之路”项目将会减少菲律宾对中国的不信任。最后，克莱门特谈及对中菲关系未来的展望。菲律宾如何更好地参与“21 世纪海上丝绸之路”战略取决于菲律宾如何理解该战略，以及它相应制定出的经济战略与政策。就两国关系来说，如何进一步理解经济和安全之间的关系是一个巨大挑战。

中国现代国际关系研究院助理研究员陈庆鸿做了题为“‘一带一路’倡议及其对菲律宾的影响”的报告。首先，陈庆鸿从个人角度阐述了对“21 世纪海上丝绸之路”倡议的理解，主要有四点。第一，“一带一路”

不是旨在重建新的世界秩序；第二，“一带一路”倡议并不仅仅关注基础设施投资，有了设施设备的互联，参与者可以更好地投资和开展贸易往来，这是“一带一路”倡议的一个重要的方向和任务；第三，“一带一路”倡议不是一个由中国单方面向其他国家所强加的战略；第四，尽管中国也能更好地从这些合作项目中受益，但同时中国也做出承诺，将会在国际设计中扮演更加重要的角色。其次，陈庆鸿分析了“一带一路”倡议对菲律宾的三个主要影响。第一，加入“一带一路”，能够帮助解决菲律宾目前的发展障碍。菲律宾成为“一带一路”的参与国将会享有更高层次的合作和更高级别的协议，中国也可以帮助菲律宾加强其在基础设施上的建设。第二，“一带一路”倡议将深化菲律宾与区域间其他各国之间的合作，其中也包括中国在内。“一带一路”作为一个庞大的跨国家、跨地区的倡议，将会集中不同类型的投资，其中包括高铁及其他各种类型的基础设施，从而能够进一步连接亚洲和欧洲，促使各国内部更加快速地成长。此外，“一带一路”倡议还可以让本地发展进一步稳定。最后，陈庆鸿剖析了菲律宾在“一带一路”倡议中能够扮演的角色。菲律宾位于东南亚的东部地区，是中国南海的东区，也是太平洋的西边。菲律宾处在一个非常重要的地理位置，也是整个全球贸易的关键节点。

克莱门特和陈庆鸿发言之后，菲律宾学者拉奎扎副教授进行了点评。她认为陈庆鸿提出了非常具有建设性的意见，中国并不是通过“一带一路”来重新打造新的全球局势，而是希望能够扮演一个领衔角色，保持现有的国际格局。同时，拉奎扎副教授提出了三点个人见解。第一，必须加强两国人与人之间的互访和贸易往来；第二，两国之间的经济合作还有很大的提升空间；第三，菲律宾可以更好地加入“21世纪海上丝绸之路”倡议。接着，中国学者林勇新做了点评。他认为陈庆鸿的报告在一定程度上回应了克莱门特提出的一个重要问题，即“一带一路”是不是中国单边主义的策略。未来“一带一路”如何成为中菲之间的一个共识，还需要更多层面地执行。基于两位学者的发言，林勇新阐述了五点个人看法。第一，中菲共建“21世纪海上丝绸之路”首先需要探讨一个现实的基础，即政治基础；第二，尽管中菲关系处于低谷，但两国的经济贸易额也是在逆势提升的，这对于两国开展经济贸易之间的合作提供了很好的基础；第三，贸易额的提升离不开双方进出口贸易产业优势的互补；第四，中菲之间的人文往来还有很大的空间；第五，中菲之间可能更多面临的是“21世纪海上丝绸之路”建设的挑战，当前双方的政治互信不足仍是两国所面临的最严峻的挑战。

议题三　南海问题与中菲关系

议题三由菲律宾大学安托瓦内特·拉奎扎副教授主持，由武汉大学罗国强教授负责点评。来自中菲两国的4位学者做主题报告。

菲律宾大学杰伊·巴通巴卡尔（Jay Batongbacal）副教授以南海仲裁结果为主要内容，做了题为“关于仲裁后的菲律宾、中国与东盟的设想”的发言。他强调仲裁仅对中菲两国具有法律约束力，对其他国家则不具有约束力，但这种依靠国际仲裁的方式解决国家间争端问题或将在未来类似的海洋纠纷中被效仿。关于中国主张在南海九段线内拥有生物与非生物资源等历史性权益的问题，他认为这并没有考虑菲律宾在大陆架内的利益需求，根据仲裁庭的决定或者《联合国海洋法公约》的规定，中国必须放弃对菲律宾大陆架内这些资源利益的主张，中国的历史性权益主张只限于中国领土、领海与大陆架范围内。他强调，如何避免中国渔船在菲律宾专属经济区内非法捕鱼的问题是重要而且是必须解决的。同时，中国在南海建设的人工岛也是双方争议的重点内容之一。关于仲裁决议会给两国关系带来怎样的变化，他认为对于菲律宾而言，仲裁的结果将被作为进行后续协商和外交政策制定的法律基础，并认为双方之间要加强协调与沟通，采取合理合法的决策解决问题，而且中菲两国可以共享两国共有的管辖权，包括一些共有资源，钻井、海上石油勘探等活动都可以通过两国合作的方式来完成。而就中国而言，他认为中国并没有一套完整的法律法规体系作为其在南海进行资源勘探、司法管辖的基础和依据。如果中国继续在菲律宾专属经济区内进行捕鱼，则菲律宾可以搜集相关有力证据来进行抵制。而对于该次仲裁结果，他认为更多的是鼓励双方进行协商，共同建立合作机制以寻求共识。

厦门大学沈红芳教授就“中国与东盟关系中有关南海问题的双轨制”进行了发言。她主要阐述了双轨机制诞生的背景、执行、政策引导等内容，以及如何利用双轨机制合理解决目前的南海争端问题。她认为，主权问题确实是南海争端的一个重要导火索，并简单地回顾了中国从新中国成立以来在南海奉行的相关政策。她指出，菲律宾政府单方面提起“南海仲裁案”违反了国际法有约必守的基本原则。因为 1996 年 8 月中菲双方发表的联合声明就强调争议应该直接由相关方进行解决，该主张后来还得到了双方的多次重申。仲裁结果宣布后，中国依然坚持通过谈判来解决中菲双方的南海争端。而关于中国提出的双轨思路，其内涵包括：一方面，通过争端当事国即中菲两国直接对话和协商来解决争议；另一方面，通过中国与东盟合作来有效地控制与处理特殊的争端，以维护地区和平与稳定。而中国倡导的双轨思路其实也体现了中国四个方面的政策含义：第一，中国坚持当事国双方磋商解决争议的立场不会改变；第二，双轨思路不会给其他域外国家的干预提供任何借口，而是表明了本地区的稳定应由中国与东盟国家共同维护；第三，中国不会放弃和平手段解决争端；第四，中国在南海地区扮演的“和平和稳定的维护者”形象更加清晰。最后沈红芳教授建议，中国提倡的双轨制在本地区可以被称为东盟的做事方式。此外，中国在南海的主权争议不应影响中国与东盟在整体层面的合作，也不应影响中菲的总体关系。

菲律宾大学艾琳·巴维尔娅（Alieen Baviera）教授做了题为“通过对话与建立信任的方式应对仲裁后的政治安全挑战”的报告。她主要从政治与安全角度分析了仲裁的相关含义，并提出了四个问题：第一，仲裁结果是否会改变中菲两国的政治安全动态关系；第二，仲裁结果是否有利于本地区的稳定；第三，危机能否得到有效管控；第四，哪些领域有利于双方之间的对话及互信的构建。由于中菲综合实力悬殊，她认为权力因素是决定两国间政治与安全关系的要素之一，然而，目前两国却陷入了领土主权争端。此外，她认为两国在南海的利益主张相互对立，特别是中国的九段线主张是不太被国际社会所接受的，而菲律宾近年来开始逐步把国际法融入国内法的设定中，以使菲律宾更加融入国际惯例。她提到，菲律宾沿岸的油气资源对于菲律宾而言很重要，但由于中国对九段线内司法管辖权的强调导致菲律宾无法正常行使其合法权益，从而使问题复杂化。在捕鱼领域，尤其是对双方重点争议的区域如黄岩岛，菲律宾无法明确中国在这些争议区域的真实意图。在中菲存在海洋主权争议之际，美国的“亚太再平衡”战略对地区事务的干预可能使事态复杂化，她建议菲律宾应在与中美关系上寻求更好的平衡。目前菲律宾国内在美国是否是可靠盟友的问题上存在分歧，巴维尔娅认为，根据目前的情况，菲律宾的确需要美国。至于东盟是否是个可靠的盟友，她表示并不看好。她认为，尽管中国主张通过对话与协商解决争端，但中国绝不会在主权问题上让步，因此她建议中菲应该建立一个必要的对话机制。对于中国是否会将南海的人工岛变为军事基地，以及中国在南海是否会采取军事行动，她表示菲律宾目前还无法确定，但由于涉及主权争端，因此这并非不可能。对此，她建议应采取一些措施，以应对可能出现的潜在冲突。从短期看，要加强协商沟通，中菲共同制定有关的法规以建立一个共同的规范框架，从而使双方的行为更加规范化和透明化；从中长期看，双方都要做出妥协，互相让步，尽管目前还比较困难，但中菲应坚持互相尊重、平等、互惠等基本外交原则，为外交创造良好的气氛，同时还要加强经济、商业及人员交流，最后还可以重建两国的军事关系。

复旦大学祁怀高副教授的发言题目是“欧洲煤钢共同体对南海共同开发的启示”。祁怀高通过分析欧洲煤钢联营在管理机构设置和运行机制方面的有益经验，归纳欧洲煤钢联营与南海共同开发的相通之处，总结出欧洲煤钢联营对南海共同开发的理论和政策启示。他分析了欧洲煤钢联营对南海共同开发的两点理论启示。一是正确理解“主权转移”和“主权合并”这两种说法。西欧六国把一部分权力让渡给了欧洲煤钢共同体，又在一个超国家机构（欧洲煤钢共同体高级机构）中集体行使。“权力让渡”与“共同行使”相结合。它的启示是，中国和其他南海沿岸国不必担心“主权转移”或“主权合并”。而且中国率先垂范，让渡部分在南海的非核心利益，能够取信于其他南海沿岸国。二是功能性合作实践与两种性质机构的新颖结合。西欧六国的功能性合作实践主要指的是煤、钢两个经济部门的合作。两种性质机构指的是超国家性质的机构（高级机构和法院）和政府间机构（部长理事会）。它的启示是，南海沿岸国可以选取油气和渔业这些功能性领域开展务实合作，可以设立南海共同开发“超国家”机构。祁怀高还分析了欧洲煤钢联营对南海共同开发的四方面政策启示：一是可以借鉴欧洲煤钢联营高级机构经验，在南海设立“超国家”的“南海共同开发管理机构”；二是把油气资源和渔业资源作为南海资源共同开发的重点领域；三是设计大胆而富有想象力的制度，如表决制度要适度体现超国家主义原则和“主权让渡”精神，给予相关国际组织和非沿岸国一定的角色定位；四是着眼于远大的政治经济目标和未来的东亚一体化。

四位学者发言结束后，罗国强教授进行了点评。他主要从国际法专业的视角进行分析与评论。他认为四位发言人的共同看法是希望通过采取不同手段，无论是政治、经济或其他手段来共同解决南海争端问题。对此，罗国强教授强调，必须重点关注手段的合法性。为了更好地解决争端问题，他认为对仲裁结果及其性质进行定义是首要前提，只有在一定理解的背景下，才可能解决争议。同时必须要保证仲裁的合法性，由于国内法与国际法属于不同的法律体系，国内法有上诉系统和重审系统，但在国际层面缺乏类似的机制，因此保证仲裁的合法性尤为重要。关于中国在南海的历史性权益主张问题，他认为历史性权益来自国际惯例，它远早于《联合国海洋法公约》而存在，而且并没有被《联合国海洋法公约》所覆盖，二者属于并列存在的规则，因此应该被综合考虑，而不应该被去除或替代。罗国强教授指出，历史性权利是来自国际惯例而非国际法律。众所周知，未被法律管辖的领域属于自由领域，但仲裁庭却认为没有被《联合国海洋法公约》所明确规定的领域应该定性为“没有法律依据”，因此仲裁庭的判决违背了国际法的惯例，有悖于通用法理。

会议闭幕式由祁怀高副教授主持。首先，巴维尔娅教授做总结。她认为，当前的确是中菲关系困难时期，寻求解决问题的方法和方案无疑会给双方带来更多益处。同时，两国需要考虑多种因素的影响，从国内环境到整个国际社会，包括公众舆论的导向、地缘政治与经济的关系、资源的争夺等，这些都是非常重要的因素。此外，究竟中菲的兴趣点在哪里，值得深思。巴维尔娅指出，在中菲之间，如果能充分定义安全、财富和公平的含义，两国一定能找到共同的契机解决南海争端。接着，石源华教授对此次研讨会进行了总结。他认为，如何在中菲关系上寻求突破，很重要的一点在于中菲如何理性地对待仲裁结果。同时，石源华教授发表了五点看法。第一，美国“亚太再平衡”战略对东亚局势的逆转起了较大作用。第二，中美关系中既有结构性矛盾，也有良好的合作，处于中美之间的“中间国家”应采取良好的平衡立场。第三，在处理中菲两国关系上，还有另一种“双轨思路”，即两个国家之间的分歧和两个国家的长远利益需要分开处理，不能因为有分歧就影响两个国家长远利益的发展。第四，搁置核心的争执焦点。第五，在仲裁问题上，在两国之间的核心分歧问题上，中菲需要找到搁置的办法，同时通过推动两国间的合作恢复双边关系。

此次研讨会是 2016 年 7 月“南海仲裁案”裁决公布后复旦大学首次与菲律宾大学联合举办学术会议。尽管中菲关系仍处于困难时期，两国关系未来的发展仍面临不确定性与挑战，但研讨会上的两国学者努力寻求在中菲核心争论问题上达成相互了解，提出有效可行的解决方案，以推动中菲在海洋经济、媒体、贸易等领域的合作，进而改善中菲关系。

（刘青尧、李红梅，复旦大学国际关系与公共事务国际关系专业博士生）

“中国西北周边局势与‘丝绸之路经济带’建设：挑战与进展”研讨会综述

马　斌

2016年10月16日，由复旦大学国际问题研究院俄罗斯中亚研究中心、复旦大学中国与周边国家关系研究中心共同举办的“中国西北周边局势与‘丝绸之路经济带’建设：挑战与进展”学术研讨会在复旦大学日本研究中心1楼会议室召开。来自中国社会科学院俄罗斯东欧中亚研究所、上海社会科学院国际关系研究所和世界中国学研究所、上海外国语大学俄罗斯研究中心和中东研究所、上海市委党校上海发展研究院、上海政法学院国际事务与公共管理学院、复旦大学国际问题研究院俄罗斯中亚研究中心和中国与周边国家关系研究中心，以及光明网、中央电视台、晨哨集团和海华永泰律师事务所的专家围绕“‘丝绸之路经济带’在中国西北周边的挑战”“中国西北周边极端势力与‘丝绸之路经济带’建设”“中国西北周边地缘政治与‘丝绸之路经济带’建设”“‘丝绸之路经济带’在中国西北周边的进展”等四大主题展开讨论。

与会学者将“中国西北周边”聚焦为中亚，集中讨论了中亚地区安全局势、地缘政治等给“丝绸之路经济带”带来的挑战，以及“丝绸之路经济带”在该地区推进的途径和方式。其中，安全是与会学者最为关注的问题。对此，复旦大学俄罗斯中亚研究中心主任赵华胜研究员表示，中亚地区的安全形势非常有特点。从中亚独立开始，学界就开始讨论中亚安全问题；二十多年过去，原来所说的安全担忧依然存在，很多预测的事情也没有发生。“9·11”之前，学界讨论中亚安全的时候会关注塔利班问题、“三股势力”问题。阿富汗安全局势一直威胁着中亚安全，但至今没有大爆发；中亚社会稳定也是学界长期关注的问题，虽然曾经发生过吉尔吉斯斯坦安全性事件，但基本上保持了稳定可控状态；我们一直担心中亚的权力交接必然导致大混乱，但是到目前为止交接问题并没有引发地区性动荡。因此，关于中亚地区安全有很多问题值得讨论。现在，学界认为中亚安全再次到了一个重要关口，主要的担忧仍然是权力交接、阿富汗问题、国内政治经济社会问题、"三股势力"、极端主义等。再加上中亚与中国接壤，国内学者对中亚安全的关注度变得更高。

议题一　"丝绸之路经济带"在中国西北周边的挑战

中国社会科学院俄罗斯东欧中亚研究所助理研究员牛义臣发言题目为"'丝绸之路经济带'建设中的安全议题"，认为"丝绸之路经济带"建设的快速推进与相关各方的安全关注提升使"丝绸之路经济带"安全议题成为学界讨论的热点。首先，"丝绸之路经济带"对安全的影响。"丝绸之路经济带"是中国提出或倡导的，而且中国在近两年积极推动，投入了大量人力和物力，还包括智力因素，它的安全影响必然受到关注。相关各方对"丝绸之路经济带"安全影响的判断各不相同。有的强调"丝绸之路经济带"能够推动发展，对维护安全的能力或资源起推动作用；还有的国家从负面认识该问题。对于"丝绸之路经济带"建设而言，其他国家，尤其是中国周边，如中亚国家、俄罗斯等的想法十分重要。客观地看，其他国家存在不同程度的担忧是现实。这与中国崛起带来的"中国威胁论"有一定联系。俄罗斯对"丝绸之路经济带"的安全担忧更多存在于其传统势力范围内的地位及经济安全。俄罗斯虽然对"丝绸之路经济带"并未表现出明确抗拒，但它始终不像其他的中亚国家那样接受或积极参与，而是通过提出欧亚经济联盟与"丝绸之路经济带"对接缓解压力。中亚国家虽然也存在这种隐忧，但是它们表现出积极参与的姿态，说明它们的安全担忧与俄罗斯存在差异。其次，安全对"丝绸之路经济带"的影响。"丝绸之路经济带"的"五通"建设的顺利实现受到各种安全因素的制约，因为它涉及的众多区域安全局势不容乐观。单中亚地区来讲，旧的安全问题并没有解决，新的安全问题又不断涌现，且各种因素又交错在一起，相互纠缠。

海华永泰律师事务所高级合伙人余盛兴演讲题目为"'一带一路'沿线国家法律风险与挑战"。他把"一带一路"面临的法律风险归结为九类：

法律和政策变化的风险与挑战；司法执法水平的挑战；所在国财产保护的风险与挑战；知识产权法律的风险与挑战；环境保护法的风险与挑战；税收风险；被认定为不正当竞争或垄断的风险；劳资关系的风险与挑战；社会责任的风险与挑战。余盛兴提出了相应的风险解决措施，包括：投资前要进行充分的调查研究；谨慎选择投资地；根据具体情况制定投资方案；签订好相关投资合同；在投资过程中严格遵守所在国的法律法规；对所在国的法律、政策密切关注，及时调整投资行为；谈判和签订双边甚至多边投资保护协定；外国投资保险制度；密切关注并积极参与国际投资争端。此外，余盛兴律师还以尤科斯诉俄罗斯政府案、“南海仲裁案”等为例，介绍了中国企业“走出去”所面临的外部环境的复杂性。

央视财经频道刘娜的演讲题目是“媒体在‘一带一路’建设当中的角色以及挑战”。首先，刘娜女士介绍了央视跟踪报道“一带一路”的情况。她认为，“一带一路”提出后的 3 年时间内，在政治、经济，包括贸易、金融、投资协作等方面已经达到新高度，但是，媒体所做的工作与完整地呈现“一带一路”原貌还有不小的差距。媒体除了能够对“一带一路”做忠实的记录及历史见证，包括盘点评论外，还可以发挥更加积极的作用，包括真正地参与其中。但是，国内媒体在报道和参与“一带一路”时面临一系列问题，包括信息来源的广度、信息处理的速度，以及信息获取的程度等。

光明网理论部张鑫认为，“一带一路”要走出去不仅是企业走出去，关键是思维、文化走出去。至于媒体在“一带一路”中的角色，可以根据现实条件开展以下工作：第一，媒体在宣传报道的时候，特别是在国外进行宣传的时候，不能仅以中国的态度或者中国的思维方式去宣传，而应该借助外国的媒体或者它们的报道，增强信服力；第二，媒体要走出去，在参与“一带一路”的过程中，媒体可加强跟智库等的合作；第三，媒体在进行“一带一路”宣传时，尽量做到真诚和实事求是，把重心放在文化内核的交流上，而不是意识形态的输出上。

议题二　中国西北周边极端势力与“丝绸之路经济带”建设

上海社会科学院上海合作组织研究中心秘书长李立凡副研究员认为，

2016年9月是“9·11”事件发生第15年，国内围绕反恐问题开展了很多次讨论，中国周边、中亚、中东等地区的安全局势，“伊斯兰国”的崛起等都有所涉及。有观点认为国际恐怖主义已经发展到2.0版本，即“伊斯兰国”模式，反恐阵线国际化的趋势越来越明显。

上海社会科学院世界中国学研究所王震副研究员发言题目是“全球反恐战争转型对中国建设‘丝绸之路经济带’的影响”，主要侧重于从宏观进行分析。首先，全球反恐战争转型的特点。最近几年全球的反恐形势或者整个反恐战略跟15年前有非常大的不同，可将之归结为全球反恐战争的转型。第一点体现在国际社会反恐理念更趋成熟和完善，“9·11”事件之初，包括美国的其他国家主要的目标是追求在肉体上消灭恐怖分子，所以比较侧重军事手段，现在整个改变，各国都在强调打击暴力极端主义。第二点是全球反恐战争正在从传统的有形物理空间往无形空间拓展，最核心的两点，一个是意识形态的斗争，一个是网络战和心理战。第三点是联合国在全球反恐战争中的作用加强。联合国目前有三个专门委员会——反恐布置委员会、基地组织制裁委员会（“伊斯兰国”也包括在内）、第1540委员会与反恐问题相关。第四点是基于美国单边主义的国际反恐合作正在被自发性的基于平等自愿的反恐合作所取代。第五点是在国际恐怖威胁短期内难以消退的情况下，各国的反恐斗争趋于常态化。其次，全球反恐战争对中国的影响。全球反恐战争的转型对中国的挑战至少包括三个层面：第一个层面，全球反恐战争的转型让国际反恐的形势更加复杂；第二个层面，美国全球反恐战略的调整造成西方国家对中国反恐的立场发生微妙的变化；第三个层面，境外的“东突”势力正在和国际“圣战”活动合流。全球反恐战争的转型给中国带来的机会主要体现在：全球反恐战争的转型有助于中国在全球范围内打击“东突”武装分子，深化有关国家的合作；加快中国的海外反恐工作走出去的步伐。此外，全球反恐战争的转型给中国推动国际反恐领域的全球治理、打破西方的话语霸权和行为霸权创造了机遇。

上海外国语大学中东研究所副教授赵军发言题目是“中国西北周边国家在叙极端分子回归对丝路建设的影响”，主要侧重于从微观角度分析中国西北周边的安全局势。叙利亚武装战斗人员，尤其是外籍武装战斗人员回流问题近来受到国际社会的注意。中亚国家在叙利亚的极端分子回流将是影响“丝绸之路经济带”安全的重要因素。首先，叙利亚外籍作战人员的基本情况。目前，叙利亚已经成为全球极端分子的聚集地，大批外籍武装人员不断涌入，这种涌入人数的变化是成倍增长的。2012 年 10 月，联合国叙利亚问题独立国际调查委员会的资料显示，在叙武装外籍战斗人员来自 11 个国家，约为 500 ~ 800 人。之后，很多其他统计显示出在叙武装分子呈增长态势。到 2016 年 2 月，美国国家情报总监公布了它们的数据，认为在叙利亚和伊拉克有 36500 名外籍战斗人员，来自一百多个国家。中亚国家或者中国周边国家在叙利亚的武装战斗人员情况并没有十分准确的统计。不同机构统计的数据不同。2015 年 1 月，国际危机集团的一份报告称有 2000 名到 4000 名，并且这些人主要来自费尔干纳地区。2015 年 1 月，俄罗斯通讯社的消息称，有 2000 多名塔吉克斯坦人参加了“伊斯兰国”组织。在叙利亚的战斗人员可分为三大类，第一类人员主要是来自车臣和高加索（音）地区；第二类人员属于巴基斯坦；第三类人员牵扯到阿富汗。其次，中亚回流极端分子的基本情况及其威胁的简单评估。外籍武装人员从叙利亚回流是由多种原因造成的，有的是因为理想与现实存在巨大落差，有的是接受不了战争的血腥，有的是因为待遇太低，等等。极端分子回流给中亚本土地区造成了威胁，但是，媒体、学者等存在一种夸大的嫌疑。极端分子回流给丝路建设带来的挑战包括：对基础设施的破坏，对投资的威胁，对旅游人员、留学人员、驻地工作人员的威胁，等等。为应对这些问题，中国已经采取很多措施。在所有措施中，迅速建立该地区的安全风险评估预警机制和安全保护执行机制、双边层面加强与中亚国家的反恐合作与反恐协调、建立中亚国家中资企业和人员的联合防范机制等尤为迫切。

吉林大学公共外交学院富育红博士发言题目是“‘伊斯兰国’在阿富汗的渗透及各方的应对”。富育红博士的发言重点围绕相关各方如何应对“伊斯兰国”在阿富汗的渗透问题展开。一是阿富汗塔利班的应对。塔利班的主要目标是希望将“伊斯兰国”阿富汗分支（简称 IS – K）遏制在它的境内，所以自 IS – K 开始在阿富汗境内扩张，阿富汗塔利班就命令各个地区的指挥官要使用所有可能的手段跟它发生对抗。总体来看，二者主要是竞争对手和劲敌的关系，不过值得注意的是，最近发生了一些变化，特别是 2016 年的 6、7 月之后，二者在阿富汗的东部大部分地区都实现了暂时停火，而且双方都利用这样一个停火对自己进行重组，并且也将自己的注意力一致集中到政府军和集团部队。二是阿富汗政府的应对。阿富汗政府2015年在国内实施了人民起义计划，就是由当局为各个地方的人民武装提供资金和武器支持，加强人民进行自我保卫的能力。这个计划存在一些问题，例如很多地方的民兵武装本身与塔利班分子有联系，或者他们也可能因为缺乏约束而参加各种犯罪暴力活动，这是因为，以前实施的类似的民兵计划都表明这些民兵武装通常情况下难以平息地区的动荡，甚至还会激起部落之间的仇怨。阿富汗政府加强了军事打击，在国际层面上，阿富汗在各种场合不断呼吁加强对IS－K的打击。三是巴基斯坦的应对。阿富汗境内的IS－K成员大部分来自巴基斯坦。IS－K虽然主要在阿富汗境内展开活动，但也以巴基斯坦为主要的打击对象。巴基斯坦当局近来逮捕了数百名与IS－K有联系的武装分子，同时也加强了对与阿巴边境的监察设施的修建，这也反映了巴基斯坦的态度。四是伊朗的应对。伊朗和“伊斯兰国”之间是相互敌对的。伊朗试图在其与阿富汗的边界设立缓冲来化解威胁，试图与阿塔利班进行合作。五是美国的应对。奥巴马政府将IS－K加入外部恐怖组织的名单当中，而且放松了打击IS－K的规定，扩大了自己的反恐任务，同时相应扩大了自己的驻军规模，也延缓了驻军步伐，并且加大了对阿富汗东部地区空袭的力度。六是俄罗斯的应对。俄罗斯在2005年底对外承认与阿塔利班在打击IS－K方面存在共同利益，而且双方互有情报合作。最后富育红博士强调，IS－K的安全威胁正处于逐渐削弱的状态，但各方仍把它看作严重威胁，对它非常关注，主要是因为它在阿富汗境内扮演了政治破坏者的角色。

议题三　中国西北周边地缘政治与“丝绸之路经济带”建设

中国社会科学院俄罗斯东欧中亚研究所副研究员王志远的发言题目是“‘丝绸之路经济带’与后苏联空间：合作与竞争的战略解析”。王志远主要从新经济地理的角度分析了“丝绸之路经济带”在后苏联空间所面临的环境。新经济地理学与传统经济地理的重要区别在于它更加关注地理之外的经济运输，认为由于某一个自然条件而拥有的区位优势会使这个地区频繁出现大量的国际贸易，国际贸易发展会引起产业聚集，聚集之后成本降低，又会形成一个新的经济地理的空间布局。“丝绸之路经济带”正好是从拓展经济联系、提高运输效率的贸易合作深度开展挺进的。中国现在拥有的陆地运输端点基本都集中在海岸，而新提出的“丝绸之路经济带”涉及的运输战略方向是向海洋挺进，中国的陆地贸易和海上贸易可由此形成相互支撑的格局，而不是替代关系。中国的陆上对外贸易都要通过俄罗斯和中亚，后苏联空间是一个核心区域，无论是从交通走向上看，还是从现实当中的贸易流量看，俄罗斯和中亚所覆盖的后苏联空间都是“丝绸之路经济带”中的第一站，也是最核心的区域。在中俄全面战略协作伙伴关系下，中国与俄罗斯之间的合作关系是很有前景的，但是，若把竞争关系考虑进来，这种合作就会呈现倒三角的形状，稳定性不够好。因此，尽管中俄已经就“一带一路”与“欧亚经济联盟”对接发表声明，但目前还没有大的进展。促使俄罗斯接受与中国对接的重要原因是乌克兰危机给俄罗斯制造的战略压力，俄罗斯与中国的合作属于后危机合作模式。

华东师范大学俄罗斯研究中心万青松博士后的发言题目是“中亚地缘政治的不确定性与‘丝绸之路经济带’建设”。他认为，中亚地缘政治的不确定性导致中亚国家倾向于“多方位外交”，即在外交上不对特定的国家完全依赖，也不以单一的发展方向作为理想状态，而是在两个及以上的大国或力量中心之间随机摇摆，以最大限度地获取政治经济利益。中亚各国多方位外交政策的形成经历了一个循序渐进的过程，可划分为四个阶段：第一阶段是酝酿，主要在苏联解体之初；之后会有一段试错过程，并进行一定的实践；然后就是确立，主要发生在 21 世纪初；最后是进一步巩固。中亚国家普遍采取这样一个多方位外交政策主要源自多方面因素的推动。首先是中亚各国之间的合作比较松散，效率低下，矛盾重重。其次是中亚国家推行的区域一体化发展失败。最后是地区秩序的缺失，主要原因不管是经济、军事还是政治、意识形态领域，中亚各国根本没有实力构建符合其自身利益的地区秩序。多方位外交主要有四大向度：欧美、亚太、伊斯兰世界、俄罗斯。多方位外交政策的结构性问题可归纳为四点：第一点是中亚作为地缘政治上的国际政治区域，它的完整性是缺失的；第二点是中亚国家同时参与多个地区性国际制度，导致制度重叠，可能出现功能相互排斥的情况；第三点是中亚国家游走于制度之间，或者是有所取舍，或者是两边通吃，导致有限资源得不到有效利用，使各国经济、政治、安全等方面的矛盾和冲突增多，更无力应对地区面临的区域性或全球性威胁与挑战；第四点是域外大国之间恶性地缘政治博弈风险增大。不确定性的后果及其对丝路建设的影响主要在于中亚地区地缘政治形势的不确定性导致地区不稳定性增加，会带来合作成本上升，给中国“丝绸之路经济带”倡议的落实增加变数。为此，需要加强大国的政治共识和战略合作，以应对中亚地缘政治不确定性带来的问题。

上海政法学院国际事务与公共管理学院讲师周秋君的发言题目是“中亚国家国内政治安全评析及中国对策”，主要聚焦于对中亚国家国内政治进行安全评估。她认为，目前沿线国家的政治中最有可能影响“一带一路”进程的因素是政权稳定程度，以中亚为例，具体包括政权更替的平稳度、政治派系斗争的激烈程度、政策推行的连贯性、外部势力的影响力及国内恐怖与暴力冲突的强度等，根据这些评估指标，初步把这些国家大概分成五级，第一级的国家属于政治稳定国家，政权稳定，政治度牢固，政策的稳定度比较强，整体成熟度比较强。第二级是比较稳定的国家，目前来看比较稳定，但是未来有一定不确定性，如存在接班人问题等，多数中亚国家都处在这样的水平。第三级属于潜在风险国家，变化多端，已经暴露出派系斗争或者内部矛盾，未来有可能引发政权危机。例如像沿线国家中的菲律宾、沙特阿拉伯。第四级属于明显风险国家，这些国家政权脆弱，内部矛盾与冲突激烈，有外部势力的干预，虽然有政权，但是却没有实际控制力。第五级属于完全失控国家。从中亚的情况来看，总体是比较稳定的，正在朝着符合本国国情的方向发展，但是国内政治存在结构性矛盾，因为大多没有经过正常的政权轮换，内外的风险正在加大，存在一定的脆弱性、不确定性，主要表现为：第一，中亚国家普遍有强总统弱议会的威权统治特征，老人政治的危险很明显，下一代的领导人大多在西方接受教育，比较难维持第一代的治理模式；第二，中亚处在大国博弈的夹缝中，“一带一路”倡议、美国的“新丝绸之路”计划和俄罗斯的新伙伴战略等都在这里交汇，中亚国家就对所有的国家采取开放的姿态，搞大国平衡，以符合本国的最大利益；第三，中亚国家最大的挑战源自“三股势力”及乌克兰危机、阿富汗局势等，它们都是影响中亚国家主权及政权安全的关键因素。中亚国家中，哈萨克斯坦、土库曼斯坦、乌兹别克斯坦属于比较稳定的国家；吉尔吉斯斯坦、塔吉克斯坦属于明显风险国家。

复旦大学俄罗斯中亚研究中心助理研究员马斌的发言题目是“美国中亚政策调整及对丝绸之路经济带的影响”，着重于对最近两年的美国中亚政策变化进行分析。对于美国在“一带一路”倡议里扮演的角色，学界存在很多种看法。美国自己曾提出可以进行合作，但是国内很多观点认为其角色基本是负面的。最近两年，美国着重从政治、经济、军事等领域调整中亚政策，但仍基本维持以前的“新丝绸之路”计划框架。从战略角度看，美国中亚政策调整的基本方向是继续强化中亚和南亚的联系。

议题四　“丝绸之路经济带”在中国西北周边的进展

上海社会科学院国际关系研究所助理研究员顾炜的发言题目是“三方合作与‘丝绸之路经济带’建设”，主要围绕“丝绸之路经济带”建设中的三方合作模式进行了分析。首先，关注三方合作的原因。两年前就围绕中俄两方通过三方机制推进合作问题。再就是美国在亚太地区推动联盟体系的三边化或者网络化。在此背景下，中俄如何推进网络化以应对美国联盟体系的三边化和网络化的趋势就成为值得研究的问题。2013年中国提出推进“丝绸之路经济带”建设后，如何通过新途径推进建设是迫切需要解决的问题。探讨三方合作最基本的逻辑出发点在于国家类型化的划分。排除超级大国后，其他国家类型的划分，即地区大国、中等强国及小国就是三方合作的可能参与者。三方之间可以进行的合作模式包括：尖锐的等腰型，就是一个大国跟两个小国，两个小国之间的作用相对更弱一些；平缓应邀型，两个大国一个小国，两个大国的作用是保证三角形的稳定，一个小国起追随的作用。在构建路径上，要突出项目引导。通过项目建设，发展合作方式，然后到高层确认，最后把它建成一个领域更宽的机制。

上海市委党校上海发展研究院助理研究员邹磊的发言题目是“经济挑战影响‘丝绸之路经济带’的途径分析”。邹磊指出，现在对“一带一路”的认识泛化的倾向非常严重，但政府表述中最重要的两条主线就是基础设施互联互通和产能合作。从理论上说，“一带一路”是要将中国与沿线国家在工业化、基础设施建设和资源能源上的优势进行相应的对接。这与刺激沿线国家国内经济的发展从而扩大其市场需求有关。对于中国而言，这在某种程度上是经济合作方式的一个大转变。中国原来奉行的外贸方式现在面临瓶颈，在对方市场发生大幅萎缩的情况下以何种模式开展对外合作值得探讨。“一带一路”建设可概括为两种模式：一种是资源信贷和工程，或者说是能源金融和基建三位一体的合作模式；第二种是工业园区的合作模式，或者说是经贸合作区，或者说是前港后园的合作模式。不管是哪种合作，都会遇到一系列问题。一方面，经济民族主义抬头使原来大量倚重的资源信贷和工程面临挑战，另一方面是经济回报问题等。

晨哨集团研究总监李超女士的发言题目是"上海如何发挥比较优势推动'一带一路'建设"，主要通过大量数据对上海参与"一带一路"的状况和前景进行了分析。李超认为，上海并不处在"一带一路"的核心功能区，但是从地理位置上说它处于大陆和海洋的节点位置，所以它有一定的区位优势。同时，上海自由贸易区是承载上海参与"一带一路"建设的很好平台。上海自由贸易区是上海市对外投资的主渠道，其FTA账户、窗口审批的政策、金融四十条及政策试验区的优势政策，有助于它参与"一带一路"建设。结合上海的特点，上海对接"一带一路"时可以利用服务业、培训机构等的优势，通过研究机构、市场化的机构建立走出去平台，为企业提供服务。

上海外国语大学俄罗斯研究中心助理研究员韦进深的发言题目是"海外工业园区：对接'丝绸之路经济带'与欧亚经济联盟的模式选择"。第一，中国海外工业园区的发展历程。20世纪90年代末期，中国的民营企业开始以境外开发区的方式探索中国在海外的生存和发展，工业园区成为重要形式。2006年，中国商务部把推动建设境外经济贸易合作区作为重点工程之一，并出台了相关流程和合作程序。"一带一路"愿景与行动明确提出要探索投资合作的新模式，鼓励合作建设境外经贸合作园区、跨境经济合作区等各类产业园区，促进产业集群的发展。第二，中国在独立国家联合体（以下简称"独联体"）地区的工业园区分布现状。目前，哈萨克斯坦、乌兹别克斯坦、吉尔吉斯斯坦、塔吉克斯坦、土库曼斯坦、俄罗斯、白俄罗斯等都有中国工业园在建或已经运行。第三，中国在独联体地区的工业园区建设呈现的特点包括：政府推动、企业经营和市场化导向的运作模式；主导企业大多数是国内经济实力比较强并具有一定海外投资和国际经验的企业。第四，中国与原苏联地区共建海外工业园区可能是一个比较理想的"丝绸之路经济带"和欧亚经济联盟对接的模式，因为它具有以下几个优势：海外工业园区以政府的支持为后盾，避免了单个企业实力弱小的风险；以集群方式走出去，也能够发挥集群效应；海外工业园区能够规避贸易摩擦和争端，顺应了中国企业国际化经营的大趋势。第五，海外工业园区建设中目前存在的问题包括：海外工业园区建设的方式是一次性投入，然后逐步招商，具有一定的盲目性和风险；原苏联地区的国家大多数是欠发达地区，投资风险比较大，国内的基础设施建设、制度环境、信息环境存在一定的缺陷，并且国内需求有限，出口相关辅助产业不足会对产品的销售制造障碍；海外工业园区的定位尚有不明确的地方，一些工业园区对产业的原则及未来规划并不是十分明确，并且存在定位过高、产业选择过杂的现象；双边贸易合作中存在某些偏见和误解，影响着中国和东道国贸易合作的长远发展；园区企业生产过程中存在环境保护问题。

（马斌，复旦大学俄罗斯中亚研究中心助理研究员、博士）

附 录

国家领土主权与海洋权益协同创新中心简介

国家领土主权与海洋权益协同创新中心（以下简称“协创中心”，Collaborative Innovation Center for Territorial Sovereignty and Maritime Rights, CICTSMR），成立于2012年9月，由武汉大学牵头，联合复旦大学、中国政法大学、外交学院、郑州大学、中国社科院中国边疆研究所、水利部国际经济技术合作交流中心、国家海洋局海洋发展战略研究所等协同单位共同组建，并得到了中央外办、外交部、水利部、国家海洋局、国家测绘地理信息局等中央和国家部委的大力支持。2014年经教育部、财政部正式认定为“2011协同创新中心”。

协创中心以服务国家战略为宗旨，按照“国家急需、世界一流、制度先进、贡献突出”的要求，瞄准国家领土海洋维权重大问题，开展战略研究、政策建言、人才培养、舆论引导、公共外交等工作，建设人才、学科、科研三位一体的国家战略平台、世界一流智库。

协创中心具有较为完善的组织构架，设理事会、主任联席会议、学术委员会，实行理事会领导下的主任负责制。韩进、胡德坤、高之国分别任理事长、协创中心主任和学术委员会主任。

协创中心的领土海洋问题研究以国际法和历史研究为重点，以国际关系、外交学、世界经济、测绘遥感、水利水电等学科为支撑，以问题为导向，学科交叉组建创新团队，支撑国家领土主权海洋战略与政策，服务国家领土海洋维权斗争，提供领土海洋维权技术支持，服务于国家领土主权与海洋权益的重大现实问题和国家战略需求。

协创中心已组建的 11 个创新团队分别是：国家海洋战略与边海外交、中国与周边国家关系、“一带一路”与周边合作、领土海洋争端解决与国际法、钓鱼岛与南海诸岛档案资料的整理与研究、海洋权益的保障与拓展、中国极地政策与极地权益、中国疆域历史与现状、陆地边界争端与跨境合作、界河管理与跨境水资源争端与合作、人文数字边海与测绘遥感技术应用。

复旦大学中国与周边国家关系研究中心简介

复旦大学中国与周边国家关系研究中心（简称“复旦中国周边中心”，Center for China’s Relations with Neighboring Countries of Fudan University，CCRNC - Fudan）成立于 2013 年 11 月 11 日，隶属于复旦大学国际问题研究院，同时也是国家领土主权与海洋权益协同创新中心（教育部 2011 协同创新中心）复旦大学分中心。

中心的定位是：以复旦大学优势学科政治学和国际关系为依托，着力于中国与周边国家之间的政治、安全、经济、外交、民族、宗教与文化关系研究；担当中国与周边国家关系研究领域有重要影响力的问题研究者、政策建言者、思想提供者和舆论塑造者。中心将凝聚研究团队，努力建设成为中国周边研究的新高地和具有国际影响的研究机构，为中国周边外交建设做出重要智力贡献。

截至 2018 年 9 月 30 日，中心现有研究人员 13 人，其中教授（研究员）8 人、副教授（副研究员）3 人、助理研究员 2 人。包括：石源华教授、陈玉刚教授、纳日碧力戈教授、信强教授、包霞琴教授、方秀玉教授、邢丽菊教授、徐海燕教授、祁怀高副教授、郑继永副教授、涂怡超副教授、薛松助理研究员、朱芹助理研究员。中心在站博士后研究人员 1 人，科研秘书 1 人。石源华教授担任中心主任，祁怀高副教授担任中心副主任。

中心的主要工作包括：（1）为中国周边外交建设资政献策；（2）推介“中国周边学”研究；（3）编著《中国周边外交研究报告》（年度报告）；（4）主办《中国周边外交学刊》（学术辑刊，半年刊）；（5）出版“复旦大学中国周边外交研究丛书”，“丛书”已先后出版《中国崛起背景下的周边安全与周边外交》（中华书局 2014 年版）、《冷战后中国周边地区政策的动力机制研究》（中华书局 2016 年版）、《中国周边外交十四讲》（社会科学文献出版社 2016 年版）、《转型期日本的对华认知与对华政策》（中华书局 2017 年版）；（6）编制“中国周边国家概况及对华关系数据库”，该数据库的成果之一是工具书《中国周边国家概览》（世界知识出版社 2017 年版）；（7）主办“复旦大学中国周边外交研究论坛”；（8）举办国际国内学术会议；（9）参与打造周边外交的中国话语权；（10）教书育人，人才培养。

中心是“中国—东盟学术共同体”（the Network of ASEAN – China Academic Institutes，NACAI）的常设秘书处。

中心成立后，中心研究人员获得多个国家社会科学基金项目，并积极承担中国政府部门的相关科研项目。中心招收政治学博士后研究人员，招收国际关系、国际政治、外交学专业的博士生和硕士生。中心欢迎国内外从事中国与周边国家关系研究的学者和官员前来访学交流。

《中国周边外交学刊》征稿启事

《中国周边外交学刊》是由复旦大学中国与周边国家关系研究中心、国家领土主权与海洋权益协同创新中心复旦大学分中心主办的中国周边外交研究专业性学术书刊。宗旨是：瞄准中国领土主权与海洋权益重大问题，努力推进对中国与周边国家之间的政治、安全、经济、外交、文化关系的理论研究、战略研究、个案研究和综合研究。

《中国周边外交学刊》设有“特稿”“‘中国周边学’笔谈”“周边外交综论”“‘一带一路’研究”“周边次区域研究”“亚洲新安全观”“亚洲命运共同体”“中国边海事务”“周边看中国”“周边国情研究”“周边文化交流”“青年论坛”“学术动态”“书评”等栏目。

欢迎国内外从事中国与周边国家关系研究、中国领土主权与海洋权益重大问题研究的学者和朋友们赐稿。

《中国周边外交学刊》每年出版 2 期，定于每年 6 月和 12 月正式出版。每年年度第 1 期于 3 月 1 日截止收稿，第 2 期于 9 月 1 日截止收稿。

投稿者务请注意以下事项：

一、来稿请提供电子版。严格遵守学术规范，引用的文献、观点和主要事实要注明来源。网上资料的引用应做到可核查。具体注释体例请参见“《中国周边外交学刊》注释体例”。

二、学术论文每篇字数一般为 1 – 2 万字；书评及学术动态一般在 5000 字以内。

三、来稿请提供中英文的题名、作者姓名、工作单位、内容提要（250 – 300 字）、关键词（3 – 5 个）。同时请提供作者简介、详细通信地址、邮编、电话号码、电子邮件地址，以便联系。

四、请勿一稿多投。来稿一经刊用，即付稿酬（含信息网络传播和数字发行稿酬），并赠送当期本刊两册。

五、本刊对采用的稿件有修改权，不同意修改者，请在来稿中申明。

六、本刊实行匿名评审制度，确保论文质量。

七、《中国周边外交学刊》编辑部联系方式：电邮：ccrnc@ fudan. edu. cn，huyangyu @ fudan. edu. cn；联系人：胡旸昱；电话：021 - 65641685；传真：021 - 65642939；地址：上海市邯郸路 220 号复旦大学文科楼 307 室复旦大学中国与周边国家关系研究中心；邮编：200433。

《中国周边外交学刊》稿件体例及注释规范

一、文稿请按题目、作者、内容提要（250 - 300 字）、关键词（3 - 5 个）、基金项目（可选）、作者简介、正文之次序撰写。节次或内容编号请按一、（一）、1、（1）……之顺序排列。文后请附英文题目和英文摘要。

二、正文或注释中出现的中文书籍、期刊、报纸之名称，请以书名号《》表示；文章篇名请以书名号《》表示。英文著作、期刊、报纸之名称，请以斜体表示；文章篇名请以双引号“”表示。古籍书名与篇名连用时，可用“·”将书名与篇名分开，如《论语·学而》。

三、正文或注释中出现的页码及出版年月日，请尽量以公元纪年并以阿拉伯数字表示。

四、所有引注均需详列来源。注释一律采用“页下脚注”格式，并请参考下列附例：

（一）书籍

1. 中文

（1）专著

石源华：《中华民国外交史新著》（第三卷），社会科学文献出版社，2013，第 1094 - 1174 页。

（2）编著

石泽主编《中国周边国家与合作组织》，人民出版社，2014，第 39 页。

（3）译著

〔美〕亨利·基辛格：《大外交》，顾淑馨等译，海南出版社，2012，第 146 页。

（4）文集中的文章

爱德华·卡尔：《现实主义对乌托邦主义的批判》，载秦亚青编《西方国际关系理论经典导读》，北京大学出版社，2009，第3－24页。

2. 西文

（1）专著

Robert G. Sutter, *Chinese Foreign Relations: Power and Policy since the Cold War*, Lanham, Maryland: Rowman & Littlefield Publishers, Inc., 2012, pp. 17－37.

（2）编著

Christopher M. Dent, ed., *China, Japan and Regional Leadership in East Asia*, Cheltenham, U. K.: Edward Elgar Publishing Ltd., 2008, p. 286.

（3）文集中的文章

June Teufel Dreyer, "Sino－Japanese Territorial and Maritime Disputes," in Bruce A. Elleman, Stephen Kotkin, and Clive Schofield, eds., *Beijing's Power and China's Borders: Twenty Neighbors in Asia*, New York: M. E. Sharpe, 2013, pp. 81－95.

（二）论文

1. 中文

（1）学术论文

祁怀高、石源华：《中国的周边安全挑战与大周边外交战略》，《世界经济与政治》2013年第6期，第25－46页

（2）报纸文章

温家宝：《关于社会主义初级阶段的历史任务和我国对外政策的几个问题》，《人民日报》2007年2月27日，第2版。

（3）学位论文

都允珠：《后冷战时期中国周边区域多边外交研究》，博士学位论文，复旦大学，2008，第134页。

2. 西文

（1）期刊论文

Adam P. Liff and G. John Ikenberry, "Racing toward Tragedy?: China's Rise, Military Competition in the Asia Pacific, and the Security Dilemma," *International Security*, Vol. 39, No. 2 (Fall 2014), pp. 52－91.

（2）报纸文章

Joseph S. Nye Jr., "Work With China, Don't Contain It," *New York Times*, January 26, 2013, p. 19.

（三）档案文献

1. 中文

《斯大林与毛泽东会谈记录》，1949年12月16日，俄总统档案馆，全宗45，目录1，案宗239，第9–17页。

2. 西文

U. S. Department of States, *Foreign Relations of the United States*, 1932, Vol. III, The Far East, Washington D. C.: Government Printing Office, 1948, p. 8.

（四）辞书类

1. 中文

夏征农、陈至立主编《辞海》（第六版彩图本），第2册，上海辞书出版社，2009，第2978页。

2. 西文

The New Encyclopaedia Britannica, "The Transition to Socialism, 1953–57," Vol. 15, *Encyclopaedia Britannica*, 15th ed., Chicago, 1988, pp. 145.

五、第一次引用应注明全名与出版项，再次引用可以简化为"作者、著作、页码"。

六、来源于互联网的电子资源，除注明作者、题目、发表日期等信息外，还应注明完整网址。

1. 中文

国务院新闻办公室：《中国的和平发展》，2011年9月，http://www.scio.gov.cn/zfbps/ndhf/2011/Document/1000032/1000032_3.htm。

2. 西文

Central Intelligence Agency, "Maritime Zones of Northeast Asia," Report No. 923, February 9, 1978, https://www.cia.gov/library/readingroom/docs/CIA-RDP08C01297R000200130003-5.pdf.

《中国周边外交学刊》编辑部

2018年9月

图书在版编目(CIP)数据

中国周边外交学刊 = Journal of China's Neighboring Diplomacy. 2016年. 第二辑：总第四辑 / 复旦大学中国与周边国家关系研究中心编. -- 北京：社会科学文献出版社，2018.10

ISBN 978-7-5201-3505-4

Ⅰ.①中… Ⅱ.①复… Ⅲ.①中外关系-研究 Ⅳ.①D822

中国版本图书馆CIP数据核字(2018)第213131号

中国周边外交学刊 2016年第二辑（总第四辑）

编　　者／复旦大学中国与周边国家关系研究中心

出 版 人／谢寿光
项目统筹／高明秀
责任编辑／王晓卿　葛　军　李　博　李秀梅

出　　版／社会科学文献出版社·当代世界出版分社（010）59367004
地址：北京市北三环中路甲29号院华龙大厦　邮编：100029
网址：www.ssap.com.cn
发　　行／市场营销中心（010）59367081　59367018
印　　装／三河市尚艺印装有限公司

规　　格／开　本：787mm×1092mm　1/16
印　张：20　字　数：325千字
版　　次／2018年10月第1版　2018年10月第1次印刷
书　　号／ISBN 978-7-5201-3505-4
定　　价／89.00元